Zu diesem Buch

Nixen, Tiere, Hexen und Vampire, Gauner, Ganoven, Künstler, Kinder und Nachbarn – kurz: die Helden der schönsten und originellsten rotfuchs-Bücher marschieren in diesem Lesebuch auf. Damit bietet es einen Querschnitt durch das rotfuchs Kinderbuchprogramm und zugleich einen Ausschnitt aus zehn Jahren moderner Kinderliteratur.

Das Rowohlt **rotfuchs** *Lesebuch*

Herausgegeben von
Renate Boldt
und Gisela Krahl

rororo

Rowohlt

51.–62. Tausend Januar 1985

Veröffentlicht im Rowohlt Taschenbuch Verlag GmbH,
Reinbek bei Hamburg, Juni 1983

Umschlaggestaltung Manfred Waller
unter Verwendung einer Illustration von Jan P. Schniebel

Satz Garamond (Linotron 404)
Gesamtherstellung Clausen & Bosse, Leck
Printed in Germany
780-ISBN 3 499 15204 5

Inhalt

Katharina aus China!

Das Lama beim Friseur

Der gelbe Junge

Von dir und mir
und unseren Nachbarn

Haut ab, ihr habt auf dieser Weide nichts zu suchen!
Immer scheucht er uns weg, bloß weil wir anders aussehen!
Und wir müssen dann das schlechte Gras fressn!
Was haben wir denn getan, daß er uns so behandelt?
Nichts!
Ich bade jeden Tag, aber dadurch werd' ich auch nicht weißer...
Das macht der einfach so, auch ohne daß ihr was getan habt. Das ist eben eine Machtfrage!
Und was können wir dagegen tun?
Wir helfen euch!
Ja, wenn ihr zusammenhaltet...
...dann hab' ich einen Plan! Hört mal zu...

Peter Härtling

Der gelbe Junge

Mark bekam seine Eltern ganz anders als die Kinder sonst. Er wurde von seiner Mutter nicht geboren; er war schon fünf, als er sie kennenlernte. Und er hat ganz anders geheißen. Er ist nämlich in Vietnam zur Welt gekommen, mitten im Krieg. Von seinem Vater wußte man nichts mehr; er war im Krieg verschollen – wahrscheinlich hatte ihn eine Kugel oder Granate getroffen. Als um das Dorf gekämpft wurde, floh seine Mutter mit ihm und seinen vier Geschwistern. Sie liefen mit vielen anderen Menschen auf der Straße und wußten eigentlich nicht, wohin. Überall im Land war Krieg.

Ein Flugzeug kam tief herunter und schoß in den Menschenzug hinein. Die Mutter wurde getroffen, stürzte hin und starb. Die Kinder blieben bei ihr, hockten sich neben sie, weinten. Andere Leute packten sie und zerrten sie mit. In irgendeiner Stadt wurden sie in einem Heim abgegeben. Damals war Mark drei Jahre alt. Seine Geschwister kamen mit der Zeit in andere Heime. Er blieb allein, vergaß allmählich alles – nur manchmal träumte er noch davon, wie die Mutter im Straßenstaub lag. Dann heulte er im Schlaf, wachte davon auf, und eine Schwester mußte ihn beruhigen. Das war nicht einfach. Der Schrecken saß tief in ihm.

Nach zwei Jahren, in denen er immer wieder krank war, brachte ihn eine der Schwestern zu einem großen Flugzeug, in dem er mit anderen vietnamesischen Kindern in ein fernes Land flog, wo neue Eltern auf ihn warteten. Er hatte Angst vor alldem.

Alles war anders als zu Hause. Es gab keinen Krieg. Niemand fürchtete sich vor Bomben. Die neuen Eltern waren bleichhäutig und viel größer als seine ersten Eltern. Sie schüchterten ihn ein. Aber sie waren freundlich zu ihm. Sie wohnten in einem Haus mit Garten und zeigten ihm ein Zimmer, das ihm ganz allein gehörte. Sie gaben ihm neue Namen, und er hatte mit einem Mal auch eine neue Schwester: sie hieß Renate und war zwei Jahre älter als er.

Zu essen gab es, was er wünschte.

Trotzdem war er noch oft krank, und die neue Mutter sagte: Das hast du aus dem schrecklichen Krieg mitgebracht.

Er hieß jetzt Mark Dobler. Es fiel ihm nicht leicht, seinen Namen auszusprechen, doch er lernte rasch die neue Sprache, deutsch, und nach einem Jahr redete er wie Renate. Er hätte auch nicht mehr gemerkt, daß er anders war als die Kinder hier, wenn sich nicht die Leute nach ihm umgedreht hätten. Dann sagte sein Vater: Die sind blöd. Das kann dir egal sein.

Die Kinder, mit denen er spielte, hatten sich längst an ihn gewöhnt. Er war einer von ihnen. Daß er nicht ganz so aussah wie sie, pechrabenschwarzes Haar und gelbe Haut hatte, fiel ihnen nicht mehr auf. Er war ihr Spielkamerad, ihr Freund. Wenn einer doch mal eine dumme Bemerkung machte, bekam er es mit Renate zu tun. Renate hatte ihn gern wie eine Schwester.

Mit der Schule änderte sich das. Am ersten Tag brachten ihn die Eltern hin, der Lehrer war allzu freundlich zu ihm, was ihm nicht behagte, und die Kinder starrten ihn an, als käme er vom Mars.

Er hatte Angst und Wut. Er wußte, daß er sich würde prügeln müssen.

Die Eltern mußten gehn. Der Unterricht begann. Der Lehrer bat die einzelnen Kinder, ihren Namen zu nennen. Als die Reihe an ihm war, sagte er: Mark Dobler. Der Lehrer schrieb nicht wie bei den andern den Namen in ein dickes Buch, sondern begann eine Rede zu halten: Wie ihr wahrscheinlich schon wißt, kommt Mark aus Vietnam. Er hat seine Eltern verloren und ist von Doblers an Kindes Statt angenommen worden.

Mark fand dieses «an Kindes Statt» ganz gräßlich. Irgendwie falsch und gemein. Doch er sagte nichts, hielt den Kopf gesenkt, schämte sich.

Der Lehrer sagte weiter: Seid nett zu ihm, behandelt ihn aufmerksam.

Da stand Mark auf und sagte leise: Aber ich bin doch wie die andern.

Der Lehrer lachte: Wenn du meinst, Mark.

Ja, das stimmt, sagte Mark.

In der Pause kam niemand zu ihm. Er stand allein.

Er war nahe daran zu weinen. Aber er verbiß es. Vor denen wollte er sich nicht schwach zeigen. Nein.

Eine Horde von Jungen kam auf ihn zu. Es waren größere, aus der zweiten oder dritten Klasse. Sie bildeten einen Kreis um ihn, und der, den sie Tom riefen, sagte: Wo kommst'n du her?

Mark sagte: Ich wohne in der Bieberstraße.

Nee, wo du herkommst, will ich wissen, sagte Tom.

Von hier, sagte Mark.

Jetzt wird der Gelbe auch noch frech, sagte Tom.

Laß ihn, sagte ein anderer.

Warum? sagte Tom. Wenn er mich auf den Arm nimmt.

Mark versuchte, aus dem Kreis herauszukommen, doch die Jungen ließen es nicht zu. Jetzt muß ich mich eben prügeln, dachte er; am liebsten hätte er sich auf den Boden gelegt, zusammengerollt und geheult. Sie waren hundsgemein. Sie hatten ihn «der Gelbe» genannt.

Jetzt, sagte er sich, rannte mit gesenktem Kopf auf Tom los, doch der fing ihn auf und schlug ihm ins Gesicht. Er trommelte mit den Fäusten auf Tom ein.

Mensch, der Chinese hat ja Mut, sagte Tom.

Ich bin kein Chinese, schrie Mark.

Du bist doch gelb im Gesicht, sagte Tom. Bist du auch gelb am Bauch und am Hintern?

Ich bin aus Vietnam, sagte Mark. Nun konnte er das Weinen kaum mehr unterdrücken.

Du bist nicht aus Vietnam. Du bist gelb. Du bist ein Chinese.

Ich bin ein Deutscher, sagte er sehr leise. Aber Tom hatte es gehört.

Der will ein Deutscher sein! Habt ihr gehört? Der ist gelb und will ein Deutscher sein.

Mark gab auf, legte die Hände vors Gesicht und schluchzte. Einer der Jungen zog Tom zurück und sagte: Laß ihn doch in Ruhe. Er kann ja nichts dafür, daß er gelb ist.

Endlich kam einer der Lehrer und holte ihn heraus. Er schimpfte mit den Jungen. Tun Sie's nicht, sagte Mark.

Aber sie haben dich doch beleidigt.

Ja, sagte Mark.

Am nächsten Tag wollte er nicht in die Schule gehn.

Der Vater schlug vor, er werde ihn hinbringen. Das wollte er aber nicht. Er ging mit Renate.

Auf dem Hof hörte er, wie einer zum andern tuschelte: Da ist er, der gelbe Junge. Er riß sich von Renates Hand, rannte auf den Jungen zu, sprang an ihm hoch, klammerte sich an dessen Hals, so daß der Angst bekam und flehte: Laß mich los.

Nenn mich nicht noch einmal «gelber Junge», sagte Mark.

Neinnein.

Er ließ den Jungen los. Als er sich von ihm abkehrte, gab der ihm einen Tritt in den Hintern. Mark flog nach vorn. So listig seid ihr ... ihr Weißen ... Er schämte sich, fühlte sich krank, packte den Ranzen, lief aus dem Schulhof, nach Hause.

Heute mußt du nicht in die Schule. Morgen, sagte Mutter.

Ich will nach Hause, sagte er.

Du bist doch hier zu Hause, sagte seine Mutter. Er sah, daß sie traurig war.

Bei euch schon, sagte er. Aber sonst nicht.

Manchmal denke ich das auch, sagte Mutter. Aber wir werden es schon schaffen.

Er schaffte es, gewöhnte sich daran, «gelber Junge» genannt zu werden. Mit der Zeit taten das nicht mehr viele. Als er in die dritte Klasse kam, wäre er beinahe zum Klassensprecher gewählt worden. Es fehlten nur vier Stimmen.

Wir haben dich lieb wie Renate, sagten seine Eltern. Es war so. Er wußte es. Er spürte es.

Aber nachts träumte er noch immer, daß ihn eine Horde weißhäutiger Kinder verfolgt, ihn jagt, hetzt und daß er am Ende sich hinwirft, darauf wartet, von ihnen gequält und verspottet zu werden. Der gelbe Junge!

Er war nicht sicher, ob diese Träume je aufhören würden, obwohl seine Eltern ihn liebten, obwohl er hier zu Hause war und obwohl er sich an das Land, aus dem er gekommen war, und an seine ersten Eltern nicht mehr erinnern konnte.

Raúl Carrillo (Guatemala)

Warum der Indio Matías in die Schule gehen wollte

Im einfachen Leben des Indio Matías gab es drei Dinge: die Arbeit auf seinen Feldern, die Liebe zu seinem Sohn und die Frau, bei der er sich ausruhen konnte. Der kleine Bub wurde, wie die meisten Indios, José genannt. Er wuchs kräftig und gesund heran, umhegt von einem Tata, wie er den Vater nannte, genährt von der Brust und den Händen seiner Mutter, die Chepa hieß.

Seitdem er diesen kleinen Sohn hatte, legte Matías Axt und Spaten noch weniger aus der Hand als früher. Er hatte nie etwas anderes gelernt als zu arbeiten. Seine Hände waren hart und dick geworden vom Pflanzen der Maisstauden, vom Ernten der Bananen, vom Holzfällen in den scharfen Winden der Berge. Und in den zwanzig Jahren, in denen er durch die Berge, Wälder und Pflanzungen gelaufen war, waren seine Beine unermüdlich und stark geworden. Er hatte ein Stück Bergland gepachtet, vier Balken in den Boden gepflanzt und ein paar Arme voll Palmblätter geschnitten, um sein Haus zu bauen. Er hatte die Chepa gebracht, seine schlichte, schweigsame Indio-Liebe gesät, und alles in seinem Leben begann Früchte zu tragen.

Jetzt sah er den Sohn an seiner Seite auf den Bergpfaden und bei den Flüssen, lehrte ihn, wie man Fallen stellt und fischt, wie man durch Flüsse watet und einen Berghang ganz allein rodet. Die Stämme und Sträucher erzitterten vor der Schneide seines Buschmessers, sie beugten sich ergeben und stöhnend unter diesen unförmigen und harten Händen, die doch so zärtlich sein konnten, wenn sie dem Sohn jeden Morgen über das schwarze struppige Haar strichen.

Auf den langen Streifzügen durch die Berge, wenn er mit dem kleinen José hinter einem Wild herjagte, brachte Matías es nicht fertig, das mitgenommene Wasser anzurühren, nur um seinen

Sohn nicht enttäuschen zu müssen, wenn ihn dieser mit seiner vom Staub trockenen Stimme bat:

«Tata, ich habe Durst.»

Und die Augen fest auf die seines Vaters geheftet, trank José das Wasser mit großen, dankbaren Schlucken.

Wenn sie abends müde nach Hause kamen, dann setzte sich Matías noch hin, um ein Stück Leder zu verzieren, bis fast keine glatte Stelle mehr übrig war. Das schenkte er dann José, der es stolz trug.

Aber nicht alles sollte gut und sonnig sein. José wurde krank, und das ganze Aufgebot an Zauberkünsten, Beschwörungen und Bergwassern konnte ihm nicht helfen. Er starb langsam, als schleppe er sich mühsam weg, und er war verzweifelt, weil er seinen Tata liebte und ihm sein kleines zehnjähriges Leben auf dieser Welt voll von Bäumen, Vögeln und Flüssen gefiel. Im Fieber griff er nach der Steinschleuder und sagte:

«Tata, die Truthähne ...»

Seine mit jedem Tag schwächer werdende Stimme erfüllte Matías mit dumpfer Verzweiflung, aber all sein Flehen und seine Gelübde waren vergeblich.

Als der Gevatter ein letztes Mal sein Patenkind besuchen kam, ging Matías hinaus, setzte sich unter die Bäume und zerbrach mit seinen riesigen Händen ein Stöckchen nach dem anderen.

Indessen erzählte der Gevatter dem kleinen Indio Geschichten. Dieser wurde dabei immer wacher, er hörte glücklich und staunend zu. Nie hatte er dergleichen gehört, nie hatte er gewußt, was für wunderbare Länder es gab und was für seltsame Dinge sich dort ereigneten. Und der Gevatter erzählte in einem fort, bis der Abend kam; erst dann ging er zögernd und betrübt fort.

In der Nacht saß Matías bei seinem sterbenden Sohn. Dieser wachte plötzlich auf und bat mit ganz dünner Stimme:

«Tata, eine Geschichte ...»

Erstaunt fragte Matías:

«Eine Geschichte? Was für eine Geschichte möchtest du hören?»

«So eine Geschichte, wie der Gevatter sie erzählt hat. Tata, erzähl mir eine Geschichte ...»

Noch nie hatte Matías seinem Sohn etwas verweigert, er wollte ihm von Herzen gern alle Geschichten der Welt erzählen, aber er konnte nicht, weil er nur seinen Berg und seine Felder, die Jagd und sein Buschmesser kannte. Und José starb langsam, während er seinen Tata um eine Geschichte bat.

Nach dem Begräbnis fragte Matías den Gevatter, wo man Geschichten lernen könne.

«Man kann sie überall lesen: in Zeitungen, in Zeitschriften, in Büchern», erklärte der Gevatter.

Matías ging wieder in die Berge, einsam und niedergeschlagen.

Erst zwei Jahre später kam er wieder ins Dorf, um im Gemeideamt die Geburt eines neuen Sohnes zu melden.

Und dann ging er in die Schule und wollte mit dem Direktor sprechen; dabei hielt er in seinen rohen, kräftigen Händen ein Schulheft und einen Bleistift.

«Was führt dich zu uns, Matías?» fragte der Direktor.

Und Matías antwortete mit fester, ruhiger Stimme:

«Ich will Geschichten lesen lernen, Herr!»

Deutsche Fassung von Wolfgang Fleischer

Erich Rauschenbach

Jetzt mach aber mal 'nen Punkt!

MEIN DEUTSCH-
LEHRER IST
UNHEIMLICH
PINGELIG!
DER MECKERT
IMMER, BLOSS WEIL
ICH SO OFT DIE
I-PUNKTE VERGESSE!
NEULICH HAT ER MIR
DESHALB SOGAR
EINE VIER
GEGEBEN!
ABER DAMIT
IST JETZT
SCHLUSS!

ICH HAB IHM NÄMLICH GANZ VIELE I-PUNKTE AUF VORRAT GEMACHT.

DAVON KANN ER SICH JEDESMAL EINEN NEHMEN, WENN ICH MAL WIEDER EINEN VERGESSEN HABE.

Martin Selber

Die Zeit war nicht stehengeblieben vor dem Paradies

Brennermühle war für mich der schönste Ort auf der Welt. In meiner Phantasie lag das kleine Dorf neben der saftgrünen Seewiese unter immerwährendem Sonnenschein, und alle Menschen dort waren freundlich und zufrieden. Selbstverständlich hing das vor allem damit zusammen, daß ich Brennermühle immer nur mit Ferienaugen gesehen hatte. Was ist das doch für eine Hochstimmung, wenn man sechs Wochen ohne Pflichten vor sich hat, sechs Wochen Spiel, Badelust, Entdeckungsreisen in Feld und Wiese – es ist das Kinderparadies.

Als ich zum ersten Male allein zu den Großeltern reiste, trug ich ein Pappschild um den Hals, darauf stand: Umsteigen in Wehrenburg, Aussteigen in Salmen. Die Mitreisenden nahmen sich meiner freundlich an, setzten mich in den richtigen Anschlußzug, in Salmen aber hob mich der von mir immer so bewunderte Mann mit der roten Mütze eigenhändig aus dem Abteil und stellte mich auf den winzigen, mit Kies bestreuten Bahnsteig. Und weil ich der einzige Fahrgast war, der in Salmen ausstieg, durfte ich sogar seine rote Mütze aufsetzen, den Stab mit der Scheibe heben und laut «Abfahrt!!» rufen – und der Zug setzte sich tatsächlich gehorsam in Bewegung. Wo auf der Welt gibt es das noch außer im Kinderparadies, zu dem neben der Brennermühle für mich auch die Bahnstation Salmen gehörte.

Das alles ging mir durch den Kopf, als ich in diesem Jahr, kurz nach Beginn der großen Ferien, wieder im Zug nach Salmen saß. Ich trug kein Pappschild mehr um den Hals, ich war einige Jahre älter geworden, größer und selbstbewußter. Ich brauchte das Paradies eigentlich auch nötiger als früher; denn daheim war vieles anders geworden. In den Straßen marschierten die braunen Kolonnen der SA, meine Mitschüler waren fast alle im faschistischen Jungvolk und sahen auf mich Zivilisten verächtlich herab.

Auch zu Hause ging es uns nicht besonders. Vater war aus seinem Betrieb entlassen worden, ehemalige Gewerkschaftskassierer wollte man da nicht mehr haben. So arbeitete er jetzt als Ungelernter auf dem städtischen Friedhof, schachtete Gräber aus, trug welke Kränze zusammen, harkte die Wege und half bei Beerdigungen, eine zwar notwendige, aber doch eigentlich traurige Beschäftigung, bei der er herzlich wenig verdiente, so daß ich schon äußerlich durch mangelhafte Kleidung und dürftigeres Frühstücksbrot von den anderen abstach.

Aber ich murrte nicht. Ich hielt aus unter der Geringschätzung meiner Mitschüler, der Oberflächlichkeit, mit der mich die Lehrer bedachten, den Widrigkeiten des Alltags; der Sommer verhieß mir die große Entschädigung: die Reise nach Brennermühle.

Als ich in Salmen aus dem Bummelzug kletterte, stand der Großvater hinter dem Staket des Bahnsteigs und winkte. Sein gutmütiges Lächeln sagte mir endgültig: Jetzt bist du geborgen, das Paradies tut sich dir auf, tritt ein.

«Tag, Achim», begrüßte mich der Großvater und legte mir die Hand auf den Kopf. «Lang bist du geworden, wie ein Gardegrenadier. Wie geht's zu Hause?»

«Gut», antwortete ich. Jetzt, wo sie auf Wochen hinaus einen Esser weniger hatten, mochte es ihnen auch ein wenig besser gehen als sonst.

Vor dem unscheinbaren Bahnhofsgebäude hielt das Eselchen mit dem zweisitzigen Wagen, den sich Großvater jedesmal aus der Gutsgärtnerei ausborgte, wenn er Besuch abholte. Brennermühle lag immerhin vier Kilometer vom Bahnhof entfernt hinter dem Wald, der aus nicht mehr als hundert Bäumen bestand, aber für mich doch ein respektabler Wald war. Ich nahm mit der üblichen Selbstverständlichkeit Platz, ergriff die Leine, und das Eselchen trabte los. Es mußte uralt sein; denn soweit zurück meine Erinnerung auch reichte, das Eselchen hatte vor dem Bahnhof gestanden und auf mich gewartet.

Unterwegs mußte der Großvater die Flut meiner Fragen beantworten. Ob die große, graue Katze noch lebte. Ob Nachbars Michael schon auf mich warte und ob die Kirschen an ihrem riesigen Baum reif wären. Ob meine Spielsachen noch in der großen Truhe auf dem Boden lägen, ob meine Kastanie, die ich vor Jahren am unteren Ende des Gartens gepflanzt hatte, wieder soviel gewachsen wäre wie im Vorjahr. Der Großvater neben mir antwortete geduldig und zu meiner Zufriedenheit. Das Paradies war in all seinen Einzelheiten noch vorhanden und wartete nur darauf, von mir wieder erobert zu werden.

Die Großmutter stand vor dem Häuschen, als wir ankamen. Sie wollte mich nach alter Gewohnheit vom Wagen heben; aber ich zeigte ihr sogleich meine volle Größe, sprang mit einem Satz vom Bock und fiel ihr um den Hals. Sie schlug die Hände zusammen, ich wäre ja fast so groß wie sie selber, ein richtiger Laban. Drinnen, in der kühlen Stube, stand das Mittagessen, es gab gebratene Aale mit Kartoffelsalat; ich aß mit Appetit und schielte nach der Wanduhr hinüber, weil ich auf ihren Stundenschlag wartete, den Ton, den ich mir daheim, bei meinen Träumen vom Ferienparadies, so oft ins Gedächtnis zurückbefohlen hatte. Tatsächlich, sie schlug so wie immer.

Am Nachmittag dehnte ich die Wiederentdeckung meines Paradieses auf die engere Umgebung aus. Der winzige Kramladen der Witwe Komorski, gegenüber vom Häuschen der Großeltern, hatte den vertrauten Geruch bewahrt, es war die übliche Mischung von Petroleum, Sauerkraut und starken Gewürzen. Die Frau war noch verschrumpelter und anscheinend noch kurzsichtiger geworden; aber sie erkannte mich sogleich, und ich erhielt mein Einstandspräsent, ein Achtelchen Anisbonbons, in sorgfältig zusammengefalteter Tüte. Ich würde also von nun an wieder ihr Kunde sein, der Großmutters kleine Besorgungen ausführte und selbstverständlich bei Frau Komorski kaufte und nicht bei Kaufmann Krause, der Konkurrenz unten am Gutshof.

Dann traf ich Michael Krone, den Sohn des Nachbarn, er war braun gebrannt. War er überheblich, oder klang seine Stimme bei der Begrüßung forscher, als ich sie in Erinnerung hatte? Doch er nahm mich ohne Umschweife mit auf den Hof, den sein Vater als kleiner Bauer bewirtschaftete; wir lehnten die Leiter an den Kirschbaum und setzten uns in die Äste. Der Baum war so groß, daß alle Interessenten an schwarzen Kirschen zu ihrem Recht kamen, naschende Kinder und Stare und die Hausfrau mit ihren Weckgläsern; die höchsten Äste abzuernten hätte artistisches Können erfordert oder einen Fesselballon. Denn so lange Leitern hatte ich noch nie gesehen, daß sie bis in die Spitze des Baumes gereicht hätten.

Wir unterhielten uns von Ast zu Ast. Ich fragte nach der Badestelle unten am Bachsee, erkundigte mich nach gemeinsamen Bekannten; aber es schien, als ob Michael nur widerwillig meine Fragen beantwortete, und mir fiel, wie schon bei der Begrüßung, in seiner Stimme ein schärferer Ton auf, ein harter Klang, wie ihn Leute im Hals haben, die viel befehlen und herumschreien.

Dann aber, als ich nach Gretchen Mennicke fragte, unserer Spielgefährtin vergangener Jahre, stieß er geradezu verächtlich hervor: «Die? Du gibst dich doch nicht etwa mit Weibern ab?»

«Habt ihr euch gezankt?» fragte ich verwundert.

«Ich bin kein Baby mehr», belehrte er mich.

«Aber wir waren doch immer zusammen», widersprach ich.

Michael rutschte schon die Leiter hinunter. «Meinetwegen geh sie besuchen», rief er, «aber laß dich nicht auslachen.»

Das klang nicht sehr freundschaftlich und traf mich hart. Ich verspürte plötzlich keine Lust mehr, allein hier oben Kirschen zu essen; aber als ich die unterste Astgabel erreichte, hatte Michael die Leiter weggenommen und stand einige Schritte seitab, über meine Verlegenheit herzhaft lachend. Ich hielt das zunächst für einen Scherz und lachte mit; aber Michael machte keine Miene, die Leiter wieder an den Baum zu lehnen, er schien an meiner Verlegenheit Spaß zu finden, und seine Augen erinnerten mich an die eines Tierquälers, den ich einmal daran gehindert hatte, eine Katze totzuschlagen. Ich begriff, Michael wollte sehen, wie ich mich aus dieser Situation retten würde; denn um einfach herabzuspringen, dazu waren die untersten Äste viel zu hoch, und an dem dicken, glatten Stamm würde ich keinen Halt finden.

Ich schaute mich um. Einige Meter entfernt gewahrte ich einen Heuwagen, der zum Abladen bereitstand. Wenn es mir gelang, auf die Ladung zu springen, war ich frei. Ich rutschte also auf einen mir leidlich stabil erscheinenden Ast, dann aber begann mein luftiger Sitz gefährlich zu schwanken, und es fehlte immer noch ein guter Meter, um über das Heu zu kommen. Und Michael spähte mit kaltem Interesse, die Finger um die Leiterholme gekrampft, was ich nun wohl unternehmen würde.

Ich ließ mich also vom Ast hinuntergleiten, hing einige Augenblicke gefährlich zwischen Himmel und Erde, hangelte mich dann rasch dem rettenden Heu entgegen, immer in der begründeten Furcht, der Ast könnte unter meiner Last brechen und ich auf das rundkuppige Hofpflaster stürzen. Endlich fühlte ich das Heu unter den Füßen, wühlte mich hinein, ging mit den Händen in die äußersten Astspitzen und ließ mich nach vorn fallen. Ich versank wie in ein Federbett. Michael legte die Leiter an den Wagen und ließ mich freundlichen Gesichts hinuntersteigen.

«Gut», sagte er und schlug mir auf die Schulter. «Ein deutscher Junge findet aus jeder Situation einen Ausweg. Feige bist du also nicht.»

Ich blickte ihn an, fand kein Wort. Diese Töne hatte ich von ihm noch nicht gehört. Er hatte mich also auf eine Mutprobe stellen wollen. Mit welchem Recht eigentlich? Ich besuchte ihn, meinen Freund, und er brachte mich in eine so gefährliche Situation. Was dann, wenn der Ast mich nicht getragen hätte? Und was sollte das großspurige Gerede vom deutschen Jungen? Hätte ein französischer Junge anders handeln können – oder ein englischer – oder ein russischer? Das war doch wohl eine Situation gewesen, in der es in erster Linie auf kräftige Arme und ein bißchen Entschlossenheit hinauslief und nicht auf das Deutsche.

Ich verstand ihn erst einige Stunden später. Er kam am Haus

der Großeltern vorbei, trug die schwarze Sommeruniform der Pimpfe – das waren die schulpflichtigen Mitglieder der Hitlerjugend; an seiner Brust baumelte das rotweiße Schnürchen des Jungenschaftsführers.

«Ich muß zum Dienst», rief er. «Du kannst meinetwegen mitkommen, du kannst auch eins von meinen Braunhemden anziehen – oder hast du deine Uniform mit?»

«Ich bin nicht im Jungvolk», sagte ich ehrlich.

Er starrte mich an wie ein Weltwunder, sein Gesicht verfinsterte sich zusehends, es war, als verkröche sich der ganze Junge hinter einer Schale aus Hochmut und Verachtung.

«So einer bist du also», sagte er in der gleichen Art, wie meine Mitschüler daheim so etwas sagten. «Na gut. Du brauchst dich bei uns nicht mehr sehen zu lassen. Heil!» Damit drehte er sich ab und marschierte die staubige Dorfstraße hinunter zu seinem Dienst. Später beobachtete ich dann von weitem, wie er ein Häuflein Jungen kommandierte. Die Pimpfe warfen sich auf seinen Befehl zur Erde, sprangen wieder auf, liefen, standen stramm und hüpften mit vorgehaltenen Armen. Warum ließen sie sich das gefallen? Ich würde ihm was husten, ich würde zu ihm sagen: Kommandiere du, soviel du willst, ich werfe mich noch lange nicht in den Dreck, wenn du es befiehlst. Was wollte er denn machen? Mich melden? Wem denn? Wieder so einem Kommandierer? Einem mit einem grünen Schnürchen oder einem roten? Na, immer zu, dem würde ich genauso wenig gehorchen.

Aber keiner unter seinen Leuten schien solche Gedanken überhaupt zu ahnen. Sie führten Michaels Kommandos mit einer Verbissenheit aus, als hinge Leben und Welt von ihrer völligen Unterwerfung unter den brüllenden Führer ab. Ich kannte das von daheim – doch hier war das Paradies, hier durfte es das alles nicht geben, es durfte nicht! Hier war Michael mein Freund, der mich mit in den Kirschbaum nahm und mit Gretchen spielte und auf mich wartete von einem Feriensommer zum anderen.

Und plötzlich begriff ich: Die Zeit war nicht stehengeblieben vor meinem Kindheitsland, auch hier gab es das alles, was ich von daheim kannte: den Stolz der Uniformierten gegenüber den Zivilisten, das Gebrüll der Befehle, klappernde Sammelbüchsen, Lehrer, die leuchtenden Auges von der Schlacht bei Verdun erzählten, alles auf! Singen! Ich hatt' einen Kameraden, einen bessern find'st du nicht. Und Stimmen wie die meines Gräber schaufelnden Vaters waren leise geworden.

Die Zeit war nicht stehengeblieben vor dem Paradies.

Gianni Rodari

Die große Karotte

Das ist die Geschichte von der größten Karotte der Welt. Diese Geschichte wurde schon auf viele Arten erzählt, aber für mich haben sich die Dinge so abgespielt:

Es war einmal ein Gärtner, der Karotten pflanzte. Er zog sie auf, wie sich das gehört, und tat alles, was man tun muß, damit sie gut gedeihen. Und als die richtige Jahreszeit dafür gekommen war, ging er in den Gemüsegarten und begann, die Karotten aus der Erde zu ziehen. Da stieß er auf eine Karotte, die größer war als alle anderen. Er zog und zog, aber sie kam nicht heraus. Er versuchte es auf alle möglichen Arten. Was war da los? Schließlich rief er seine Frau: «Josefine!»

«Was gibt es, Ottokar?»

«Komm her, da ist eine derart hartnäckige Karotte, die will einfach nicht aus der Erde. Schau dir das an!»

«Scheint wirklich groß», sagte seine Frau.

«Hör zu, ich hab eine Idee: Ich pack die Karotte an ihren Blättern und zieh daran, und du packst meine Jacke und ziehst auch. Verstanden? Mach schon, pack an! Los! So, wenn wir jetzt gleichzeitig ziehen ...»

«Es wäre besser, ich zieh an deinem Arm, die Jacke kann zerreißen», sagte Frau Josefine.

«Gut, zieh am Arm. Aber fest! – Na? Was ist denn? Geh, ruf den Jungen. Ich krieg schon keine Luft mehr!»

«Romeo! Romeo!» rief die Gärtnersfrau.

«Was gibt es, Mama?»

«Komm her, aber beeil dich ...»

«Ich muß Schularbeiten machen!» rief Romeo.

«Du wirst sie später machen, jetzt komm und hilf. Da ist eine Karotte, die will nicht heraus. Ich zieh an einem Arm von Papa, du ziehst am anderen Arm, Papa zieht an der Karotte, und dann werden wir sehen ...»

Der Gärtner spuckte in die Hände.

«Seid ihr soweit? Fertig, los! Ziehen! Horuck, hoooruck! Na, was ist denn los? Sie rührt sich nicht ...»

«Das muß die größte Karotte auf der ganzen Welt sein», meinte Josefine.

«Soll ich den Opa rufen?» schlug Romeo vor.

«Das ist eine gute Idee! Ruf ihn, geh ...» sagte der Gärtner, «ich krieg ja keine Luft mehr!»

«Opa! Opa! Komm her, aber beeil dich!» rief Romeo.

«Ich komm ja schon, so schnell ich kann. Als ich so alt war wie du, habe ich auch laufen können, aber jetzt! Was ist denn los?»

Der Großvater keuchte schon vor Anstrengung, bevor er sich noch an die Arbeit machte.

«Das ist die größte Karotte der Welt», erklärte ihm Romeo, «zu dritt können wir sie nicht herausziehen, willst du uns helfen?»

«So gut ich kann. Aber wie wollen wir das machen?»

«Wir werden es so machen», antwortete Romeo, «du nimmst mich bei einem Arm und ziehst fest daran, ich zieh an einem Arm von Papa, und Mama zieht an seinem anderen Arm, und Papa zieht die Karotte aus der Erde. Wenn sie dann nicht herauskommt ...»

«In Ordnung», sagte Opa, «wartet einen Moment!»

«Warum?»

«Ich lege meine Pfeife auf diesen Stein. So. Man kann nicht zwei Sachen auf einmal machen. Entweder rauchen oder arbeiten, stimmt's?»

«So, jetzt liegt die Pfeife da, und wir können anfangen», sagte der Gärtner. «Seid ihr alle bereit? Fertig, los! Kräftig ziehen! Horuck, hoooruck! Ziehen!»

«Au weh ... Hilfe!»

«Was ist los, Opa?»

«Seht ihr denn nicht, daß ich hingefallen bin? Ich bin ausgerutscht! Ich bin ausgerutscht und habe mich dabei auf die Pfeife gesetzt!»

Der Alte hatte sich den Hosenboden verbrannt.

«So kommen wir nicht weiter», bemerkte der Gärtner. «Romeo, mach einen Sprung zum Nachbarn Andrea und bitte ihn, daß er uns helfen kommt.»

Romeo überlegte und sagte: «Soll ich ihn nicht bitten, auch seine Frau und seinen Sohn mitzubringen?»

«Das ist eine gute Idee!» antwortete der Vater. «So eine Karotte! Das wäre was für die Zeitung.»

«Und das Fernsehen! Sollen wir nicht auch die Fernsehleute holen?» fragte Josefine. Aber ihr Vorschlag kam schlecht an.

Der Gärtner brummte: «Das Fernsehen? Zuerst holen wir einmal Leute, die uns helfen!»

Machen wir es also kurz: es kam der Nachbar Andrea. Es kam seine Frau, und es kam auch der Sohn. Er war fünf Jahre alt, und sehr viel Kraft konnte er in seinen Armen kaum haben ...

Inzwischen hatte sich das Gerücht bereits im Dorf verbreitet. Viele Leute kamen, schwätzten und lachten und standen auf der Straße zum Gemüsegarten herum.

«Na, so was von einer Karotte», sagte der eine, «darunter muß sicher ein Wal sein.»

«Aber Wale sind doch im Meer!»

«Nicht alle, ich habe einmal einen auf dem Jahrmarkt gesehen!»

«Und ich habe einen in einem Buch gesehen!»

Die Neugierigen zogen sich gegenseitig auf.

«Pack du auch zu, Hieronymus! Du bist stark!»

«Ich mag aber keine Karotten, mir sind Kartoffeln lieber», sagte Hieronymus!

«Und mir sind Omeletten am liebsten», schrie ein anderer. Sie schwätzten und zogen, bis zum Abend.

SCHLUSS I

Die Karotte wollte nicht heraus.

Das ganze Dorf half mit. Aber es nützte nichts.

Es kamen Leute aus den benachbarten Dörfern. Es war zwecklos.

Es kamen Leute aus weit entfernten Dörfern. Aber noch immer stand man dort, wo man begonnen hatte.

Schließlich entdeckte man, daß die Riesenkarotte den ganzen Erdball durchdrang, und daß es auf der anderen Seite einen anderen Gärtner gab und eine andre Menge Leute, die auch alle daran zogen. Es war ein großes Tauziehen, das nie zu Ende gehen wird.

SCHLUSS II

Man zog und zog, endlich kam irgend etwas hervor, aber es war keine Karotte, sondern ein Kürbis. Im Kürbis saßen auf einem Schemel sieben schuhflickende Zwerge und klopften Sohlen.

«Was sind denn das für Manieren?» protestierten die Zwerge. «Ihr habt kein Recht, uns unser Haus und unsere Werkstatt wegzunehmen. Steckt uns wieder in die Erde.» Die Leute erschraken und liefen davon.

Alle liefen davon, nur der Großvater blieb und fragte die Zwerge: «Habt ihr vielleicht ein Zündholz? Meine Pfeife ist ausgegangen.»

Und so schlossen der Großvater und die Zwerge Freundschaft. «Fast hätte ich Lust, zu euch zu kommen und auch im Kürbis zu wohnen. Habt ihr noch Platz für mich?» fragte der Großvater.

Da schrie Romeo von weitem: «Wenn du gehst, möchte ich mitgehen!»

Und Mutter Josefine schrie: «Romeo, wenn du gehst, geh ich natürlich auch!»

Und der Gärtner schrie: «Josefine, wenn du gehst, geh ich mit dir!»

Da wurden die Zwerge zornig und verschwanden mitsamt ihrem Kürbis unter der Erde.

SCHLUSS III

Alle zogen und zogen ... in der Einigkeit liegt die Stärke: die Karotte kam heraus, Stück für Stück, Zentimeter um Zentimeter. Sie war so groß, daß man siebenundzwanzig Lastwagen und ein Dreirad benötigte, um sie auf den Markt zu transportieren.

Wenn die Menschen in Liebe und Eintracht zusammenarbeiten, wird das Unmögliche möglich.

Deutsch von Gundl Herrnstadt-Steinmetz
Illustration von Gianni Pegoraro

Rolf Haufs

Das Rathaus ist das Rathaus

Jede Stadt hat ein Rathaus. Eine kleine Stadt hat ein kleines Rathaus, und eine große Stadt hat ein großes Rathaus. Es gibt auch kleine Städte, die ein großes Rathaus haben, und es gibt große Städte, die ein kleines Rathaus haben. Mittelgroße Städte haben ein mittelgroßes Rathaus. Hat eine Stadt zum Beispiel vierzigtausendfünfhundertundsechsundzwanzig Einwohner, so ist ihr Rathaus aus vierzigtausendfünfhundertundsechsundzwanzig Steinen gebaut. Bröckelt die Einwohnerzahl ab, muß nicht immer auch das Rathaus abbröckeln.

Es gibt keine Stadt, die kein Rathaus hat. Ohne Rathaus ist eine Stadt keine Stadt. Und ein Rathaus ohne Stadt gibt es nicht. Stünde ein Rathaus nur so herum, auf einem Berg oder mitten in der Heide, dann wäre das Rathaus kein Rathaus, sondern eine Burg oder ein Wasserschloß oder ein Bauernhof oder ein Unterschlupf für Leute, denen es in der Stadt nicht mehr gefällt. Es gibt viele Leute, denen es in der Stadt nicht mehr gefällt. Aber es gibt selten ein Rathaus, das nur so herumsteht.

Das Rathaus erkennt man an seinem Turm. Damit man ein Rathaus nicht mit einer Kirche verwechselt, hängt an allen Rathäusern ein Schild. Auf dem Schild steht das Wort *Rathaus*. Im Innern des Rathauses gibt es viele Schilder. Auf den meisten Schildern steht *Ausgang dort*. Um den Rathausturm fliegen weiße Vögel. Um den Kirchturm fliegen blaue oder schwarze Vögel, je nachdem, ob es sich um eine protestantische oder um eine katholische Kirche handelt.

Das Rathaus heißt nicht Rathaus, weil dort Ratespiele stattfinden, obwohl man in den meisten Rathäusern raten muß, wer einen guten Rat geben kann. Ein guter Rat ist in vielen Rathäusern teuer, denn oft muß man lange warten, bis einer kommt, der Ratsuchenden einen guten Rat gibt.

In den Rathäusern gibt es viele Räte. Einen Rat erkennt man

an seinem besonders aufrechten Gang. Der höchste Rat heißt Bürgermeister. Er ist der einzige Meister, der keine Meisterprüfung ablegen muß. Bürgermeister wird, wer zugleich einen aufrechten Gang und ein gelenkiges Rückgrat hat.

Jeder Rat hat viele Hilfsräte. Einen Hilfsrat erkennt man an den Ärmelschonern. In freundlicheren Städten tragen die Hilfsräte Staubfilter vor dem Mund, so daß man sie nur schwer verstehen kann, wenn sie einen guten Rat geben. In den meisten Rathäusern haben die Räte keine Ohren.

In jedem Rathaus sind viele Treppen und lange Flure. Auf den Fluren stehen Bänke, auf denen die Ratsuchenden Platz nehmen. Manche Ratsuchenden haben ihr Strickzeug mitgebracht. Andere denken an ihren Hund, der so lange allein zu Hause bleiben muß. Kinder sollten bis zum Alter von eintausenddreiundvierzig Monaten und siebzehn Tagen Rathäuser meiden. Die Luft in den Rathäusern ist dick.

In der Stadt Mönchsgerlinghausensulzbogenkummerbergfeld-Süd hat einmal ein ansonsten unauffällig lebender Mann vorgeschlagen, an jeder Straßenecke eine Rathütte einzurichten. Er rechnete aus, daß dadurch in einer Stadt von zweiundneunzigtausendsechshundertsiebenundachtzig Einwohnern jährlich siebenmilliardenfünfhundertzweiundzwanzigmillionenvierhundertneununddreißigtausendzweihundert dreiundfünfzig Stunden Wartezeit eingespart werden könnten. Außerdem würden in derselben Stadt jährlich viertausendachthundertzwanzig Meter Schuhsohlen weniger abgelaufen werden. Als der Mann sein Zahlenmaterial auf dem Marktplatz der Stadt zur Diskussion stellen wollte, kam ein großer Sturm auf, so daß der Mann mitsamt seinem Tisch weggeweht wurde.

Das Wort Rathaus besteht aus den Wörtern Rat und Haus. Stellt man diese Wörter um, so erhält man das Wort Hausrat. Zu unserem Hausrat gehört ein Sieb, das wir von Frau Sophie Klagewitter geschenkt bekommen haben, ein Zwiebelkörbchen, auf dem eine Zwiebel abgebildet ist, und eine Teigrolle, obwohl wir selber nicht mehr backen. Aber das ist eine andere Geschichte.

Ruth Herrmann

Manches können Deutsche schwer verstehen

Ezrails Schwester Hicran saß in der Stubenecke hinter einem Sessel versteckt und weinte.

«Was hat sie?» fragte ich.

«Sie sagt, sie muß einen Badeanzug haben», erklärte Ezrail, «ihre Klasse hat jetzt Schwimmen. Es ist doch wohl klar, daß sie das nicht mitmachen kann.»

«Natürlich nicht. Warum sagt sie es ihrer Lehrerin nicht?»

«Hab ich! Hab ich gesagt!» brachte Hicran schluchzend raus.

«Und?»

«Sie sagt, Schwimmen gehört zum Unterricht, alle müssen mit.»

Hicran spricht schlecht Deutsch, und sie hatte der Lehrerin deshalb vielleicht nicht begreiflich machen können, daß es für türkische Mädchen ein Unding ist, sich im Badeanzug, also fast nackt, sehen zu lassen. Mehr als die Hälfte der Schüler in ihrer Klasse sind Jungen!

«Die deutschen Mädchen haben mich ausgelacht!» sagte Hicran.

«Jedenfalls ist klar, daß es nicht geht», sagte Ezrail, «also wozu brauchst du einen Badeanzug?»

«Ich will ihn nicht anziehen, ich will ihn nur vorzeigen, wenn die Lehrerin morgen danach fragt. Natürlich könnte ich es nicht machen – ich meine, mich so sehen lassen.»

Ich hatte die Idee, Hicran könnte doch einfach in die Badeanstalt mitgehen, aber dann sagen, sie hätte Halsschmerzen. Mit Halsschmerzen braucht man nicht zu baden.

Aber Ezrail fand das nicht gut, weil es nur einmal klappen könnte. Kein Mensch würde seiner Schwester wochenlang Halsschmerzen glauben.

«Hör auf zu heulen!» schnauzte er Hicran an. «Ich bringe die Sache in Ordnung.»

Es ist für Mädchen immer gut, einen großen Bruder zu haben. Ezrail ist also am nächsten Tag zum Schulleiter gegangen. Der ist ziemlich nett und hat ihn angehört, obwohl er gerade eine wichtige Besprechung mit einem Lehrer hatte.

«Meine Schwester Hicran Ahmetoglu kann am Schwimmunterricht nicht teilnehmen, weil dadurch ihr ganzes Leben zerstört wird», hat Ezrail gesagt.

«Das mußt du mir erklären.»

«Es ist eine Schande für ein türkisches Mädchen, wenn Männer es nackt sehen, verstehen Sie?»

«Nicht ganz. Wieso denn nackt?»

«Badeanzug ist wie nackt.»

«Aber von welchen Männern sprichst du?»

«Von den Jungen in der Klasse – die werden doch Männer. Und kein Mann würde meine Schwester dann jemals heiraten. Mädchen, die so etwas tun, sind geschändet. Es geht nicht, wirklich, es ist ganz unmöglich.»

«Gut», hat unser Schulleiter gesagt, «jedes Volk hat seine Sitten, und die hat man zu respektieren. Ich werde der Klassenlehrerin sagen, daß deine Schwester vom Schwimmen befreit ist.»

Er hat sich eine Notiz gemacht, und Ezrail hat sich mit einer höflichen Verbeugung bedankt. Ein Glück, daß er die Sache in Ordnung bringen konnte! Für türkische Schülerinnen in anderen Klassen unserer Schule hat es diese Schwierigkeit nicht mehr gegeben. Ezrail hat die Frage, wie er sich ausdrückte, «grundsätzlich geregelt».

Uns Jungen machte das Baden natürlich großen Spaß. Ich habe mich in jenem Sommer freigeschwommen, Ezrail und Hakan auch.

Im Herbst habe ich zum erstenmal eine andere Gegend von Deutschland gesehen, die Lüneburger Heide. Wir waren zehn Tage in einem Schullandheim, die ganze Klasse zusammen mit unserem Klassenlehrer und der Lehrerin, bei der wir Erdkunde hatten. Nur die türkischen Mädchen durften nicht mit, weil ihre Eltern es nicht erlaubten.

Saime Eraslam, die schon viel länger in Deutschland war als ich, die beste Freundin von Sabine Heitmann, war ganz verzweifelt. «Nichts darf man!» sagte sie. «Ich will nicht so werden wie meine Mutter. Ich wäre viel lieber ein deutsches Mädchen. Die haben es gut! Meine Eltern sollen bloß nicht denken, daß ich alles tu, was sie wollen!»

Ich hatte noch nie ein türkisches Mädchen so sprechen gehört.

«Was meinst du damit?» fragte ich.

«Wenn ich vierzehn bin, soll ich in die Türkei. Sie sagen, in die Heimat. Aber ich weiß ja gar nicht, wie es da ist! Ich war erst drei, als ich wegging.»

«Ezrail Ahmetoglu war sogar erst zwei Jahre alt.»

«Der kann natürlich hierbleiben – klar, er ist ja ein Junge.»

«Eben.»

«Ich soll zu meinen Großeltern, die ich überhaupt nicht kenne! Stell dir das vor! Und wenn ich fünfzehn bin –»

Saime sprach nicht weiter, und das war auch nicht nötig. Ich wußte, daß sie an ihrem fünfzehnten Geburtstag einen Mann aus ihrem Dorf heiraten sollte, der schon fünfundzwanzig war.

Das war zwischen ihren und seinen Eltern längst abgemacht. Saime hatte ihn natürlich noch nie gesehen. Sie war, wie ich, gerade erst zehn.

Erich Rauschenbach

Lauter gute Vorsätze

... DASS ICH VIEL MEHR GEDULD MIT DIR HABEN WERDE ...

... UND DASS ICH NICHT MEHR GLEICH LOSBRÜLLE, WENN DU MAL BLÖDSINN MACHST!

FIND ICH PRIMA, PAPPI!
MONTAG
31.
DEZEMBER

GENAU DASSELBE VERSPRECH ICH DIR AUCH!
MONTAG
31.
DEZEMBER

Josef Reding

Spix, spax, spexen

Spix, spax, spexen,
es gibt keine Hexen;
das sind nur alte Frauen
die verängstigt schauen.
Da gibt es nichts zu rennen,
da gibt's nichts zu verbrennen,
da gibt es nur zu sagen:
Kann ich helfen tragen
bis zu Ihrem Haus?
Dann ist die alte Frau
– fein – raus!

Dieter Süverkrüp

Der Baggerführer Willibald

Es ist am Morgen kalt.
Da kommt der Willibald
und klettert in den Bagger
und baggert auf dem Acker
ein großes tiefes Loch.
Was noch?

Na ja, so fängt das an.
Dann kommen alle Mann.
Sie bauen erst den Keller.
Dann baun sie immer schneller.
Was kommt dabei heraus?
Ein Haus!

Und in das Haus hinein
ziehn feine Leute ein.
Die Miete ist sehr teuer.
Kost' siebenhundert Eier.
Wer kriegt die Miete bloß?
Der Boß!

Der Boß kommt groß heraus.
Dem Boß gehört das Haus.
Dem Boß gehört der Bagger,
der Kran und auch der Acker.
Und alles, was da ist.
So 'n Mist!

Der Boß steht meistens rum
und redet laut und dumm.
Sein Haus, das soll sich lohnen.

Wer Geld hat, kann drin wohnen.
Wer arm ist, darf nicht rein!
Gemein!

Der Willibald kriegt Wut.
Er sagt: «Das ist nicht gut!»
Er steigt auf eine Leiter:
«Hört her, ihr Bauarbeiter,
der Boß ist, wie ihr seht,
zu blöd!

Sein Haus, das bauen wir!
Was kriegen wir dafür?
Der Boß zahlt uns den Lohn aus.
Die Miete für sein Wohnhaus,
die ist in unsrem Lohn
nicht drin!

Das hat doch keinen Zweck!
Der Boß geht besser weg!
Dann baun wir für uns selber
ein schönes Haus mit Keller.
Da ziehen wir alle ein.
Au, fein!»

Wie Willibald das sagt,
so wird es auch gemacht.
Die Bauarbeiter legen los
und bauen Häuser, schön und groß,
wo jeder gut drin wohnen kann,
weil jeder sie bezahlen kann.
Der Baggerführer Willibald
baut eine neue Schwimmanstalt.
Da spritzen sich die Leute naß.
Das macht sogar dem Bagger Spaß.

Harald Grill

Die Rosa-Kuh trägt

Wieso ...?

Was trägt die Rosa-Kuh ...?

Nur langsam. Immer der Reihe nach:

Die Mamma, der Pappa und der Hansi stehen an der Kuhstalltür.

«Ich glaub, mit der Rosa wird's nimmer lang dauern», sagt die Mamma zum Pappa.

Der Hansi schaut dumm und kennt sich nicht aus. «WAS dauert nimmer lang mit der Rosa, Mamma?»

«Ja, schau sie dir doch genau an, die Rosa-Kuh», mischt sich jetzt der Vater ein.

Die Rosa, das ist die rot-gescheckte Kuh gleich neben der Stalltür. Wer in den Stall hineingeht, der muß immer zuerst an der Rosa vorbei.

Der Hansi schaut sich die Kuh an. Es fällt ihm aber überhaupt nichts Besonderes auf.

Da hilft ihm die Mamma drauf: «Schau dir den dicken Bauch an von der Kuh, Hansi! Weißt, da drin, da wartet jetzt schon ein kleines Kalb. Das wird bald rauswollen, wenn's im Bauch von der Mutter keinen Platz mehr hat.»

«Echt wahr!» Auf einmal sieht's der Hansi selber. Einen solchen dicken Bauch hat die Rosa sonst nie! Die ist ja viel dicker als alle anderen Kühe im Stall! Am Futter kann's aber nicht liegen. Alle Kühe kriegen doch immer gleich viel zu fressen ...

«Ja, wie gibt's denn so was?» fragt der Hansi, «wie kommt denn ein solches Riesenkalberl in den Bauch von der Rosa hinein?» Jetzt will er's genau wissen. Das interessiert ihn ...

«Kannst dich nimmer erinnern, wie der Mann da gewesen ist», sagt der Pappa, «da hast doch du gemeint, das ist der neue Tierarzt ...»

Der Hansi kann sich schon erinnern. «Aber was hat denn der damit zu tun?»

«Das ist der Besamungswart gewesen, verstehst», sagt der Pappa.

«Wieso – Besamungswart?» Nichts versteht der Hansi, überhaupt nichts.

Aber die Mamma kennt sich anscheinend doch besser aus. «Der hat der Rosa-Kuh einen Samen reingepflanzt in den Bauch. Und der Samen ist dann gewachsen und gewachsen mitten in der Rosa ihrem Bauch ... Und jetzt ist halt das Kalb bald so groß, daß es raus muß, weil's wirklich hinten und vorn keinen Platz mehr hat. Und wenn's rauskommt, dann kommt's zur Welt, sagen wir, verstehst!»

Verstanden hat der Hansi alles. Aber komisch kommt ihm die Geschichte schon noch vor. Hört sich glatt an wie ein Märchen. Und Märchen sind ja bekanntlich nicht wahr. Drum möchte der Hansi schon noch ein bißchen mehr erfahren.

«Gell, Mamma, die Menschen-Kinder werden anders gemacht, oder?» fragt er.

Die Mamma lacht: «Das schon. Ein bisserl anders. Aber das erklär ich dir ein anderes Mal. Zuerst muß jetzt die Stallarbeit gemacht werden.»

Typisch! Immer wenn er was wissen will, dann hat kein Mensch Zeit! Der Hansi überlegt, wen er sonst noch fragen könnte. Es fällt ihm aber niemand ein.

Eine Woche später sitzen alle drei beim Abendessen. der Pappa ist gerade fertig. Er steht auf, geht zum Fernseher und schaltet ein. «Nachrichten kommen – und für dich ist's Zeit fürs Bett, Hansi, ab durch die Mitte!»

Der Hansi denkt gerade drüber nach, was ihm für eine Ausrede einfallen könnte, daß er noch aufbleiben darf, da hören sie aus dem Stall eine Kuh muhen. So laut, daß der Pappa die Nachrichten nicht mehr versteht.

«Amuuuuuuuuhhh, amuuuuuuuuhhh, amuuuuuuuuhhh ...»

Immer wieder: «Amuuuuuuuhhhhh, amuuuuuuuuhhhhh ...»

Alle horchen.

Für kurze Zeit ist es ganz still.

Aber dann geht's wieder los: «Amuuuuuuuhhh, amuuuuuuuhhhhh, amuuuuuuuhhhh ...»

Der Pappa steht auf. Er dreht den Fernseher aus.

«Auweh, ich glaub, das ist die Rosa, ausgerechnet jetzt, wo Nachrichten sind!»

«Die wird halt soweit sein», sagt die Mamma und geht hinaus, der Pappa gleich hinter ihr her.

Der Hansi merkt, daß er auf einmal allein dasitzt. «Pappa, Mamma», schreit er und rennt ihnen nach, «darf ich nicht zuschauen?»

Der Pappa bleibt stehen. Er schaut die Mamma an. Die Mamma hat anscheinend nichts dagegen. Sie sagt nichts und rennt weiter in Richtung Stall.

«Also gut, Hansi!» erlaubt's der Pappa. «Aber warm anziehen, gell, und im Weg darfst uns nicht stehen, ist das klar?»

«Logisch, Pappa!» Der Hansi rennt gleich los, um seinen Pullover zu holen.

Die Rosa schreit jetzt immer lauter. So, als ob ihr was furchtbar weh tut.

«Amuuuuuuuuuuuuuuuuuuuhhh, amuuuuuuuuuuuuuuuuuuuuuhhh ...»

Schon steht der Hansi neben der Mamma im Stall. «Die Rosa-Kuh tut mir leid!» meint er.

«Red nicht, schick dich lieber, hol mir den Kälberstrick von dort drüben!» schreckt der Pappa den Hansi auf und deutet auf einen Haken an der Stallwand, wo eine Menge Stricke hängen. Der Hansi schickt sich. Er ist voll da. Er reißt den erstbesten Strick vom Haken. Nichts wie zurück zum Pappa ...

Gott sei dank ist's der richtige Strick.

Der Pappa schiebt eine Hand in den Bauch von der Rosa-Kuh hinein. «Es kommt schon!» sagt er.

Die Mamma beruhigt die Rosa und redet ihr gut zu.

Und da, tatsächlich, kommt aus der Rosa ihrem Bauch etwas Weißes zum Vorschein. Immer mehr. Der Pappa wickelt den Kälberstrick drumrum. Dann zieht er fest an. Ganz langsam. Ganz fest. Die Mamma muß ihm sogar noch helfen.

«Amuuuuuuuuuuhhh, amuuuuuuuuuuhhhh ...» Die Rosa-Kuh macht ganz schön was mit.

Da – jetzt sieht der Hansi auch, was das Weiße ist. Zwei Haxen sind's, die Haxen vom Kalberl. Der Pappa zieht mit der Mamma weiter ... und halt ... da ... das ist der Kopf ...

Das Kalb ist jetzt schon mit dem Kopf und mit einem Teil der Vorderbeine draußen und dann geht's auf einmal so schnell, daß der Hansi gar nicht mehr mitkommt mit dem Schauen.

«Amuuuuuuh, muh, muh ...»

Die Rosa-Kuh wird schon ruhiger. Sie dreht sich herum.

Das Kälbchen liegt im Stroh, patschnaß und über und über voller Schleim.

Die Mamma bringt noch etwas Stroh, reibt damit das Kalb ein wenig ab und schiebt es der Rosa hin. Nun steht es sogar schon auf seinen wackligen Beinen. Gespannt beobachtet der Hansi, wie die Kuh ihr Junges abschleckt. Es hat schon überall ein Fell, genauso scheckig wie seine Mutter. Nur nicht so glatt, es hat lauter kleine Locken.

Keiner sagt was. Sie stehen nur und schauen. Der Hansi schluckt. Irgendwie komisch: da rollen ihm so mir nichts, dir nichts zwei, drei, vier Tränen übers Gesicht. Aber nicht, weil er traurig ist. Im Gegenteil. Der Hansi freut sich. Alles ist so gut ausgegangen. Und die Rosa-Kuh schreit nicht mehr.

«So, das wär's dann», sagt der Pappa und wischt sich die Hände an einem alten Handtuch ab.

Die Mamma legt ihren Arm um den Hansi. «Lieb, das Kalb, gell!»

«Ganz neugierig schaut's schon herum», meint der Hansi.

«Das wird sich denken: wo bin ich denn da reintappt», lacht der Pappa.

Später führt er das neue Kalb von seiner Mutter weg in einen

kleinen abgetrennten Pferch. Er hat Angst, daß die Rosa-Kuh das Kleine in der Nacht erdrücken könnte. «Auch die Nachbar-Kuh könnte dem Kleinen gefährlich werden», meint er.

«Na, wie soll's denn heißen?» fragt die Mutter den Hansi.

«Einen Buben-Namen brauchst aber, weil's ein Stier-Kalb ist!»

Der Hansi überlegt.

Dann fällt's ihm ein: «Helmut – Helmut soll's heißen!»

«Wie kommst denn auf die Schnapsidee?» fragt der Pappa.

«Weißt, wie der Onkel Helmut!» sagt der Hansi, «dann haben wir ein Stier-Kalberl, das Helmut heißt, und der Onkel Helmut braucht uns nicht mehr besuchen, an Ostern und an Weihnachten!»

Der Hansi mag nämlich den Onkel Helmut nicht. Und weil der Pappa ihn auch nicht besonders mag, lacht er bloß und sagt: «Von mir aus heißt es Helmut – aber nix dem Onkel sagen, sonst ist er gleich wieder beleidigt.»

«Logisch!»

Aber eins will der Hansi schon noch gern wissen vom Pappa. «Hat bei mir auch der Besamungswart der Mamma einen Samen eingepflanzt?»

«Bei den Menschen geht das ein bisserl anders.»

«Warum ist das bei den Menschen anders, und warum braucht man überhaupt einen Besamungswart, Pappa?»

Aber der Pappa bremst den Hansi: «Du, das erklär ich dir ein anderes Mal. Jetzt schau, daß du ins Bett kommst, ist eh schon so spät heut!»

Typisch. Echt typisch. Dabei möchte der Hansi unbedingt wissen, wie das funktioniert und was daran so geheimnisvoll ist. Und einen kleinen Bruder könnte er auch ganz gut brauchen. Schon lang wünscht er sich einen.

«Pappa, warum kommt denn kein Besamungswart zur Mamma, ich möcht ...»

«Jetzt schau aber, daß du ins Bett kommst!» sagt der Pappa nur.

Warum lacht er so? Und warum schaut er die Mamma so komisch an? Und warum lacht die Mamma auch? Da soll sich ein Mensch auskennen. Die schicken den Hansi eiskalt ins Bett: «Keine Widerrede!»

Echt typisch! Kein Mensch erklärt einem was. Der Hansi nimmt sich fest vor, daß er sich das merkt. Fast ist er wütend. Wer vernünftig fragt, der muß auch eine vernünftige Antwort kriegen. So redet der Pappa immer, wenn ER was wissen will.

Aber der Hansi ist hundemüde. Er schläft mitsamt seiner Wut im Bauch ziemlich schnell ein. Und er träumt von einem Stier, der heißt Helmut. Und er träumt von seinem Bruder, der heißt ... nein – nicht Helmut! Franzi muß der Bruder heißen. Und der Helmut, der Franzi und der Hansi, die sind den ganzen Traum lang Freunde und trampeln die ganze Nacht über Wiesen und Felder und über Wiesen und über Felder und über Felder und über Wiesen und ... und ...

Eigentlich ist die Geschichte von der Rosa-Kuh und dem Kalb jetzt aus. Aber ein paar Wochen danach passiert etwas, das gehört noch unbedingt dazu.

Ausgerechnet der Onkel Helmut kommt zu Besuch. Und ausgerechnet der Onkel Helmut erklärt dem Hansi die Sache mit dem Besamungswart.

«Weißt, Hansi, das ist so: Zum Kinderkriegen gehören immer zwei – ein Mannderl und ein Weiberl. Ganz wurscht, ob das jetzt Rindviecher sind oder Hühner oder Katzen oder Menschen. Ein Mann und eine Frau, ein Stier und eine Kuh, eine Katz und ein Kater, eine Henne und ein Gockel.

Bloß bei den Rindviechern, da gibt's amtliche Vorschriften, verstehst, daß die Kälber, die auf die Welt kommen, ganz gesund sind. Drum dürfen bloß ganz bestimmte Stiere zu einer Kuh hin. Und damit man den Stier nicht mit dem Auto von einer Kuh zur anderen fahren muß, von einem Bauernhof zum anderen und von einem Dorf zum anderen, deswegen wird der Besamungswart herumgeschickt. Der bringt den Samen von dem Stier in einem kleinen Glaserl zu der Kuh hin, die ein Kalb kriegen soll, und pflanzt ihn in ihren Bauch. Und der Bauer muß was zahlen dafür, verstehst! Manche Leute nennen den Besamungswart auch ‹Rucksackstier›, weil der den Samen in einem Rucksack oder in einem Koffer mitbringt ...»

Logisch. Das versteht der Hansi. Das ist ja ganz einfach.

Bloß eins versteht der Hansi nicht: «Warum haben mir das der Pappa oder die Mamma nicht erklären können? Vielleicht sollt ich's IHNEN einmal erzählen?»

Illustration von Katharina Joanowitsch

Inke-Herinke

Von Nixen, Hexen, Vampiren und anderem Gespuk

Ristorante Napoli
Ristorante Napoli
Ristorante Napoli
Rülps!
Heute war mal wieder besonders viel Knoblauch an der Spaghetti-Soße!
Hihihihi!

Hanna Hanisch

Inke-Herinke

Herr Birnbaum aus Bremen kam von der Reise zurück. Mit einem Schiff aus Kopenhagen.

Als er an Deck spazierenging und sich das grünblaue Meer besah, da fiel es ihm ein: Er hatte vergessen, ein Reiseandenken für Birgit mitzubringen.

Birgit war seine Tochter. Sie ging schon in die Schule und freute sich sehr über Reiseandenken.

Herr Birnbaum lief in seine Gedanken vertieft hin und her, kam zum Achterdeck, und hier sah er etwas Merkwürdiges: Auf einer alten Heringskiste saß eine kleine Person, ein Persönchen, nicht größer als ein halber Arm.

Also etwa so . . . . lang.

Das Persönchen hatte einen Schal um den Hals gelegt aus meergrünem Tang. Seine Haare waren patschnaß. Mit den Fingern versuchte es, Locken zu wickeln.

«Wer ist denn die Lütte?» staunte Herr Birnbaum.

Das Mädchen drehte weiter an seinen Locken und sang:

Ich bin Inke-Herinke,
aus der Welle geschlüpft,
auf die Kiste gehüpft
mit meinem schuppigen Schwanz.

Dazu schlug sie den Takt auf der Heringskiste mit einem kleinen Silber-Fisch-Schuppen-Schwanz.

«Inke-Herinke», sagte Herr Birnbaum, «bist du vielleicht eine Seejungfrau?»

Inke-Herinke kicherte. Das klang, als ob jemand mit Zahnputzwasser gurgelte.

«Inke-Herinke», sagte Herr Birnbaum. «Ich habe kein Reiseandenken für Birgit mitgebracht. Hast du Lust, mit nach Bremen zu kommen? Du und Birgit, ihr könntet zusammen spielen.»

Inke-Herinke hatte große Lust. Sie war neugierig auf Bremen und auf die Leute, die dort wohnten. Deshalb war sie ja aus dem Meer entwischt.

Herr Birnbaum mußte eine Plastiktüte mit Seewasser füllen. Inke versteckte sich darin.

So kamen sie gut durch den Zoll.

Birgit freute sich sehr. Man kann gar nicht beschreiben, wie sehr.

Sie ließ die Badewanne randvoll Wasser laufen. Jetzt konnte Inke-Herinke pantschen. Aber Inke war noch nicht zufrieden: das Wasser schmeckte ihr zu labbrig.

Da schüttete Birgit zwei Pfund Salz in die Wanne.

Jeden Tag spielten sie zusammen. Sie spielten «Fischer, wie hoch ist dein Wasser» und «Badewannen-Gummi-Twist». Das spritzte besonders schön.

Inke hing im Plastikbeutel an Birgits Fahrrad. So gondelten die beiden durch Bremen. Inke hing in der Schule am Haken, wo die Schulmappen hängen. In der Rechenstunde schlief sie, aber in der Musikstunde sang sie so laut und gurgelig, daß die Musiklehrerin in die Hände klatschte: «Wie schön ihr singt, lieber Kinder! Es klingt wie Meeresrauschen.»

Nur Heini Seibold, der neben Birgit saß, beschwerte sich: «Ich will woanders sitzen! Die Birgit stinkt so nach Fisch.»

An diesem Tag maulte Inke.

Den ganzen Tag sprach sie kein Wort. Sie wollte auch nicht mit Birgit spielen.

Gegen Abend zog ein Gewitter auf.

Dicker Regen prasselte auf die Stadt. Es goß wie aus Kannen. Alle Straßen waren überschwemmt.

Da wurde die Kleine putzmunter.

«Weißt du was?» sagte sie zu Birgit. «Ich schwimme heute nacht zurück nach Kopenhagen. Den Weg finde ich leicht: von hier zur Weser in die Nordsee, dann durch den Nord-Ostsee-Kanal und quer durch die Ostsee. Ich habe Heimweh nach meiner Herinken-Großmutter.»

«Inke-Herinke», sagte Birgit, «gib zu: du bist beleidigt wegen Heini Seibold.»

«Stimmt», sagte Inke. «Der Heini Seibold ist doch doof. Eine Seejungfrau stinkt nicht. Die riecht ganz wunderbar nach grünem Hering. Wenn ich das meiner Großmutter erzähle, die patscht dem Heini eins um die Ohren mit dem Fisch-Schuppen-Schwanz.»

Birgit ließ ein paar Tränen in die Badewanne tropfen.

Inke schnüffelte heftig durch die Nase.

«Farvel, Birgit», schluchzte sie. (Farvel ist dänisch und heißt Auf Wiedersehen.) «Ich habe soviel Heimweh nach der grüngrauen See. Du kannst mich ja mal besuchen.»

Dann machte sie einen großartigen Hechtsprung aus dem Badezimmerfenster und schwamm mit dem Regen davon.

Illustrationen von Wolf Voss

Mira Lobe

Das kleine Hokuspokus

Der Zauberer Pokus saß in seinem Zauberkabinett.

«Herein!» sagte er.

Herein kam seine Frau, die Hexe Hokus. Statt der Nase hatte sie einen Vogelschnabel und statt dem Mund ein Froschmaul. Außerdem hatte sie rotgeweinte Augen.

«Wie siehst du denn aus!» rief der Zauberer Pokus.

Die Hexe Hokus nahm einen Spiegel, den trug sie immer bei sich: «Tatsächlich! Da habe ich ganz vergessen, mich zurückzuhexen!» Sie rumpfte dreimal die Schnabelnase und quakte dreimal mit Froschmaulstimme: «Flinker Flunker flugs entfleucht, Maul und Schnabel, fort mit euch!»

Sogleich verschwand das Forschmaul und wurde ein Mund, verschwand auch der Schnabel und wurde eine ganz normale spitze Hexennase. Nur die rotgeweinten Augen blieben. Die waren echt.

«Was ist los?» fragte der Zauberer Pokus.

«Mir ist langweilig. Drum habe ich ein bißchen an mir herumgehext. Wir sollten ein Kind kriegen.»

«Meinetwegen», sagte Pokus. «Einen klugen kleinen Pokus, der mir den Zauberkasten nachträgt, damit ich mich nicht immer so abschleppen muß.»

«Aber nein!» rief Hokus. «Eine kluge kleine Hokus, die mir den Spiegel hält, wenn ich mich schönmache.»

«Einen Pokus!» schrie Pokus. «Einen Sohn!»

«Eine Hokus!» heulte Hokus. «Eine Tochter!»

«Heul nicht!» schrie Pokus. «Sonst verzaubere ich dich in eine Fabriksirene. Dann kannst du heulen!»

Er loderte vor Zorn.

«Lodere nicht!» schrie die Hexe Hokus. «Sonst verhexe ich dich in einen Vulkan. Dann kannst du lodern!»

Am Fenster saß der Rabe Ralf. «Ihr zankt euch immer!»

krächzte er. «Zu Eltern, die sich zanken, kommen Kinder nicht gerne.»

Der Zauberer Pokus sagte: «Ich werde für alle Fälle eine Wiege zaubern und ein Dutzend Milchflaschen. Und du, Hexe Hokus, solltest ein paar Windeln herbeihexen ...»

«Und Strampelhosen und Mützchen und Hemdchen und Jäckchen und Babyschuhe!» rief Hokus. «Und alles doppelt: himmelblau und rosa. Weil wir ja nicht wissen, was es wird. Ob es morgen früh schon da ist?»

Darauf ging Pokus in sein Zauberkabinett und Hokus in ihr Hexenstübchen. Sie zauberten hin, sie hexten her. Und dann waren sie gespannt auf den nächsten Morgen.

Aber es kam kein Kind. Weder am nächsten Morgen noch am übernächsten, noch am überübernächsten.

Die Hexe Hokus hexte sich giftgrüne Haare vor Wut.

«Du siehst scheußlich aus!» sagte Pokus. «Noch scheußlicher als sonst.»

Hokus hexte sich lange Katzenkrallen und fuhr Pokus damit ins Gesicht.

Am Fenster saß der Rabe Ralf. «Ihr zankt euch ja schon wieder! Schämt euch gefälligst.»

Der Zauberer Pokus schämte sich gefälligst und ging in sein Zauberkabinett. Auch die Hexe Hokus schämte sich gefälligst und ging in ihr Hexenstübchen. Sie zauberten hin und hexten her.

Als erstes zauberte Pokus einen Igel, der Pfötchen geben konnte.

Hokus hexte einen Gartenschlauch, aus dem Himbeerlimonade spritzte.

Als zweites zauberte Pokus ein Ferkel, das seiltanzen konnte.

Hokus hexte einen Briefkasten, der französische Gedichte aufsagte und englische Schlager sang.

Als drittes hexte Hokus einen Knallfrosch, kurz vorm Explodieren.

Pokus zauberte als drittes einen Fernseher ohne Knöpfe.

Man brauchte nur zu sagen: Ich möchte eine Elefantenherde am Nordpol sehen – gleich sah man die Elefanten, wie sie zwischen den Eisschollen umherwanderten. Man brauchte nur zu sagen: Ich möchte, daß die Elefanten Purzelbäume schlagen, daß sie wie Amseln flöten und daß es dabei nach Veilchen riecht. Sogleich schlugen die Elefanten Purzelbaum, flöteteten wie Amseln, und das ganze Zimmer duftete nach Veilchen.

Als Pokus mit dem Zaubern fertig war, ging er zu Hokus.

«Na? Hast du ein Kind?» fragte er.

«Nein. Und du?»

«Auch nicht.»

Er zeigte ihr den Igel, das Ferkel und den Fernseher.

Sie zeigte ihm den Gartenschlauch, den Briefkasten und den Knallfrosch.

«Vielleicht sollten wir das durcheinandermischen», sagten sie und zauberten hin und hexten her.

Sie mischten den Gartenschlauch und den Igel – da kam ein Stacheldraht heraus. Sie mischten den Briefkasten und das Ferkel – da kam ein Sparschwein heraus. Sie mischten den Knallfrosch und den Fernseher – da kam gar nichts heraus. Denn der Knallfrosch explodierte mit lautem Knall, und der Fernseher flog in die Luft.

«Schade um den Knallfrosch!» schimpfte Hokus.

«Selber Knallfrosch!» schimpfte Pokus.

Am Fenster saß der Rabe Ralf. «Ewig diese Zankerei!» krächzte er und schenkte ihnen ein Ei.

«Ist es ein Rabenei?» fragte Hokus.

«Wo denkst du hin! Meine Frau ist doch keine Rabenmutter, daß sie ihre künftigen Kinder herschenkt! Es ist ein Kuckucksei. Wir brauchen es nicht.»

Hokus und Pokus setzten sich abwechselnd auf das Ei, um es warm zu halten. Aber als am Abend noch immer kein Kind da war, wurde ihnen das zu mühsam. Sie legten das Ei ins Backrohr, stellten die Wiege daneben und die Milchflaschen, legten die rosa und himmelblauen Mützchen und Jäckchen und Höschen und Schühchen hin. Und sich selbst legten sie schlafen.

Am Morgen öffneten sie die Tür zum Backrohr. Zwei Eierschalen fielen heraus. In der Wiege aber lag ein Kind; das hatte ein blaues Mützchen auf.

«Ein Sohn!» rief Pokus. «Ein kluger kleiner Pokus!»

Seine Frau stand am Ende der Wiege, wo die rosa Babyschuhe herausguckten.

«Eine Tochter!» rief sie. «Eine kluge kleine Hokus!»

Sie deckten das Kind auf. Es trug ein rosa Jäckchen und eine blaue Strampelhose.

«Was bist du denn nun?» fragten Hokus und Pokus. «Ein Sohn oder eine Tochter?»

«Ratet mal!» sagte das Kind, denn weil es ein Zauberer- und Hexenkind war, konnte es sofort reden. «Ich bin ein kluges kleines Hokuspokus. Übrigens ist das ganz egal, ob Sohn oder Tochter. Und zu Eltern, denen das nicht egal ist, möchte ich eigentlich nicht sehr gerne ...»

Es kletterte aus der Wiege.

«Zauberkästen nachtragen möchte ich eigentlich auch nicht...» sagte es und schüttelte den himmelblauen Kopf. «Und Spiegel halten auch nicht!» Dabei stampfte es mit dem rosa Fuß auf. «Nehmt mir's nicht übel, aber ich glaube, wir passen nicht zusammen ...»

Sprach's, entfaltete zwei winzige Flügel – einer rosa, einer himmelblau – und flog zum Fenster hinaus.

Loriot
Zauberei

Oh, mit diesen Zaubersachen
werd' ich Paulchen Freude machen!

Hokus – seht, vor Paulchens Nase
baumelt schon der erste Hase!

Pokus – Zaubern scheint nicht schwer,
sicher ist der Hut jetzt leer.

Hexen sollte nur ein Mann,
der es auch beenden kann!

Hasen in der Überzahl
sind für Zaubrer eine Qual.

Dietlind Neven-du Mont

Die Geschichte von der schlafenden Kunigunde

«Als meine Urgroßtante noch ein ganz kleines Kind war, ein Ungetüm-Kind, versteht sich, da ging sie einmal am Meer spazieren und war sehr müde. Aber wo sollte sich die arme Kunigunde schlafen legen?

Der Strand war naß, der Sand war naß, das Meer war naß und weit und breit nicht das kleinste trockene Plätzchen für ein armes Ungetüm-Kind zum Schlafen legen.

Da sah Kunigunde draußen auf dem Meer ein hübsches Schiff. Das schaukelte lustig auf den Wellen, wie eine Kinderwiege, und schien auch oben ganz trocken zu sein. Menschen waren keine zu sehen, und Kunigunde konnte sehr gut schwimmen.

So schwamm sie zu dem Schiff und kletterte auf das Deck. Da war auch wirklich alles hübsch trocken, und eine Treppe führte in das Schiff hinein. Auf der kletterte Kunigunde tiefer und tiefer. Ganz unten, im Bauch des Schiffes, lagen die verschiedensten Sachen durcheinander: Lampenschirme, Rodelschlitten, Blumentöpfe, alte Socken, Rechenmaschinen, Zipfelmützen, Backöfen, Mausefallen, Sofakissen ...»

«Du brauchst nicht alles aufzuzählen, was da unten lag!» sagte ich gähnend.

«Das kann ich auch gar nicht», piepste das Getüm. «Dazu war es viel zuviel und viel zu durcheinander!

Wo so viel liegt, dachte Kunigunde, das Ungetüm-Kind, kommt es auf ein kleines Ungeheuer auch nicht mehr an.

Sie ringelte sich auf ein paar Sofakissen im hintersten Eckchen und schlief fest ein.

Kunigunde war damals noch sehr klein und sehr dumm. Sonst hätte sie nämlich gleich gemerkt, auf was für ein feines Schiff sie da geklettert war.

Es hatte rote Segel, auf die war ein Totenkopf gemalt, und in

so einem Fall weiß doch jeder Mensch und jedes Ungetüm, daß das ein Seeräuberschiff ist. Und die Sachen, die da so durcheinanderlagen, waren alle geklaut, nur Kunigunde nicht, denn die war von selber gekommen.

Die Seeräuber nannten sich ‹Schrecken vom Mittelmeer›, und das waren sie auch. Alle hatten Angst vor ihnen, nur Kunigunde nicht, denn die schlief.

Sie schlief so fest, daß sie nichts von den Seeräubern merkte, und die Seeräuber waren so mit Rauben und Plündern beschäftigt, daß sie nichts von Kunigunde merkten.

Sie warfen alle Schätze, die sie geklaut hatten, runter in den Schiffsbauch, in dem Kunigunde schlief. Der Schiffsbauch wurde immer voller und das Durcheinander immer größer, so daß niemand mehr durchgehen und Kunigunde sehen konnte.

Aber der Schiffsbauch wurde auch aus einem anderen Grund immer voller, und den wußten die Seeräuber nicht.

Meine Urgroßtante Kunigunde, die ja noch ein richtiges Ungetüm-Kind war, wurde nämlich von Jahr zu Jahr größer und dicker.

Die Seeräuber freuten sich und rieben sich die Hände und sagten: ‹Jetzt ist unsere Schatzkammer bald voll, und wir können uns zur Ruhe setzen!› Sie wußten nicht, die dummen Seeräuber, daß der Schiffsbauch nur ein Viertel voll Durcheinander war und drei Viertel voll Kunigunde.

Kunigunde schlief fest und friedlich, bis sie eines Tages von einem fürchterlichen Knall aufwachte.

Jetzt glaubst du sicher, das Seeräuberschiff wäre beschossen worden!» piepste das Getüm.

«Ja denkste! Es war das schönste Wetter, der blaueste Himmel und weit und breit kein anderes Schiff. Kunigunde ist es gewesen, die war so groß und fett geworden, daß das Schiff einfach auseinandergeplatzt ist, und das hat so geknallt. Und davon ist sie aufgewacht.

Da schwamm nun Kunigunde im schönen blauen Mittelmeer, und um sie herum lauter wilde Seeräuber. Die waren aber gar nicht mehr wild, sondern ganz klein und häßlich und hatten Angst um ihr Leben.

‹Bitte schön, meine Herren, aufgesessen!› sagte meine Urgroßtante Kunigunde, und alle verängstigten Seeräuber kletterten zitternd auf Kunigundes Rücken.

Urgroßtante Kunigunde schwamm schnurstracks nach Neapel.

Dort standen tausend Leute im Hafen und winkten und jubelten, und hundert Polizisten waren angetreten, die nahmen die Seeräuber gleich in Empfang und brachten sie ins Gefängnis.

Urgroßtante Kunigunde aber bekam für jeden gefangenen Seeräuber 1000 Lire Belohnung.

Davon kaufte sie sich drei Zentner Spaghetti und aß sie auf einmal auf, denn sie hatte einen unbeschreiblichen Hunger.

Und dann sagte sie:

‹Ihr lieben Leute von Neapel, das war alles sehr anstrengend!

Ich lege mich jetzt schlafen.

Gute Nacht!›»

Illustration von Dietlind Neven-du Mont

Angela Sommer-Bodenburg

Der große Duft-Preis

Als Anton und Anna den Festsaal betraten, hatte die Orgelmusik aufgehört. Die Vampire waren an ihre Tische zurückgekehrt und starrten gebannt auf einen kleinen, etwas gebückten Vampir, der in der Mitte des Saals auf einem Podest stand.

«Elisabeth die Naschhafte», flüsterte Anna, die noch zwei freie Plätze in der Nähe des Eingangs gefunden hatte.

Anders als die meisten Vampire, die wenig Wert auf ihr Äußeres zu legen schienen, war Elisabeth die Naschhafte sehr sorgfältig zurechtgemacht: Sie trug einen fleckenlosen Umhang aus schwarzem Samt, ihr graues Haar war zu feinen Löckchen aufgedreht, und an ihren dürren Fingern steckten funkelnde Ringe.

«Liebe Freunde!» hob sie jetzt an. «Ich freue mich, daß ihr gekommen seid! Und nun wollen wir mit unserem Wettbewerb ‹Wer duftet am besten?› beginnen! Das Preisgericht besteht diesmal aus: Magdalene der Doppelzüngigen, Günther dem Gutmütigen, Elke der Niederträchtigen. Ich bitte das Preisgericht, seine Plätze einzunehmen.»

Die Aufgerufenen stiegen zu ihr auf das Podest.

«Die mit der Brille ist Magdalene», flüsterte Anna. «Sie ist der Meinung, von allen Vampiren die schönsten Beine zu haben!»

«Ehrlich?» sagte Anton und kicherte.

Unter Magdalenes Umhang, der nur bis zum Knie reichte,

guckten zwei kurze dicke Beine heraus, die alles andere als wohlgeformt waren.

«Warum heißt er Günther der Gutmütige?» fragte Anton.

«Siehst du nicht, wie dünn er ist?» lachte Anna. «Er ist so gutmütig, daß er immer anderen Vampiren den Vortritt läßt.»

Elke die Niederträchtige überragte die beiden um Hauptes-länge. Für einen Vampir sah sie erstaunlich gut aus, fand Anton, aber Neid und Mißgunst hatten tiefe Falten in ihr Gesicht geschnitten.

«Und nun ersuche ich alle, die am Wettbewerb teilnehmen möchten, herzukommen und sich in einer Reihe aufzustellen!» rief Elisabeth die Naschhafte. Sogleich erhoben sich etwa zehn Vampire von ihren Plätzen.

«Wenn ich nun den ersten Bewerber bitten dürfte, sich der versammelten Vampirschaft vorzustellen!»

Ein bulliger Vampir mit einem kantigen, völlig haarlosen Schädel betrat das Podest.

«Ich bin Jörg der Aufbrausende», sagte er mit knarrender Stimme. «Ich habe mich zum Wettbewerb gemeldet, weil ich glaube, daß ich besonders würzig dufte!»

«Laß riechen!» flötete Magdalene die Doppelzüngige und schnupperte prüfend an ihm herum. Günther der Gutmütige und Elke die Niederträchtige folgten ihrem Beispiel. Dann sahen sie sich an und nickten.

«Der nächste!» rief Elisabeth die Naschhafte.

Ein großer, magerer Vampir folgte. «Ich bin Hannelore die Hastige», sagte sie mit hoher Fistelstimme. «Meine Spezialität ist der Geruch nach frischen Pferdeäpfeln.»

Nachdem die Preisrichter auch sie beschnüffelt hatten, kamen noch ein aufgedunsener Vampir mit Doppelkinn und Schweinsäuglein, ein hohlwangiges Vampirmädchen, ein Vampir mit Augenklappe und ein uralt wirkender Vampir, der nur noch zischend sprechen konnte, da ihm bis auf die Eckzähne alle Zähne fehlten.

Dann bestieg ein großer, breitschultriger Vampir das Podest.

«Mein Name ist Lumpi der Starke», rief er in den Saal hinein, «und ich bin berühmt für meinen Modergeruch!»

Anna schlug die Hände vor den Mund.

«Lumpi duftet doch nicht», murmelte sie, «der riecht nur ...»

Mit siegesbewußter Miene stolzierte Lumpi über das Podest und ließ sich beriechen.

«Ganz schön eingebildet», zischte Anna.

Nach Lumpi stellten sich noch zwei weitere Bewerber dem Preisgericht und Publikum vor. Damit war der erste Teil des Wettbewerbs beendet.

Sabine die Schreckliche setzte sich wieder an die Orgel und spielte, während die Preisrichter mit Elisabeth der Naschhaften zusammentraten, um den Sieger zu ermitteln.

«Meinst du, daß Lumpi gewinnt?» fragte Anton flüsternd.

Anna schüttelte den Kopf. «Nie! Ich hab' vorhin neben Hannelore der Hastigen gesessen. Gegen die ist Lumpi gar nichts! Und wer weiß, wie die übrigen duften!»

Jetzt hob Elisabeth die Naschhafte die Arme, und augenblicklich verstummte die Musik.

«Liebe Freunde!» rief sie mit bewegter Stimme. «Der Sieger unseres heutigen Wettbewerbs, der Vampir, der am besten duftet, heißt –» hier machte sie eine kleine Pause und sah alle Kandidaten noch einmal der Reihe nach an – «Jörg der Aufbrausende!»

Stürmischer Beifall setzte ein. Jörg der Aufbrausende kam auf die Bühne gestolpert und verneigte sich.

«Und als Preis: die Kuscheldecke für den Sarg!» rief sie und reichte ihm ein schwarzes Tuch.

«Jetzt ist Lumpi sauer», flüsterte Anna.

«Aber es ist doch gerecht zugegangen», meinte Anton.

«Lumpi fühlt sich immer ungerecht behandelt», erklärte Anna, «und dann ist es besser, ihm nicht über den Weg zu laufen. Komm, wir gehen lieber!»

Illustrationen von Amelie Glienke

Josef Guggenmos

Das Geisterschloß

Schallend wiehernd
wie ein Roß
stampft Ritter
Rotbart
durch mein Schloß.
Graf Kunz
(schon immer
hundsgemein)
kann dagegen
alles sein.
Erst gern
– still stand
mein Verstand –:
Der Pfannenstiel
war seine – Hand!
Irr flieh ich
(mit und ohne Grund)
vor Kugel,
Nudel,
Pudelhund …

Auch geh ich nur,
muß ich einmal,
im Laufschritt durch
den Ahnensaal:
Graf Heinz
(einst Held im Felde)
spuckt aus dem Gemälde!

Wen treff ich heut
im Stiegenhaus?
Neun Särge.
Neun Fahrer
grinsen heraus.
«Exzellenz,
guten Tag!
Daß dich, du Schelm,
gleich der Donner erschlag!»
So grüßen sie mich,
und einer schreit: «Ha!
Tod dem Türkenhund
Kara Mustafa!»

Wer Nerven hat,
der schluckt es,
mein Schloß,
mein ganz verrucktes.
Hier spukt es,
hier spuckt es,
aus allen Ecken
guckt es.

Ich schreibe zitternd,
gesträubt das Haar:
Wer kauft mir mein Schloß ab
samt Inventar?
Doch sage ich händeringend:
Bitte, es ist dringend!

Christine Nöstlinger

Florence Tschinglbell

Sisi und Sigi waren Geschwister.

Sie stritten jeden Tag, und jeden zweiten Tag prügelten sie sich, wobei Sigi immer den kürzeren zog, weil er nur boxte, Sisi aber zwickte und kratzte und biß und mit den Füßen trat.

Sisi und Sigi stritten nie wegen Kleinigkeiten. Dinge, wie abstehende Ohren, kaputte Elektro-Autos, eingedrückte Puppenaugen, verbogene Heftdeckel, Hasenzähne und Dreckfinger störten weder Sisi noch Sigi. Sisi und Sigi stritten immer wegen der gleichen Sache.

Sisi erzählte etwas.

Sigi behauptete, was Sisi da erzählte, sei gelogen. Sisi rief, nein, es sei die reine Wahrheit.

Sigi schrie: «Nur ein Doppeldepp glaubt dir das!»

Sisi wurde dann so wütend, daß sie Sigi zwickte oder kratzte oder biß oder trat.

Und dann boxte Sigi.

Und dann kam die Mutter und drohte mit Ohrfeigen. Als ob im Kinderzimmer nicht schon genug herumgeprügelt wurde!

Nach den angedrohten Ohrfeigen vertrugen sich Sisi und Sigi wieder ein bißchen. Sie vertrugen sich so lange, bis Sisi wieder eine Geschichte erzählte, die Sigi nicht glaubte.

An dem Tag, von dem ich erzählen will, saßen Sisi und Sigi im Kinderzimmer und vertrugen sich ein bißchen.

«Weißt du was zum Spielen?» fragte Sigi.

«Blek Pita», sagte Sisi.

«Kenn ich nicht», sagte Sigi.

«Heißt Schwarzer Peter auf englisch», erklärte Sisi.

«Und warum», fragte Sigi, «warum sagst du das englisch?»

Sisi holte die Schwarze-Peter-Schachtel aus der Tischlade, drehte sie hin und her und sprach: «Ach, das habe ich mir so angewöhnt, von meiner Freundin, der Florenz Tschinglbell, die redet ja englisch!»

«Hör auf», rief Sigi, «hör sofort auf!»

Sigi hätte sich nämlich noch gern ein bißchen mit Sisi vertragen. Aber wenn Sisi mit Florenz Tschinglbell anfing, ging das leider nicht. Seit einer Woche hatte Sisi das. Seit einer Woche behauptete sie, eine Freundin zu haben, die Florenz Tschinglbell hieß und Vampirzähne und Schuhnummer 50 hatte und lange meer-grün-blaue Haare, und einen Hund mit Reißzähnen namens Lin-Fu, der statt wauwau tschingtschang bellte, weil er ein großer gelber chinesischer Hund war. Sigi konnte nicht an diese Freundin glauben; noch dazu, wo sie im Kanal wohnte. Im Kanal beim Kino, über dessen Einstieg eine Litfaßsäule war.

Sigi rief also noch einmal: «Hör sofort auf!» doch Sisi hörte nicht auf. Sie öffnete die Kartenschachtel.

«Schau her», sagte sie und zeigte auf die oberste Karte.

Sigi schaute hin. Er betrachtete die oberste Karte. Der Tower von London war darauf. Sisi erklärte triumphierend:

«Na! Wie käm ich denn zum Tower von London, wenn ich nicht die Florenz Tschinglbell zur Freundin hätt, ha?»

«Du Kuh, du», brüllte Sigi, «für wie blöd hältst du mich denn? Weil du eine Karte von meinem Städtequartett zu deinen Schwarzen-Peter-Karten steckst, so glaub ich noch lang nicht an den Vampirzahnhund!»

«Er hat Reißzähne», sagte Sisi, «sie hat die Vampirzähne!» Sigi gab keine Antwort. Er wollte sich nicht noch mehr aufregen.

Sisi holte eine Karte aus der Schachtel. Es war die Karte mit der Marienkäferfrau. Die Karte war auf der unteren Hälfte braun-grau und verbogen. Sisi schaute die Karte an und meinte verträumt: «Sigi, siehst den Dreckfleck da? Da haben wir in der Litfaßsäule Blek-Pita gespielt, und da ist mir die Karte in den Kanal gefallen.»

Sigi bekam vor Wut fast keine Luft zum Atmen. «Die Karte», keuchte er, «ist dir am Sonntag ins Kaukau-Heferl gefallen!»

Sisi schüttelte den Kopf.

«Ich war doch dabei», keuchte Sigi weiter.

Sisi sagte: «Gar nicht wahr!» Und dann: «Du hast geträumt!»

Sigi boxte Sisi die Marienkäferkarte aus der Hand. Sisi biß Sigi in den Arm. Sigi boxte Sisi in den Bauch. Sisi kratzte Sigi quer übers Gesicht.

Der Vater kam ins Kinderzimmer und schrie: «Friede – Friede!»

Da Sisi und Sigi ziemlich wohlerzogene Kinder waren, hörten sie sofort zu kämpfen auf.

Sisi sagte: «Papa, er glaubt mir schon wieder nicht!»

Sigi sagte: «Papa, sie lügt schon wieder so!»

Der Vater war nicht einer, der von seinen Kindern nur die Namen und die Schuhgröße weiß. Der Vater kannte die Schwierigkeiten von Sigi und Sisi genau. Aber der Vater hatte einen anderen Nachteil. Er glaubte, alle Probleme auf der Welt seien mit ein bißchen Witz und Spaß und Humor zu lösen.

Der Vater zwinkerte also Sigi verschwörerisch zu und sagte grinsend zu Sisi: «Na, Sisilein, was glaubt er dir denn nicht?»

«Er glaubt mir die Tschinglbell nicht!» klagte Sisi.

«Ich glaub dir die Tschinglbell!» rief der Vater und zwinkerte wieder. Sigi blinzelte zurück und bat Sisi scheinheilig, ihm doch von der Tschinglbell zu erzählen.

Und Sisi erzählte. Von den meer-grün-blauen Haaren, von den sehr spitzen Vampirzähnen, von der Schuhnummer 50, von Lin-Fu und seinen Reißzähnen und seinem Tschingtschang-Gebell. Und vom Kanal unter der Litfaßsäule natürlich auch.

Den Vater freute das ungemein. Er war eben ein heiterer Mensch. Sigi flüsterte ihm zu: «Alles gelogen! In der Litfaßsäule ist eine Kiste mit Sand zum Streuen. Und den Schlüssel dazu hat der Straßenkehrer!»

«Vielleicht ist der Straßenkehrer der Vater von ihr?» flüsterte der Vater zurück.

Der Vater hatte zu laut geflüstert. Sisi rief:

«Seid nicht so dumm! Der Straßenkehrer ist ein türkischer Gastarbeiter und die Florenz Tschinglbell ist Engländerin!»

«Redest du englisch mit ihr?» fragte Sigi und blinzelte dem Vater zu. Der Vater zwinkerte zurück wie eine Blinklichtampel. Es war schön, daß er sich mit seinem Sohn so gut verstand.

Sisi meinte: «Die Florenz redet so englisch, daß man sie auch versteht, wenn man nicht englisch kann!»

«Aha, aha», riefen Vater und Sohn Sigi im Chor. Sie verstanden sich immer besser.

«Lad sie doch ein», kicherte der Vater, «ich möcht sie kennenlernen!»

Sisi wollte nicht. Sie sagte, das sei ganz unmöglich, weil Lin-Fu recht bissig sei und auch Florenz die Vampirzähne benutzte, wenn sie wütend wurde; und sie wurde ziemlich leicht wütend.

«Wir werden sie besuchen», rief der Vater.

«Wir klopfen an die Litfaßsäule, bis sie aufmacht», schrie Sigi.

«Sie macht nur auf», sagte Sisi, «wenn man sich telefonisch anmeldet.»

«Sie hat Kanaltelefon?» der Vater grinste hinter der vorgehaltenen Hand und trat Sigi gegen das Schienbein, damit er zu kichern aufhörte.

«Keines mit Hörer und Wählscheibe», verkündete Sisi, «nur so ein Loch in der Mauer, und da kommt meine Stimme heraus, wenn ich mich anmelde.»

«Und wo telefonierst du hinein?» fragte der Vater.

Sisi wollte es nicht sagen. Erstens, weil es geheim war, und zweitens, weil es die Tschinglbell verboten hatte, und drittens, weil es angeblich gefährlich war.

Der Vater und Sigi schmeichelten: «Sisi, bitte, bitte, Sisi!»

«Na gut, ich sag es», seufzte Sisi, «am Klo! In die Klomuschel hinein!»

Sigi und der Vater kreischten los wie die Affen. Sie sprangen im Zimmer herum und brüllten: «Durchs Klo, durchs Klo, sie telefoniert durchs Klo!»

Dann liefen sie zum Klo. Sigi zog die Spülung, und der Vater brüllte in die Muschel: «Hallo, hallo, hier Klo vom zweiten

Stock! Florenz Tschinglbell, hörst du mich? Hier spricht der Vater von Sisi! Es ist dringend, dringend.»

«Hört auf», sagte Sisi, «sie hält gerade ihren Mittagsschlaf!»

Dem Vater war das gleichgültig. Jetzt zog er die Spülung, und Sigi brüllte in die Muschel.

Die Mutter kam aus dem Wohnzimmer und beschwerte sich.

«Plemplem», rief sie, «das hört doch der Meier durchs Klo durch!»

Der Vater hörte mit dem Spülungsziehen auf und Sigi mit dem Brüllen. Vor dem Meier hatten sie Angst. Der Meier klopfte immer mit dem Besen, wenn es laut wurde, und Briefe an die Hausverwaltung schrieb er auch.

«Wir haben nur Spaß gemacht», entschuldigte sich der Vater.

«Heidenspaß!» sagte Sigi.

Sisi lehnte an der Kinderzimmertür und biß an ihrem linken Daumennagel.

«Bist du uns böse?» fragte der Vater.

Sisi schüttelte den Kopf.

«Nicht böse», sagte sie leise, «aber ich habe Angst um euch!»

«Warum hast du Angst?» Die Mutter verstand gar nichts.

«Ihre Zähne sind so scharf», murmelte Sisi.

Auf einmal hörte man am Gang, vor der Wohnungstür, schwere, laute Schritte, die näher kamen, und ein grün-blauer Meergeruch kroch durch das Schlüsselloch. Dann rüttelte es an der Wohnungstür, und eine Stimme, genauso kreischend wie eine Kreissäge, sagte: «Ju haben schreid for mi! Ei em hier! Open das Dor, ju lausige Bastards, ju!»

Sisi ging mit kleinen Schritten durchs Wohnzimmer, vorbei an ihrem Vater, vorbei an Sigi. Sie hatte in jedem Auge eine große Träne. Wenn der Vater auch ein bißchen zu witzig war und Sigi auch nie etwas glauben wollte; sie hatte die beiden doch sehr liebgehabt.

Ich werde sie sehr vermissen, dachte Sisi und öffnete ihrer Freundin die Tür.

Angela Sommer-Bodenburg

Prinzessin Sunsena

«Es waren einmal eine Königin und ein König», begann das Biest. «Die lebten in einem herrlichen Schloß. Berühmte Architekten hatten es gebaut. An den Wänden hingen wertvolle Gemälde. Die Vorhänge waren aus kostbaren Gold- und Silberstoffen, und teure Teppiche bedeckten die Marmorböden. Aus der ganzen Welt kamen Leute angereist, um sich das Schloß anzusehen.

Doch die Königin und der König waren nicht glücklich. ‹Ach, hätten wir ein Kind!› sprachen sie. ‹Wie gern würden wir ihm unser Schloß zeigen!›

Nun wohnte auch eine Fee in dem Schloß. Ihr zweihundertfünfzigster Geburtstag nahte, und aus diesem festlichen Anlaß lud sie alle Feen der Umgebung zu sich in den Schloßsaal ein. Es war bekannt, daß die Königin und der König einen sehr tiefen Schlaf hatten, und so glaubte sie, ungestört feiern zu können. Doch kaum hatte die älteste der Feen – sie war dreihundertsechsundzwanzig Jahre alt – ihr Glas mit Johannisbeerwein erhoben, um auf das Wohl des Geburtstagskindes zu trinken – da wurde die große Flügeltür geöffnet, und der König trat ein. In der Hand hielt er noch das Buch, das er im Bett gelesen hatte und das ihn nicht hatte einschlafen lassen, weil es so spannend war.

In seinem königlichen Nachthemd, seinen königlichen Pantoffeln und mit der königlichen Nachtmütze auf dem Kopf sah er allerdings so komisch aus, daß die älteste der Feen ungeheuer lachen mußte. Dabei entglitt ihr das Glas mit dem Johannisbeerwein, und auf dem schneeweißen Teppich bildete sich ein tiefroter Fleck.

Der König erbleichte. ‹Mein Teppich!› rief er. ‹Mein erlesener Teppich, den ich im Orient gekauft und auf Maultieren hierher gebracht habe.›

Und schon wollte er zu einer seiner gefürchteten königlichen

Strafpredigten ansetzen, als die Fee aufstand und mit sanfter Stimme sprach: ‹Verehrter König. Wenn du mir vergibst, so will ich dir einen Wunsch erfüllen.›

Das ließ sich der König nicht zweimal sagen. Er nahm seine Nachtmütze vom Kopf und erklärte: ‹Die Königin und ich, wir wünschen uns ein Kind.›

‹Dein Wunsch soll in Erfüllung gehen›, versprach die Fee.

Und so geschah es: Ehe ein Jahr vergangen war, gebar die Königin ein Mädchen, das Sunsena genannt wurde.

Sunsena wuchs heran. Bald war sie so schön, freundlich und klug, daß sie jedermann, der sie ansah, liebhaben mußte.

Auch die Königin und der König hatten ihre Freude an ihr. Wenn Sunsena in ihren goldenen Schuhen durch die Räume lief, sprach die Königin oft zu ihr: ‹Sieh nur, die wertvollen Gemälde, die Vorhänge aus kostbaren Gold- und Silberstoffen, die teuren Teppiche!›

‹Und alles wird eines Tages dir gehören›, sprach der König. ‹Deshalb achte stets darauf, daß du nichts zerbrichst, zerkratzt oder beschmutzt.›

‹Ja›, antwortete Sunsena, denn sie war ein sehr wohlerzogenes Mädchen, und sie wollte ihren Eltern keinen Kummer machen.

Eines Tages, Sunsena war gerade zehn Jahre alt geworden, saß sie im Festsaal des Schlosses am Klavier und spielte. Neben ihr, auf einem runden Tischchen, stand ein Glas Himbeersaft, aus dem sie hin und wieder trank.

Nun war Sunsena, was die Musik anbetraf, völlig unbegabt, und ihr Spiel klang so schauderhaft, daß der König, der im Nebenraum auf und ab gegangen war und über Regierungsgeschäfte nachgedacht hatte, die Tür öffnete und ‹Aufhören!› rief.

Darüber erschrak sie so, daß sie herumfuhr und das noch halbvolle Glas Himbeersaft umstieß. Auf dem weißen Teppich breitete sich ein roter Fleck aus – nicht weit von der Stelle entfernt, an der sich einst der Johannisbeerweinfleck befunden hatte, den der König für viel Geld hatte entfernen lassen.

‹Mein Teppich, den ich im Orient gekauft und auf Maultie-

ren ...› wollte er gerade eine lange Strafpredigt beginnen – da fiel ihm die Fee wieder ein. Hatte ihr Mißgeschick ihm nicht Glück gebracht? Und sollte ihn das nicht lehren, verständnisvoller und nachsichtiger zu sein?

So sprach er: ‹Liebe Sunsena, du brauchst dich nicht zu grämen. Das kann jedem passieren, und wir werden den Teppich schon wieder sauber bekommen.›»

«Ein netter König», murmelte Susanne schläfrig.

«Aber er war nicht immer so», betonte das Biest. «Er mußte erst aus seinen Erfahrungen lernen. Erwachsene müssen nämlich manchmal auch noch etwas lernen.»

Als Susanne nicht antwortete, fragte es: «Schläfst du schon?»

Alles blieb still.

«Dann träume schön, Sunsena», lächelte das Biest.

Illustration von Hansjörg Langenfass

Christa Wolf

Dornröschen und der Küchenjunge

Als Kind war ich komisch. Wenn meine Mutter mir Märchen vorlas, plagte ich sie mit Fragen über Nebenpersonen, über die vielleicht nur ein Satz im Buche stand. Meine Mutter hatte, wie eure Mütter heute auch, wenig Zeit. Fernseher gab es noch nicht, und nur sehr wenige Leute hatten einen Plattenspieler, den man damals übrigens «Grammophon» nannte. Ich nahm mir das Buch und besah mir die Bilder, dabei erzählte ich mir die Märchen selber, aber ein bißchen anders, als sie mir die Mutter vorgelesen hatte. Nehmt nur mal das Märchen vom Dornröschen. Ihr kennt es ja. Mich ärgert der König: Bloß weil ein goldener Teller fehlte, lud er die dreizehnte weise Frau seines Reiches nicht zum Geburtstagsfest für seine Tochter Dornröschen ein. Ich dachte: Der König soll von einem gewöhnlichen Teller essen, dafür seinen eigenen goldenen Teller der weisen Frau geben, und nichts wird ihm und Dornröschen passieren. Aber nein, es muß zu der Verwünschung kommen. Da zeigt sich allerdings die dreizehnte als unmäßig übelnehmerisch, sie übertreibt ihren Fluch, Dornröschen soll mit fünfzehn sterben. Nun gut: Der Spruch kann gemildert werden, Dornröschen sticht sich; sie, ihre Eltern, alle Mitarbeiter des Schlosses, sogar die Tiere versinken in den hundertjährigen Schlaf. Es wächst die Dornenhecke, es kommt der erfolgreiche Prinz, alle sind froh, endlich erlöst zu sein. Aber der Küchenjunge? Ihr erinnert euch! Als das Schloß in Schlaf fällt, da hat der Koch gerade ausgeholt, dem Küchenjungen eine Ohrfeige zu versetzen. Und nun, hundert Jahre danach, kriegt der sie wirklich, daß er schrie. So steht es im Märchen. Wofür? fragte ich mich. Vielleicht war es so: Dem Koch, der an dem Festtag natürlich nervös und überarbeitet war, brannte eine von seinen berühmten Soßen an. Er konnte gerade noch ein paar Gewürze dazutun, die den angebrannten Geschmack überdekken sollten, dann mußte sie auf die königliche Tafel. Die Königin, bekannt wegen ihrer spitzen, aber auch wegen ihrer feinen Zunge, kostete, verzog das Gesicht, winkte den Oberhofmeister heran, der für solche Fälle die ganze Zeit neben der Tür steht, und zischelte ihm ins Ohr: Die Soße ist verpatzt!

Der Oberhofmeister wurde puterrot, schickte einen Diener nach dem Koch und schnauzte ihn mächtig an. Der Koch konnte, wie die meisten Erwachsenen, keine Kritik vertragen. Mit einer ungeheuren Wut kam er in seine Küche zurück und kriegte gerade noch mit, wie der Küchenjunge seinen Finger aus der Kuchenteigschüssel zog und ihn ableckte. «Ich werde dir!» schrie der Koch, froh, seine Wut an einem Schwächeren auslassen zu können. Er holte aus, und – hundert Jahre später versetzte er dem Küchenjungen die Ohrfeige.

Da interessierte mich die ganze Hochzeitsfeier nicht mehr. Ich fragte mich: Was macht der Küchenjunge jetzt? Ist er etwa einer

von denen, die Ungerechtigkeit kalt läßt? Das wollte ich nicht glauben.

Rächt er sich an dem Koch? Legt er ihm eine Bürste unter das Bettlaken?

Schnürt er heimlich sein Bündel und haut ab?

Vielleicht hat Christoph Kolumbus, der bekanntlich nach Indien segeln wollte und dafür Amerika entdeckte, noch einen Küchenjungen gebraucht und ihn in seine Mannschaft genommen, obwohl es dann ja in den letzten Wochen auf dem Schiff kaum etwas zu brechen und zu beißen, geschweige denn zu kochen gab.

Recht gerne hätte ich es auch gesehen, der Junge hätte sich zuerst ganz still verhalten, aber die Ohrfeige nie vergessen. Er hätte dem Koch alle seine Kniffe abgucken können und wäre schließlich ein viel besserer Koch geworden als sein Chef selber, und dann hätte er sich bei Schneewittchen verdingt, nachdem sie Königin geworden war, und hätte ihr immer ihr Lieblingsessen gekocht und hätte es bei ihr gut gehabt.

Oder was meint ihr: Was macht er, der Küchenjunge, nach der Ohrfeige?

Illustration von Katharina Joanowitsch

Irina Korschunow

Der Sandmannvater und sein Sohn

Dort, wo alle Sandmänner ihre Häuser haben, wohnen auch der Sandmannvater und sein Sohn. Der Sandmannvater ist für den Bezirk Neustadt zuständig. Jeden Abend, wenn es dunkel wird, nimmt er seinen Sandsack und macht sich an die Arbeit, wie die anderen Sandmänner in der Gegend. Er hat eine Menge zu tun, und wenn er heimkommt, tun ihm die Füße weh.

Dann wartet schon sein Sohn auf ihn. Er bringt dem Sandmannvater warmes Wasser für die Füße und fragt: «Wie war's, Papa? Haben die Kinder noch vor den Fernsehern gesessen? Und was haben sie gemacht, wenn du ihnen mitten im Krimi Sand in die Augen gestreut hast?»

«Gegähnt haben sie», sagt der Sandmannvater. «Uaaaaa, uaaaaa. Und ein paar sind vom Stuhl gefallen. So sah das aus.»

Er macht es vor, und der kleine Sandmann lacht sich halbtot.

«Nimm mich mit, Papa», bettelt er. «Ich möchte so gern sehen, wie die Kinder von den Stühlen fallen.»

«Jetzt noch nicht», sagt der Sandmannvater. «Du mußt erst stark genug sein, um einen Sandsack tragen zu können. Dann wirst du ein Sandmann, genau wie Opa und ich.»

«Mist», sagt der kleine Sandmann. Er geht zum Sandkasten, bäckt Sandkuchen und spielt. Wenn sein Vater sich ausgeruht hat, spielen sie zusammen.

So vergeht die Zeit. Eines Tages kann der kleine Sandmann einen Sandsack tragen. Da nimmt ihn der Sandmannvater mit zur Arbeit. Er soll lernen, wie man den Kindern Sand in die Augen streut.

Das wird lustig, denkt der kleine Sandmann.

Aber es wird überhaupt nicht lustig. Alles ist ganz anders, als der kleine Sandmann es sich vorgestellt hat. Er sieht kein einziges Kind, das vom Stuhl fällt. Die meisten liegen schon in den Betten, und die anderen reiben sich höchstens die Augen.

«Du hast geschwindelt, Papa», schimpft der kleine Sandmann.

«Wieso?» sagt sein Vater.

«Manchmal ist wirklich so ein Kind vom Stuhl gefallen. Und es kommt auch nicht darauf an, ob du es lustig findest oder nicht. Tu deine Arbeit, das ist die Hauptsache. Du willst doch ein tüchtiger Sandmann werden, genau wie Opa und ich.»

«Ja», sagt der kleine Sandmann. «Es ist bloß so langweilig. Und die Füße tun mir weh.»

«Allen Sandmännern tun die Füße weh», sagt der Sandmannvater. «Das gehört dazu.»

«Wirklich?» fragt der kleine Sandmann. Am nächsten Abend möchte er am liebsten zu Hause bleiben, um Sandkuchen zu backen. Aber damit ist es vorbei. Er muß lernen, wie man den Kindern Sand in die Augen streut.

Nach drei Tagen kann er es schon sehr gut. Fast so gut wie die anderen Sandmänner.

«Ich bin stolz auf dich, Junge», sagt der Sandmannvater. «Ich glaube, du wirst ein tüchtiger Sandmann. Morgen bekommst du ein paar Straßen für dich allein. Dann habe ich es leichter.»

«Okay», sagt der kleine Sandmann. «Darf ich mich mal fünf Minuten hinsetzen? Die Füße tun mir weh.»

«Mir auch», sagt der Sandmannvater. «Nimm dich zusammen. Ein Sandmann jammert nicht.»

Mist, denkt der kleine Sandmann. Spielen ist besser.

Am nächsten Abend zeigt ihm sein Vater die Straßen, die er für sich allein haben soll.

«In einer Stunde treffen wir uns hier an der Ecke wieder», sagt er. «Und vergiß nicht, daß du ein Sandmann bist.»

Der kleine Sandmann rückt seinen Sandsack zurecht.

«Bestimmt nicht, Papa», sagt er und trabt los. Er streut einem Kind nach dem anderen Sand in die Augen, und alle schlafen ein.

Ich bin ein toller Sandmann, denkt der kleine Sandmann stolz.

Der Junge im letzten Haus heißt Christian. Christian hat zwei kleine Autos mit ins Bett genommen und spielt Unfall. «Polizei!» ruft er. «Tatütatatü! Kranken ...»

Eigentlich hat er «Krankenwagen» rufen wollen. Aber da kommt der kleine Sandmann, und mitten im Satz fallen Christian die Augen zu.

Gut gemacht! denkt der kleine Sandmann. Papa wird staunen.

Er will weitergehen. Doch da sieht er etwas: Ein komisches Ding. Ein Ding mit drei Rädern. Ein Dreirad. Es ist teils rot, teils blank und blitzt im Mondlicht.

Der kleine Sandmann starrt es an.

Wie das wohl geht? überlegt er und gibt dem Ding einen Schubs. Da fängt es an zu rollen.

Das gefällt dem kleinen Sandmann. Er schiebt das Ding ein paarmal hin und her. Dann setzt er sich auf den Sattel und stellt die Füße auf die Pedalen. Die Pedalen bewegen sich. Er tritt fester zu, und das Ding rollt mit ihm los. Es rollt durchs Zimmer, und der kleine Sandmann vergißt alles andere, so schön findet er das. Er will nur noch rollen, rollen, rollen, am liebsten die ganze Nacht.

Doch da kommt sein Vater angerannt. «Spinnst du, Junge», ruft er und schnappt nach Luft. «Ich stehe an der Ecke und warte, und du? Was treibst du hier?»

Der kleine Sandmann schweigt.

«Unfug treibst du!» schimpft sein Vater. «Blödsinn. Unnützen Menschenkram. Was muß ein Sandmann tun?»

Der kleine Sandmann sieht das Dreirad an. «Das Ding ist so schön, Papa», sagt er.

«Das Ding geht dich einen Dreck an», sagt der Sandmannvater. «Ein Sandmann muß Sand in die Augen streuen, sonst nichts.»

«Ich will aber ...» sagt der kleine Sandmann.

«Du willst gar nichts», sagt der Sandmannvater.

«Komm.»

Sie gehen auf die Straße. Plötzlich merkt der kleine Sandmann, daß er seinen Sandsack vergessen hat.

«Du, Papa!» ruft er. «Ich habe ...»

«Halt den Mund, mir reicht's», sagt sein Vater. Der kleine Sandmann gehorcht, und so passiert das Unglück: Christians Mutter findet am nächsten Morgen das Säckchen und schüttet den Sand aus dem Fenster, mitten in den Wind.

«Was du alles ins Zimmer schleppst», sagt sie zu Christian. «Das ist doch ...» Weiter kommt sie nicht, weil ihr ein paar Sandkörner in die Augen fliegen. «Uaaa», gähnt sie, legt sich auf den Teppich und schläft ein.

«Was ist denn los, Mama?» fragt Christian. «Was hast ...»

Da schläft auch er. Denn der Wind wirbelt den Sand ins Zimmer und durch die ganze Gegend. Alle Leute in der Neustadt schlafen ein. Wie bei Dornröschen!

Der kleine Sandmann ahnt nicht, was er angerichtet hat. Er will nur seinen Sandsack wiederhaben. Unbedingt. Und als der Vater Mittagsschlaf hält, schleicht er aus dem Haus und läuft in die Neustadt.

Es ist heller Tag, aber alle Leute, die er sieht, schlafen. In den Bussen und Autos. In den Geschäften. Auf den Straßen. Im Park. In der Schule. Auch Christian schläft. Neben seinem Bett steht das Dreirad. Und auf der Fensterbank liegt der leere Sandsack.

Oje, denkt der kleine Sandmann. Was Papa wohl sagt!

Aber passiert ist passiert. Und weil er nun einmal da ist, setzt er sich auf das Dreirad. Zuerst fährt er im Zimmer herum. Dann fährt er durch die Tür und auf die Straße. Und schließlich fährt er nach Hause.

Der Sandmannvater wartet schon vor der Tür.

«Wo bist du denn gewesen?» will er wissen. «Und was ist das?»

Der kleine Sandmann sieht seinen Vater an.

«Das Ding ist so schön, Papa», sagt er. «Ich will es behalten.»

Dann erzählt er die ganze Geschichte, und der Sandmannvater stöhnt: «Furchtbar! Den Sandsack vergessen! Entsetzlich! Ich glaube, du wirst nie so ein Sandmann wie Opa und ich. Zur Strafe nehme ich dich die nächsten drei Tage nicht mit zur Arbeit. Und dies Ding da, das kommt dorthin zurück, wo es hingehört. Sofort!»

Der kleine Sandmann gehorcht. Er stellt das Dreirad wieder in Christians Zimmer. Dann will er heimgehen. Er ist sehr traurig. Er läßt den Kopf hängen, so traurig ist er. Er merkt nicht, wo er hingeht, und plötzlich steht er an der Müllkippe.

Der kleine Sandmann vergißt, daß er traurig ist. So etwas wie hier hat er noch nie gesehen: Ein ganzer Berg aus Dreck und Abfall. Und wie das stinkt! Der kleine Sandmann schüttelt sich.

Aber er geht noch näher heran. Denn dort auf dem Berg liegt nicht nur Dreck. Dort liegen auch Stühle und Sofas. Und Kühlschränke und Waschschüsseln. Und Schuhe und Matratzen und Regenschirme. Lauter nützliche Sachen.

Was die Menschen alles wegschmeißen, wundert sich der kleine Sandmann. Das muß ich Papa erzählen. Vielleicht können wir etwas davon gebrauchen.

Er tritt noch ein Stück näher. Da entdeckt er etwas. Zwischen dem Kram liegt ein Ding! Genauso ein Ding wie das von Christian.

Der kleine Sandmann läuft auf den Müllberg und zerrt es aus dem Gerümpel heraus. Doch er läßt es gleich wieder fallen. An dem Ding fehlen nämlich die Räder. Es ist nur ein halbes Ding zum Fahren.

Der kleine Sandmann denkt nach. Dann fängt er an, in dem Gerümpel nach dem dritten Rad zu suchen. Er wühlt und wühlt. Doch das Rad findet er nicht. Er findet nur ein anderes halbes Ding. Ein Ding ohne Lenkstange und ohne Sattel. Aber mit Rädern!

Der kleine Sandmann sieht die zwei halben Dinger lange an. Schließlich nimmt er sie unter die Arme und schleppt sie nach Hause.

«Ich habe was gefunden, Papa», ruft er.

«Das da?» Der Sandmannvater schüttelt den Kopf. «Was soll der Quatsch?»

«Gar kein Quatsch, Papa!» ruft der kleine Sandmann. «Das sind zwei halbe Dinger zum Fahren. Daraus können wir ein ganzes machen!»

«Menschenblödsinn», sagt der Sandmannvater.

«Gar kein Blödsinn, Papa!» ruft der kleine Sandmann. «Beim Fahren tun einem die Füße nicht weh. Man ist auch viel früher mit der Arbeit fertig. Und hat mehr Zeit zum Spielen!»

Der Sandmannvater schüttelt wieder den Kopf. Er nimmt seinen Sandsack und geht zur Arbeit.

Und auch der kleine Sandmann tut etwas: Er macht an dem

Ding ohne Lenkstange die Räder los. Dann will er die Räder an dem anderen Ding befestigen. Doch das schafft er nicht allein.

«Du mußt mir helfen, Papa», sagt er, als sein Vater nach Hause kommt.

«Blödsinn, Junge», brummt der Sandmannvater. «Wir haben nicht das richtige Werkzeug. Wo ist mein Fußwasser? Ich habe eine Blase am Zeh.»

«Vielleicht können wir Werkzeug machen», sagt der kleine Sandmann.

Er bringt dem Sandmannvater Wasser und ein Handtuch. Er trocknet ihm sogar die Füße ab. Und kitzelt sie ein bißchen. Da lacht der Sandmannvater. Er fängt an, mit dem kleinen Sandmann zu basteln, und sie machen aus zwei halben Dingern ein ganzes.

Der kleine Sandmann setzt sich darauf. Er fährt zwei Runden. Sein Vater sieht zu. «Toll, Junge», sagt er. «So ein Ding wäre gut für meine Füße!»

«Wir bauen dir eins, Papa!» ruft der kleine Sandmann. «Schnell! Zum Dreckberg!»

So geschieht es: Auch der Sandmannvater bekommt ein Dreirad. Es dauert ziemlich lange, bis es fertig ist. Aber eines Abends rollen der Sandmannvater und sein Sohn zusammen zur Arbeit.

Die anderen Sandmänner stehen da und staunen.

«Wo habt ihr diese Dinger her?» wollen sie wissen.

«Die haben wir gebaut, mein Papa und ich», sagt der kleine Sandmann stolz. Und der Sandmannvater fügt hinzu: «Ideen muß man haben, Ideen!»

Illustrationen von Boris Kaip

Dietlind Neven-du Mont

Die Geschichte von Anatol dem Straßenklauer

«Anatol ist eines von den wenigen echten Ungetümen, die es noch gibt. Aber er hat leider eine Unsitte: Er klaut Straßen.

Wißt ihr, Anatol spielt genauso gern mit Autos wie der Junge von deiner Nachbarin.

Dazu sucht er sich ausgediente Omnibusse zusammen. Von denen gibt es ja genug!

Jeden Morgen kehrt seine Mutter einen Haufen Omnibusse aus ihrer Felsenhöhle, und jeden Abend sind wieder neue da.

Anatol hat die ganze Felsenhöhle mit einem Straßennetz ausgelegt, so daß sich seine Mutter schon einen richtigen Storchengang angewöhnt hat.

Eines Tages sagte seine Mutter:

‹Anatol, wo kommen die Straßen her?›

Da wurde Anatol sehr verlegen – denn er konnte nie an einer schönen neugebauten Straße vorbeigehen, ohne sich ein Stück davon in die Tasche zu stecken.

‹Sofort bringst du die Straße zurück, Anatol!› sagte seine Mutter.

‹Denn erstens verstopfen mir die Straßen in deinen Hosentaschen die Waschmaschine!

Und zweitens gehören sie dir nicht!›

Sie hängte ihm einen Kalender übers Bett, auf dem stand:

Und der Kalender wurde nie mehr abgerissen.

Jeden Morgen schielte Anatol auf seinen 2. Februar und auf sein unrecht Gut, und dann steckte er ein paar nicht mehr ganz neue Straßen ein und trug sie zurück.

Nun waren die Straßen, bis Anatol sie zurückbrachte, meistens schon repariert, und er wußte auch gar nicht mehr so genau, wo er sie her hatte.

Dann schüttelte Anatol den Kopf und war ganz verwirrt.

Deshalb passiert es einem immer – oder ist euch das vielleicht noch nicht passiert?» – piepste das Getüm, «daß man auf einer ganz kleinen Landstraße fährt, und dann kommt ein Stück breite, schöne Straße, das da gar nicht hinpaßt, und hört ganz plötzlich wieder auf.

Dann könnt ihr sicher sein, daß Anatol eine geklaute Straße wieder mal an die falsche Stelle gebracht hat.

Und wenn bei einer großen, schönen Straße, so wie eben, einfach ein Stück fehlt, ist das bestimmt in Anatols Hosentasche.

Und mit den Schildern macht er's genauso.

Ihr fahrt eine Straße, da stand mindestens fünfmal ‹Otterfing› und dann ist's auf einmal aus.

Du findest kein Schild mehr, auf dem ‹Otterfing› steht. Otterfing ist wie weggeblasen, und ihr seid schon längst über Otterfing hinausgefahren und habt es gar nicht bemerkt.

Dann hat Anatol gerade seine vielen Straßen mit Otterfing-Schildern dekoriert.

Und wenn ein Schild so komisch dasteht, daß kein Mensch weiß, ob er rechts oder links fahren soll, dann hat das Anatol so reingesteckt.

Der weiß nämlich gar nicht, wo rechts und links ist.

Jeden Morgen sagt seine Mutter:

‹Anatol, zeig mir deine rechte Pfote!›

Und ihr könnt ganz sicher sein, er zeigt die linke. Dann seufzt seine Mutter und steckt ihm noch ein paar Straßen mehr in die Hosentasche, dabei weiß sie ganz genau, daß er sie doch wieder an die falsche Stelle bringt.»

Hermann Altenburger
WAU

Karlheinz Freynik

Gute Nacht, Harry!

Ich las einmal in einem Kinderbuch von einem kleinen Jungen, der wissen wollte, wo denn die schrecklichen Monster wohnen. Nicht, um dorthin zu gehen, sondern eher, weil er wissen wollte, um welche Gegend er besser einen großen Bogen machen sollte. Sein Großvater antwortete ihm:

«Monsterland, mein Junge, ist gar nicht weit von hier. Wenn du aus der Stadt kommst, gehst du gleich ein paar Schritte rechts in den Wald, schließt die Augen & drehst dich im Kreis.» Und so weiter. Und so weiter ... Die Geschichte ist natürlich dumm, denn vor jeder Stadt liegen Fabriken, Viehweiden & Bauernhöfe, aber kein Monsterland. Überhaupt finde ich es richtig gemein von dem Großvater, seinen Enkel so zu verkohlen.

In Wahrheit kann Monsterland nämlich überall sein: in deiner Phantasie, wenn einmal die Sicherung durchbrennt & das ganze Haus stockfinster wird, oder wenn du die Augen schließt & so wilde Sachen träumst, daß du aus dem Bett fällst.

Daß Monster böse sind, erzählt ja sowieso jede Oma. Davon will ich also nicht sprechen. Wenn ich über nette, hilfsbereite Monster schreibe, wird Oma böse & verliert ihren Spaß an Monstern. Aber eines weiß ich genau: wenn Monster-Kinder schlafen gehen, kuscheln sie sich in ihr weiches Kopfkissen, genau wie Menschenkinder, & warten, genau wie Menschenkinder, darauf, daß Monster-Mutter ihnen eine Gute-Nacht-Geschichte erzählt. Auch Harry, ein kleines Kraut- & Rübenmonster, macht da keine Ausnahme.

«Erzähl mir was, Monster-Ma!» bettelt er jeden Abend & rollt erwartungsvoll mit seinen großen grünen Augen.

«Soll ich dir von Monster-Opa-Nepomuk erzählen, der mit 426 Jahren noch der beste Monster-Knurrer war?» fragt Monster-Ma.

«Ach, immer diese langweiligen Familiengeschichten! Erzähl etwas Gruseliges! Erzähl etwas über Menschen!»

Monster-Ma streichelt sanft Harrys stachelige Borsten.

«Aber Harry, als ich dir neulich eine Menschengeschichte erzählte, bist du vor lauter Angst in mein Bett gekrochen ...»

Doch der kleine Harry überhört in seiner Aufregung den sorgenvollen Unterton in Monster-Mas Stimme.

«Können Menschen fliegen?» will er wissen.

«Nein, mein Kleiner, sie gehen aufrecht auf 2 Beinen, & ihre Füße benutzen sie manchmal, um zu kämpfen. Zum Beispiel, wenn sie abends nach Hause wollen, ihr Heimweg aber zum Laufen zu weit ist, dann steigen sie in einen Bus. Und da Menschen sich vorm Warten fürchten, drängeln sie sich alle in einen Bus & stehen dort wie Kornähren auf dem Feld. Aber statt sich jetzt besonders dünn zu machen, kannst du sie beobachten, wie sie sich gegenseitig auf den Füßen stehen, um dem Nebenmenschen zu sagen: Dies ist mein Platz! Verschwinde gefälligst!»

Unter der Bettdecke wackelt Harry aufgeregt mit dem Schwanz. «Dann sind Menschen ja wie Raubtiere, Monster-Ma. Wenn man einem Löwen sein Fleisch klaut, wird er doch auch böse, oder!?»

«Der Löwe fängt sich auch gerade so viel Fleisch, wie er essen kann. Die Menschen dagegen haben alle eine große Vorratskammer. Wie Eichhörnchen. Und sie essen immer mehr, als sie essen müßten, um satt zu werden. Wenn dann einmal ein anderer Mensch ein großes Schweinesteak ißt, der andere aber nichts hat ...»

«... tritt er ihm auf die Füße!» schnurrt Harry begeistert & schlägt einen Purzelbaum im Bett.

«Nicht ganz», sagt Monster-Ma, «aber sie kämpfen oft & gern, wenn du das meinst.»

«Können Menschen auch Feuer speien?» bohrt Harry.

«Nein, Harry. Aber dafür haben sie sich Kanonen, Gewehre & Pistolen erfunden, mit denen sie aufeinander schießen.»

«Warum schießen sie aufeinander?» Harry hat jetzt seine Monsterzunge rund um seine Monsternase gewickelt.

«Weil sie einen Grund haben. Irgendein Mensch findet einen Grund für die Schießerei, dann finden sich eigentlich immer eine ganze Reihe anderer Menschen, die plötzlich auch einen Grund haben.»

«Welchen Grund haben sie?»

«Das ist nicht so wichtig, Harry. Weißt du, Menschen sind ganz groß im Finden von Gründen. Das haben sie uns Monstern voraus.»

Harry findet das eigentlich gar nicht so dumm.

«Ein Mensch muß also nur einen Grund haben & darf dann machen, was er will?»

«Er tut es einfach. Und es gibt immer genug dumme Menschen, die ihm glauben. Eigentlich sind Menschen nämlich ziemlich dumm, weißt du, Harry.»

«Sie haben ja auch Angst vor Monstern», gähnt Harry & kriecht unter seine Decke.

«Eben. Gute Nacht, Harry!»

Angela Sommer-Bodenburg

Stelldichein im Schweinestall

Vorsichtig schob Anton den alten rostigen Riegel nach oben, der die Tür zum Schweinestall versperrte. Es war ein Riegel, der von außen und innen geöffnet werden konnte. Langsam und mit einem quietschenden Ton ging die Tür auf...

Der kräftige Modergeruch, der ihm entgegenschlug, verriet Anton, daß der kleine Vampir zu Hause war. Und er mußte wach sein, denn aus dem hinteren Raum kam ein schwacher Lichtschein.

Anton zog die Tür hinter sich zu und rief: «Rüdiger? Ich bin's, Anton.»

Ein sehr helles Kichern antwortete.

Anton stutzte – klang so die Stimme des kleinen Vampirs?

«Rüdiger?» rief er noch einmal. «Ich bin's!»

«Komm rein!» sagte eine knarrende Stimme – die Stimme des kleinen Vampirs!

«Bist du allein?» fragte Anton besorgt.

Wieder hörte er ein helles Kichern.

Dann sagte der Vampir:

«Eine Dame erwartet dich!»

«Eine Dame?» fragte Anton erschrocken. «Etwa – Tante Dorothee?»

«Guck doch selbst nach», antwortete der Vampir mit einem krächzenden Lachen.

Daß er lachte, beruhigte Anton. Dann war es bestimmt nicht Tante Dorothee!

«Ist es Anna?» fragte er mit belegter Stimme.

Heftiges Kichern war die Antwort.

Also war es Anna!

Anton atmete auf. Mit klopfendem Herzen ging er in den Stall hinein.

Anna saß am Fußende des Sargs. Im Kerzenlicht schien ihr

kleines rundes Gesicht zu leuchten. Ihre großen Augen sahen ihn so zärtlich an, daß ihm ganz heiß wurde.

«Guten Abend, Anton», sagte sie und lächelte.

«Hallo, Anna», antwortete er und wurde rot.

«Ich mußte dich unbedingt sehen», sagte sie und errötete auch.

«M-mich?» Eine bessere Antwort fiel ihm nicht ein.

«Glaubst du vielleicht, sie hatte Sehnsucht nach *mir*?» krächzte der Vampir aus seinem Sarg heraus.

«Ich hab etwas mitgebracht», sagte Anna und zog ein rotes Buch unter ihrem Vampirumhang hervor. «Mein Poesiealbum!»

Voller Stolz zeigte sie es ihm. «Du sollst als erster Mensch hineinschreiben!»

«Von mir steht auch schon ein Gedicht drin», verkündete der kleine Vampir. «Willst du es hören?» Und ohne die Antwort abzuwarten, rief er mit salbungsvoller Stimme:

«Hab ich Blut,
geht's mir gut.
Hab ich Sekt,
geht's mir schlecht.»

Anna sah ihn von der Seite an und sagte spitz: «An deiner Stelle würde ich damit nicht so angeben.»

«Wieso?» rief der Vampir mit funkelnden Augen.

«Weil es gar kein richtiges Gedicht ist. ‹Sekt› und ‹schlecht› reimen sich nicht!»

«Na und?» knurrte der Vampir. «Dafür reimen sich ‹Blut› und ‹gut›!»

«Bei einem richtigen Gedicht müssen sich alle Zeilen reimen», widersprach Anna.

Der Vampir zuckte mit den Schultern. «Dann dichte ich es eben um: ‹Hab ich Blut, geht's mir gut. Hab ich Sekt, geht's mir schleckt.›»

«Iieh!» sagte Anna verächtlich. «Das ist ja falsches Deutsch!»
Der kleine Vampir verzog beleidigt den Mund und schwieg.

«Schreibst du mir etwas hinein?» sagte Anna zu Anton und sah ihn bittend an.

Doch Anton gab keine Antwort. Er war auf einmal kreidebleich geworden.

«Hast du etwas?» fragte sie.

«Draußen ist jemand», sagte er mit zitternder Stimme.

Der kleine Vampir fuhr erschrocken in die Höhe.

«Draußen vor dem Stall?»

«Ja. Und ich weiß auch, wer es ist: Herr Stöbermann! Er ist extra heute abend hergekommen, weil er herausfinden will, wer im Hühnerstall immer die Eier austrinkt.»

«Und warum sagst du das erst jetzt?» schrie der Vampir.

«Weil –» begann Anton und brach dann ab. Sollte er zugeben, daß ihn Anna völlig durcheinandergebracht hatte? Daß er alles andere vergessen hatte, weil sie ihn mit ihren großen Augen so angeschaut hatte?

Doch der Vampir schien gar keine Antwort zu erwarten. Er sprang aus dem Sarg und rief seiner Schwester zu: «Wir müssen fliehen!»

«Ihr würdet aber nicht weit kommen», erwiderte Anton düster. «Herr Stöbermann hat einen Hund, eine Bestie, so groß wie ein Kalb!»

«Dann müssen wir die Tür verrammeln!» schrie der Vampir und zerrte an der großen Kiste, die neben seinem Sarg stand. «Helft mir doch!»

Anna rührte sich nicht. Sanft sagte sie: «Ich habe eine viel bessere Idee – falls Anton mitmacht», fügte sie mit einem innigen Blick auf Anton hinzu.

«Was für eine Idee?» fragte Anton argwöhnisch.

«Du gehst jetzt nach draußen und redest mit diesem Herrn Stöbermann!»

«Ich?» rief Anton. «Aber ich ...»

‹... hab auch Angst vor ihm!› wollte er protestieren. Doch dann überlegte er es sich anders, weil er sich nicht blamieren wollte.

«Worüber soll ich denn mit ihm reden?» fragte er statt dessen vorsichtig.

«Das ist ganz egal! Du mußt ihn nur von hier weglocken!»

Anton zögerte. Die Idee war nicht schlecht – und für die Vampire wahrscheinlich die einzige Möglichkeit zur Flucht. Und trotzdem ...

«Immer soll ich alles machen», murrte er.

Anna lächelte süß. «Dafür bist du ein Mensch! Und ihr Menschen habt es in fast allen Dingen viel leichter als wir.»

«Das kann man wohl sagen!» stimmte ihr der kleine Vampir zu.

Anton seufzte – schicksalsergeben.

«Also gut», sagte er, «ich gehe.»

Illustration von Amelie Glienke

Günter Herburger

Birne auf dem Land

Die meisten Leute fahren in Ferien, sagte sich Birne, dann kann ich auch Ferien machen. Ich habe einen anstrengenden Beruf, muß jede Nacht brennen, mein Kopf tut manchmal vom vielen Strom weh. Ich brauche Erholung.

Birne telefoniert mit dem Ingenieur des Elektrizitätswerkes. Er wird, solange Birne auf dem Land ist, eine Ersatzbirne schikken. Sie leuchtet genauso hell wie die richtige Birne, kann aber nicht sprechen und schon gar nicht fliegen. Ich werde sie, wenn ich zurück bin, in die Schule schicken, denkt Birne, damit sie wie ich Abenteuer erleben kann, sonst hat sie zu wenig von ihrem Leben.

«Leuchte gut», sagte Birne zur Ersatzbirne.

Als Antwort wackelt die Birne in der Fassung, mehr bringt sie nicht zustande.

Birne, die alles kann, stellt auf Düsenantrieb um und fliegt über die Stadt, in vorgeschriebener Höhe für Sportflugzeuge, um mit den Verkehrsmaschinen nicht zusammenzustoßen, deren Flugschneise fünfhundert Meter höher liegt. Der Verkehr in der Luft muß genauso geregelt werden wie der Verkehr auf der Erde. Nur Zebrastreifen gibt es oben nicht.

Birne landet auf einer Wiese, direkt vor einer Kuh, die im Gras liegt und wiederkäut. So eine Doppelesserei ist einmalig. Die Kühe fressen den ganzen Tag Gras und lagern es in ihren Mägen, denn Gras ist schwer verdaulich. Deshalb lassen die Kühe nach ein paar Stunden das Gras wieder in ihr Maul hochkommen und kauen es zum zweiten Mal.

Birne leuchter gelb und rot, hüpft auch in die Höhe, doch die Kuh läßt sich nicht aus der Ruhe bringen.

«Ich komme aus der Stadt», sagt Birne. «Seid ihr hier alle so gemütlich?»

«Bin noch nicht fertig», sagt die Kuh.

«Du mußt schneller schlucken», sagt Birne. «Ich trinke ein Kilowatt Strom, das sind 1000 Watt, in einer Stunde.»

«Und ich esse eine Million Grashalme pro Tag», sagt die Kuh.

«Glaube ich nicht», sagt Birne.

«Sieh selbst nach», sagt die Kuh.

Die Kuh macht ihr Maul auf, und Birne schlüpft hinein. Sie gleitet durch die Speiseröhre. Es ist darin ziemlich eng, sie muß sich ducken.

Unten in der Kuh sieht es kompliziert aus. Die Kuh hat nicht einen Magen, sondern gleich vier Stück, die hintereinander sitzen. Der erste Magen sieht wie ein grünes Zimmer aus. In ihm wird das Futter nur ein wenig hin- und hergewälzt. Birne stapft durch das Gras und dreht, weil es gut federt, zur Probe einen Überschlag.

Im zweiten Magen sind lauter Bakterien unterwegs, das sind Tierchen, die in jeden Grashalm Säure spritzen, damit er besser verdaut werden kann. Vom zweiten Magen rutscht das Gras wieder nach oben und wird von der Kuh noch mal gekaut.

Im dritten Magen stehen und hängen von den Wänden lauter Sicheln aus Fleisch, die an einer Seite scharf wie Messer sind und sich bewegen. Die Sicheln zerteilen das Futter zu einem feinen Brei. Es stinkt im Sichelmagen. Das klein geschnittene Futter kocht beinahe, ohne durch Wärme erhitzt zu werden. Birne taucht durch den Brei in den vierten Magen hinunter, in dem Stille herrscht. Hier wird die Nahrung von Röhren, die in den Magenwänden stecken, aufgesaugt und in Kraft verwandelt. Das Blut transportiert dann die Kraftstoffe durch den ganzen Körper.

Birne läßt sich weiterdrücken, rutscht durch die Därme, sieht, wie die Nieren pumpen, die das Blut reinigen, und hört plötzlich flüstern. Die Bakterien warnen sich gegenseitig, der Ausgang sei in Sicht. Bakterien können nur in der Wärme des Körpers leben, draußen, außerhalb der Kuh, ist es ihnen zu kalt und trocken, sie würden verdorren.

Birne schaltet auf Schnellbeleuchtung in sechs Farben um. Mit Getöse schießt sie aus dem Hintern der Kuh. Die anderen Kühe auf der Wiese rennen vor Schreck nach allen Seiten auseinander, denn daß der Mist, der aus einer Kuh kommt, in allen Farben glüht und leuchtet, haben sie noch nie gesehen. Nur die Kuh, in der Birne gesteckt hat, merkt nichts davon. Sie steht da und kaut ihr Gras. Birne fliegt über die Kühe hinweg zum nächsten Stall.

Im Kuhstall ist die Melkmaschine kaputt. Der Bauer hat einige Schrauben ausgewechselt, schließt jetzt die Melkmaschine wieder an den Strom an, aber die Maschine funktioniert nicht.

«Guten Tag», sagt Birne. «Ich heiße Birne. Ich kann Ihnen sicher helfen.»

«Blödsinn», sagt der Bauer. «Eine Birne kann keine elektrischen Geräte reparieren.»

«Ihre Kühe tanzen auf der Wiese», sagt Birne.

Der Bauer läuft hinaus, um nach seinem Vieh zu sehen. Birne hat Zeit, die Melkmaschine in Gang zu setzen. Sie findet den Fehler sofort, feilt ein neues Ventil und setzt es in die Mitte der Maschine ein.

Der Bauer kommt mit seinen Kühen zurück und bindet sie im Stall an. Dann stopft er die Zapfen der Kuheuter in die eisernen Zapfen der Melkmaschine und schaltet ein. Natürlich weiß er nicht, daß Birne inzwischen die Maschine repariert hat. Birne hat außerdem ein kleines Grammophon in die Maschine gebaut und Kitzelfedern in die Zapfen.

Die Kühe schaukeln vor Freude hin und her. Zum erstenmal haben sie beim Melken lustige Gefühle. Es kitzelt an ihren Eutern, außerdem hören sie Musik, was ihnen sehr gut gefällt. Sie lassen sich gern melken. Die Milch fließt durch Schläuche in die Milchkannen.

«Du lieber Himmel», schreit der Bauer, «die Kühe laufen aus!»

«Keine Angst», sagt Birne, «ich habe Musik und Kitzelfedern eingebaut, deshalb geben die Kühe soviel Milch.»

«Ich werde überall im Bauernhof Musik machen», sagt der Bauer, «damit mein Vieh Tag und Nacht für mich arbeitet und ich endlich reich werde.»

«Falsch», sagt Birne. «Überlegen Sie doch. Die Schweine

würden fressen, bis sie platzen. Die Kühe würden Milch geben, bis sie vor Schwäche umfallen. Die Tauben würden so lange irr ums Dach fliegen, bis sie abstürzen. Die Hasen würden rammeln, bis die Häsinnen bluten. Und die Hühner würden ein Ei nach dem anderen legen, bis nur noch Luft kommt. Der ganze Bauernhof würde wackeln und schließlich zusammenbrechen.»

«Du hast recht», sagt der Bauer. «Viel Musik ist ungesund. Wenn ich zu viel lache, tut mir der Bauch weh, und es kommen mir die Tränen.»

«Es lebe der gescheite Bauer», sagt Birne.

«Es lebe die Musik im Stall», sagt der Bauer.

Birne bei den Indianern

Birne irrt durch Amerika und fragt in Wolkenkratzern, an Autobahnen und Tankstellen, wo die Indianer seien. Es gäbe keine mehr, behaupten die amerikanischen Glühbirnen.

«Das kann nicht stimmen», ruft Birne. «Indianer sind tapfer und klug, sie gehen nicht unter!»

«Sie arbeiten nicht und verkommen», sagen die amerikanischen Birnen. «Die meisten trinken Schnaps, bis sie umfallen.»

«Ihr seid weiße Birnen», sagt Birne, «deshalb könnt ihr die Indianer nicht verstehen.»

Von einer alten indianischen Glühbirne, die auf dem Land in einer abgelegenen Bushaltestelle matt leuchtet, erfährt Birne, wo die Indianer leben.

«Einige wohnen in Schutzgebieten», sagt die alte Indianerbirne. «Die Weißen haben unser Land genommen. Wir können nicht mehr fischen, weil die Flüsse stinken und nicht mehr uns gehören. Wir können nicht mehr jagen, weil die Wälder uns nicht mehr gehören. Wir können nicht mehr reiten, weil die Steppen uns nicht mehr gehören. Wir können nicht mehr lachen und tanzen, weil wir einsam sind.»

«Es gibt doch auch junge Indianer», fragt Birne. «Wo sind sie?»

«Sie haben uns verraten und sind in die Städte gegangen», sagt die Indianerbirne.

«Wo sollen sie denn sonst hin», antwortet Birne. «Heute leben fast alle in der Stadt. Das Land ist zur Erholung und für die Landwirtschaft da.»

«Amerika ist unser Land», sagt die Indianerbirne. «Man hat es uns genommen.»

«Dann holt es euch wieder», sagt Birne.

«Dazu sind wir zu schwach», sagt die Indianerbirne. «Ich war einmal Häuptlingsbirne im ersten elektrisch beleuchteten Indianerzelt. Jetzt brenne ich in der einsamsten Busstation Amerikas. Der Bus, der einmal in der Woche hier hält, hat nicht einmal Scheinwerfer, mit denen ich mich unterhalten könnte, so alt ist er.»

«Häuptling Lederlicht», sagt Birne, «ich werde den Indianern helfen.»

In San Francisco, der nächsten Stadt, findet Birne Indianer. Sie leben in Hütten aus alten Reifen und Benzinkanistern. Elektrisches Licht haben sie nicht. Als Birne zwischen den Hütten hin- und herfliegt und ihre Botschaft verkündet, jubeln ihr die Indianer zu.

«Ein Licht, ein Licht», rufen sie. «Das Licht der Hoffnung spricht!»

«Die weißen Amerikaner haben euer Land geraubt», sagt Birne. «Sie haben euch nichts dafür bezahlt, noch haben sie euch als Ersatz anderes Land gegeben. Darum nehmt euch wieder, was euch gehört!»

Nachts ziehen die Indianer mit Kindern, Frauen, Großmüttern und Großvätern los, nehmen allen Hausrat mit und setzen, angeführt von Birne, auf die Insel Alcatraz über, die vor San Francisco im Meer liegt. Alcatraz war zweihundert Jahre lang eine Zuchthausinsel, auf der es nur Sträflinge gab. Jetzt steht die alte Festung leer. Die Indianer besetzen sie und richten sich in den Zellen ein. Dann schließen sie die Tore und schicken über Birne einen Funkspruch an die Stadtverwaltung von San Francisco: Wir haben einen kleinen Teil von dem zurückerobert, was uns geraubt worden ist.

Polizisten umkreisen in Schnellbooten die Insel und fordern die Indianer zur Übergabe auf. Die Indianer weigern sich, Alcatraz wieder zu verlassen. Im Gegenteil, sie verlangen alle Inseln entlang der Küste, außerdem noch Gebirge, Wälder und Flüsse. Die Polizei schießt Tränengasgranaten, doch sie prallen an der Zuchthausfestung wirkungslos ab. Da beschließen sie, die Indianer auszuhungern. Niemand darf sich mehr der Insel nähern, selbst der Luftraum wird von Hubschraubern überwacht.

«Wir müssen eine Entsalzungsanlage bauen», sagen die Indianer, «damit wir aus Meerwasser Süßwasser machen können. Durst ist schlimmer als Hunger.»

«Unsere Brüste sind voll Milch», sagen die Indianerinnen. «Wenn wir Milch mit Wasser verdünnen, reicht es für alle.»

So leben die eingeschlossenen Indianer viele Tage auf Alcatraz, und die Polizei wundert sich, weshalb die Indianer es so lange ohne Nahrung und Wasser aushalten.

Birne hat inzwischen in der Stadt erfahren, daß alle Arbeiter beim Bau der Hochhäuser Indianer sind. Sie fliegt an dem Stahlgerippe eines Wolkenkratzers hoch, und tatsächlich, schwindelfrei nieten und schweißen auf den Eisenträgern Indianer. Sie haben nicht einmal Sicherungsseile umgebunden. Manchmal stößt sie der Wind beinahe um, sie lachen nur und finden mit ausgestreckten Armen wieder Gleichgewicht.

«Eure Brüder und Schwestern sind in Not», ruft Birne. «Sie verhungern auf der Zuchthausinsel!»

Sofort hören die Indianer zu arbeiten auf. Sie wollen so lange streiken, bis ihre Brüder und Schwestern auf Alcatraz in Ruhe leben können.

Natürlich versucht die Polizei, die indianischen Hochhausbauer wieder zur Arbeit zu bewegen, aber die Polizisten getrauen sich nicht, zu ihnen hinaufzuklettern.

Birne lockt nachts durch elektrischen Strom, den sie auf dem Land in die Erde schickt, Millionen Würmer an die Oberfläche und führt sie, ständig sanfte Elektrizität ausstrahlend, in die Stadt. Dort zeigt sie ihnen Keller, wo sie sich eingraben und unterirdisch weiter vorstoßen können. Der Asphalt wird von unten her zerfressen und bekommt Löcher, die Würmer nagen alles kurz und klein. Die Indianer lassen von den Wolkenkratzern Grassamen wehen, und bald wächst auf den Straßen Gras. Jetzt werden auch gleichgültige Leute auf die Indianer aufmerksam, denn endlich gibt es in der Stadt wieder frische Luft, seitdem keine Autos mehr auf den überwucherten Straßen fahren können.

«Wir möchten auch Indianer sein», rufen sie. «Die Indianer sind klüger als wir. Sie sollen die Insel Alcatraz behalten, und wir wollen ihnen auch das Land zurückgeben, das wir geraubt haben.»

Viele schminken sich rotbraun und kleben sich Hakennasen an, um Indianern ähnlich zu sehen. In den vergrasten Straßen galoppieren Pferde, nur die U-Bahnen verkehren wie früher. Bankbeamte sind zu Fuß unterwegs und schwitzen, Hausfrauen tragen ihre Kinder auf dem Rücken wie Indianerfrauen. In den Flüssen gibt es wieder Fische, weil keine Motorboote mehr darauf fahren dürfen und hohe Strafen bezahlt werden müssen, wenn Abwasser ungereinigt aus Fabriken läuft. Die Indianer haben Amerika gerettet, das sonst in Dreck und Gestank erstickt wäre.

Als Birne eines Nachts an der einsamen Busstation vorbeikommt, sieht sie die alte Birne Lederlicht auf der Spitze eines Mastes strahlen. Aus der Haltestelle ist der erste indianische Fernsehsender geworden.

«Es lebe die indianische Revolution», ruft die alte Häuptlingsbirne.

Der weiße Kirschbaum

Von kleinen und großen Erkenntnissen

Hör sofort auf, den armen Hasen zu hauen!
AUA! AUA! AUA!
Liebe deinen Nächsten wie dich selbst, dann ist die Welt ein Paradies!
ABER ICH HASSE MICH! ICH FINDE MICH GEMEIN, HÄSSLICH UND UNAUSSTEHLICH!! WIE SOLL ICH DIE ANDEREN LIEBEN, WENN ICH NICHT MAL MICH SELBER LIEBE ?!!!
Die Sache ist schwieriger, als ich dachte!

Hannelore Dauer

Der weiße Kirschbaum

Mein Nachbar,
seine Zigarre auf dem Rücken verbergend,
umkreist zärtlich seinen Kirschbaum.
Zupft hier und da
an der weißen Spitzendecke,
die er schützend
über den Baum gelegt hat.

Im Sommer 44,
erzählte er mir,
in der brennenden Stadt
habe seine Frau
Kirschen eingekocht.
Kirschen und Krieg,
sagte er und schüttelte den Kopf.
Heimlich habe er,
statt in den Luftschutzkeller zu gehen,
die Gläser geleert,
während ringsum die Bomben fielen.

Er bleibt stehen
in der Dämmerung,
atmet behutsam aus.
Graublauer Rauch schwebt
im Schleier über den schwarzen Haaren
seiner stillen Braut.

Isolde Heyne

Die Perlenmokassins

Von den Rocky Mountains bis zu den Großen Seen riefen die Trommeln. Ihr Ruf wurde aufgenommen und von zahllosen Händen weitergetragen, überall dorthin, wo Indianer wohnten: in die Berge, an die Flüsse, in die Prärien. In die Freiheit und in die Gefangenschaft. Die Trommeln riefen zum Geistertanz. Die Indianer tanzten für ein Leben in Freiheit, für die Wiederkehr der Büffel. Sie tanzten um Nahrung und Kleidung.

Bum – bumbum – bum! Großer Geist – gib uns die Büffel wieder! Bum – bumbum – bum! Wir hungern – gib uns die Freiheit wieder.

Plötzlich verstummte der tiefe Ton der Zaubertrommel, die der Geheimnismann unentwegt vom frühen Morgengrauen an geschlagen hatte. Wie gebannt folgten die Augen der Männer und Frauen, die eben noch im Rhythmus der Trommel ihre Körper bewegt hatten, der ausgestreckten Hand ihres Geheimnismannes. Und in der tiefen Stille, die so unerwartet dem lauten Gedröhn folgte, hörte man kaum etwas anderes als das Heulen des Dezemberwindes. Sie konnten ihre Blicke nicht lösen von dem Unerhörten, das sich ihnen darbot.

Der alte Geheimnismann löste sich aus seiner Starrheit. Langsam schritt er auf einen jungen Krieger zu, der unter den Blicken der anderen Tänzer keiner Bewegung fähig schien. Mit seinem Stab berührte der Alte die Mokassins an den Füßen des Tänzers. Wie unter einem Zwang streifte dieser sie von den Füßen. Und nun sahen es auch diejenigen, die etwas abseits standen: Die Sohlen dieser Geistertanzmokassins waren nicht mit Perlen bestickt, wie es der uralte Brauch vorschrieb.

Unter denen, die sich von hinten heranschoben, war auch ein etwa zwölfjähriger Knabe. Für einen Herzschlag lang hätten die anderen in seinem Gesicht Enttäuschung lesen können. Aber keiner achtete auf ihn. Und so fiel über seine Gesichtszüge die

Maske der Gleichgültigkeit, die zu täuschen verstand. Nur in seinen Augen brannte der Haß über diese Schmähung der Geister, und vielleicht wurden seine Lippen noch fester als sonst zusammengepreßt. Der Alte wies zwei Unterhäuptlinge mit einer befehlenden Geste an, den Übeltäter zu fesseln und in ein leerstehendes Zelt zu schaffen. All dies geschah in tiefstem Schweigen, als ob ein Zauber ihre Zungen bannte.

Da erhob der alte Geheimnismann endlich seine Stimme: «Helles Wasser wird seine Strafe erhalten, wenn die Sonne zum drittenmal aufgeht. Verhindern wollte er, daß unsere Bitten zum Großen Geist gelangen. Dafür wird er sterben. Ihr aber tanzt! Tanzt, damit der Große Geist uns nicht zürnt. Tanzt! Tanzt! Tanzt!»

Die Männer bewegten zögernd ihre Füße, an denen sie Mokassins wußten, deren Sohlen die aufgestickten Zauberzeichen trugen. Mühevoll hatten die Frauen und Töchter die Perlen aufgenäht. Und ihre ledernen Hemden waren bemalt mit den heiligen Zeichen des Donnervogels, des Büffels und der Sonne.

In die ersten Töne der Zaubertrommel aber erschallte die kräftige Stimme des Gefesselten: «Betrogen werdet ihr! Keiner hörte auf meine Mahnung, deshalb tat ich es. Ich wollte, daß ihr mich anhört. Es ist Wahnwitz, vom Untergang der Bleichgesichter zu träumen. Sie sind mächtiger als zuvor. Wovoka lügt!»

«Tanzt! Tanzt!» kreischte der Alte. Und bevor Helles Wasser noch einmal den Mund öffnen konnte, war er schon ins Zelt geschleift und dort auf den frostharten Boden niedergeworfen worden.

Es wäre auch sinnlos gewesen, ihnen seine Mahnung noch einmal entgegenzuschreien, denn mächtiger als zuvor hallte die Zaubertrommel. Fester und schneller stampften die Füße auf dem Boden.

Die zwei Unterhäuptlinge zogen noch einmal die Fesseln des Gefangenen straff. «Verräter!» zischte der eine und warf die Mokassins neben Helles Wasser auf die Erde. Dann verließen sie das Zelt, und den jungen Krieger umgab Dämmerlicht.

Das Zelt war unbenutzt. Keine Felle am Erdboden hielten die Kälte fern. Der Besitzer des Zeltes war zu den Bleichgesichtern in die Reservation gegangen. Keiner aber wagte, die Zeltstangen niederzureißen; obwohl sie sich in eine unwirtliche Einöde zurückgezogen hatten, befürchteten sie die Rückkehr des Besitzers, und wer weiß – vielleicht brachte er die Bleichgesichter mit. Helles Wasser verzog geringschätzig die Mundwinkel, als er daran dachte. Auf diesen traf das Wort Verräter eher zu. Aber dann wurde er mutlos, denn seine Mahnung war vergeblich gewesen. Durch die schweren Büffelhautplanen drang gedämpft, aber ohne Unterlaß, der Ton der Zaubertrommel und der Gesang der Tänzer: «Großer Geist – gib uns die Büffel wieder!» Der junge Krieger wußte, warum sich die beiden Unterhäuptlinge damit begnügt hatten, ihn lediglich zu fesseln und ins Zelt zu werfen. Jeder wollte Anteil haben an dem, was der Geistertanz versprach: Freiheit und Büffel.

Um sein Leben sorgte sich Helles Wasser nicht. Schon von früher Jugend an hatte er sich darin geübt, unbemerkt von Fesseln freizukommen, und er konnte darin eine wahre Meisterschaft erlangen, ohne daß er jemals damit geprahlt hätte. Es würde sich gewiß eine Möglichkeit finden zu fliehen. Denn daß er kein mildes Urteil zu erwarten hatte, das wußte er. Für seine Tat gab es nur eins: den Tod. Also mußte er fliehen.

Als Helles Wasser in seinen Überlegungen so weit gekommen war, wurde am Zelteingang die Plane beiseite geschoben. Der Gefangene drehte den Kopf kaum, weil er keinerlei Regung zu erkennen geben wollte. Wen hatten sie ihm zum Wächter bestellt? Davon hing seine Freiheit ab. Der andere machte sich an der Feuerstelle zu schaffen. Bald glimmte der Zunder. Im Schein des aufflammenden Trockengrases erkannte Helles Wasser seinen Wächter. Er erschrak zutiefst. Denn nun war seine Flucht beinahe unmöglich.

In diesem Augenblick haßte der junge Krieger den Geheimnismann mehr als jemals zuvor. Ihm wurde klar, daß der Plan, ihm diesen Wächter zu geben, nur dem Kopf des Alten entsprungen sein konnte. Ein Junge war es, der sich um das Feuer bemühte: sein Bruder. Helles Wasser hatte die Augen seines Bruders gesehen, als sie ihn fesselten und ins Zelt schafften. Enttäuschung über seine Tat hatte er darin gelesen. Und der Alte hätte keinen besseren Wächter für den ihm schon lange unbequemen jungen Krieger finden können. Der Knabe achtete noch ehrfürchtig die alten Bräuche. Er mißbilligte die Tat des Bruders, der es gewagt hatte, die Geister zu beleidigen.

Gedämpft drang der Trommelschlag ins Zeltinnere. Der Junge hatte das Feuer entfacht. Nun saß er stocksteif daneben. Er hatte noch kein Wort gesprochen, ließ aber den Gefesselten nicht aus den Augen. Immer wieder glitt sein Blick von dessen nackten Füßen zu den Mokassins. Einer lag mit der Sohle nach oben. Keine Perle schmückte ihn, kein Zauberzeichen war aufgenäht. Nackt zeigte das glatte Leder die Untat des jungen Kriegers. Der Gefangene hielt die Augen fest geschlossen. Nur konnte er dem Bruder nicht den Gleichmütigen vorspielen. Der kannte ihn zu gut. Und draußen tanzten alle für die Geister. Immer fordernder wurde der Trommelwirbel, immer drängender die Bitte zum Großen Geist: Gib uns die Büffel wieder – wir hungern! Gib uns die Freiheit wieder – Großer Geist der roten Kinder!

Der Gefangene öffnete die Augen. Er blickte so lange auf den Jungen, bis dieser der stummen Bitte nicht mehr ausweichen konnte. «Was willst du?» Er mußte sich beherrschen, um die Worte nicht zu schreien. Der stumme Zweikampf hatte ihn unterliegen lassen. Der junge Krieger richtete sich trotz seiner Fesseln auf. Er saß dem Jungen jetzt gegenüber. In seinem Gesicht war keine Furcht zu erkennen, obwohl er wußte, daß sie ihm den Tod zugedacht hatten. Wie immer auch die Entscheidung des Zaubermannes und der Häuptlinge ausfallen mochte, ein ehrenvoller Tod im Kampf würde es gewiß nicht sein.

Langsam und eindringlich begann Helles Wasser zu sprechen: «Ich war dir Bruder und Vater zugleich. Es bleibt uns nicht viel Zeit. Ich werde vielleicht sterben. Was ich heute tat, ist dir unverständlich. Du verachtest mich, deinen Bruder Helles Wasser.

Aber du sollst wissen, daß ich es noch einmal tun würde, ließe man mir die Wahl.»

Der Junge wandte seinen Blick ab. Er ertrug nicht, daß ihn der Bruder mit seinen Augen fangen wollte. Deshalb erhob er sich und stieß mit dem Fuß gegen die Mokassins. Nun lagen beide da als eine Anklage gegen den jungen Krieger Helles Wasser. Der spürte das wohl.

Heftiger stieß er hervor: «Ja, ich würde noch einmal in ihren Reihen tanzen. Ohne die Perlen, die auf den Sohlen der Mokassins aufgenäht sein sollen. Damit sie endlich erwachen aus ihrem Traum!»

Ein heftiger Windstoß beutelte die Zeltwände. Durch den Rauchabzug konnte man den fahlen Winterhimmel sehen. Er sah unheimlich und drohend aus. Großer Geist – deine Kinder hungern – gib uns die Büffel wieder! Helles Wasser löste seinen Blick von dem winzigen Stück Himmel, das sich ihnen darbot. Aber seine Augen hatten nicht mehr den gleichgültigen Ausdruck von vorher. Ein gespanntes Lauschen schien seinen Körper zu straffen. Er maß den Jungen mit einem langen Blick. Seine Gesichtszüge waren hart und kantig. Hunger und Strapazen hatten ihre Spuren hineingegraben. Aber in den Augen lebte noch ein warmer Glanz, als er auf den jüngeren Bruder blickte.

«Mein kleiner Bruder täte gut daran, seinen Zorn zu begraben und mir zuzuhören.»

Doch der setzte eine Miene der Verachtung und Ablehnung auf.

«Dieser Wovoka, den sie den Großen Geheimnismann nennen, ist ein Betrüger», fuhr Helles Wasser fort, ohne sich um die schweigende Abwehr des Jungen zu kümmern. «Er verspricht den Untergang der Weißen. Aber sterben werden wir.»

Eine neue Windböe trieb feine Schneekristalle herein. Das Heulen des Windes mischte sich mit dem Stampfen der Tanzenden, wurde begleitet vom Dröhnen der Zaubertrommel.

Helles Wasser lauschte wieder angespannt. «Es wird Sturm

geben», sagte er dann, mehr zu sich selbst als zu dem Jungen. Der verzog nur die Mundwinkel. Verächtlich musterte er den Sitzenden. Und immer noch kam kein Wort über die zusammengepreßten Lippen.

Der Gefangene sah wohl ein, daß eine Verständigung mit seinem Wächter nicht möglich war. Er verfiel wieder in Schweigen, in scheinbare Gleichgültigkeit. Auch der Junge ließ sich diesmal täuschen. Er nahm seinen Platz am Feuer wieder ein. Von Zeit zu Zeit schürte er die Glut. Wenn die Flammen dann sein Gesicht beleuchteten, konnte man darin lesen. Er verstand es noch nicht wie sein älterer Bruder, sich zu beherrschen.

Natürlich fand die Freveltat des Bruders nicht seine Billigung. Wie konnte er es wagen, das Große Geheimnis zu beleidigen! Weißfeder war von Anfang an zur Ehrfurcht dem Großen Gott gegenüber erzogen worden. Schon sein Vater hatte ihn gelehrt, die alten Bräuche zu achten und der Stimme des Geheimnismannes zu gehorchen. Und doch hatte er ab und zu gesehen, daß einige Männer des Stammes dem Geheimnismann nicht mehr ungeteilten Gehorsam leisteten. Es waren nicht die schlechtesten Männer, die dies taten, und obwohl der alte Geheimnismann gedroht hatte, war jenen nichts geschehen. So hatte der Alte mit den Jahren von seiner Macht eingebüßt. Seit einigen Monden jedoch war er mächtiger als zuvor. Wovoka, ein schoschonischer Geheimnismann, hatte vorausgesagt, daß die Indianer alle Weißen töten würden, wenn sie nur für die Geister tanzten und das Große Geheimnis um Beistand anflehten. Dann würden wieder riesige Büffelherden über die Prärie ziehen, und alle Not hätte ein Ende. Und die Indianer glaubten ihm.

Immer ärger trieb der Wind sein Spiel. Er zauste die Zeltwände, fuhr durch alle Ritzen und ließ das Feuer flackern. Sein Geheul mischte sich jetzt in den Gesang der Tanzenden und das Gedröhn der Trommel. Wieder richtete sich der Gefangene auf. Er lauschte. Mit einem Seitenblick maß er den Bruder, der starr neben dem Feuer saß. Und nochmals richtete er seine Worte an den Jungen: «Sie tanzen! Sie tanzen und hören nicht die Mahnung des Windes. Es wird Sturm geben. Einen Schneesturm aus dem Reich des Nordwindes. Man muß es ihnen sagen.»

Zum erstenmal blickte Weißfeder dem älteren Bruder jetzt voll ins Gesicht. Spott lag in seiner Stimme, als er fragte: «Hat mein Bruder Angst vor dem Wind aus dem Norden?»

Helles Wasser brauchte die Augen nicht zu verbergen, als er erwiderte: «Hatten unsere Väter jemals Angst, wenn sie sich bereitmachten, den Schneesturm zu empfangen? Vorsorge hat nichts mit Furcht zu tun. Die kennt nur der Feigling.» Und nach einer Weile des Schweigens befahl er dem Jungen: «Geh hinaus. Sag es ihnen.»

Weißfeder rührte sich nicht von seinem Platz. Er zog nur die Mundwinkel etwas herunter. Es sollte Verachtung bedeuten. Er erwiderte nichts auf den Befehl, und er tat auch nichts. Dabei waren seine Sinne jetzt auch wach für die Veränderung, die draußen vor sich gegangen war. Er hätte dem Bruder unter Umständen recht gegeben, denn die Anzeichen sprachen dafür, daß der von allen gefürchtete Schneesturm über sie hereinbrechen würde.

Helles Wasser schwieg auch. Da wirbelte ein neuer Windstoß durch die Luftklappe an der Zeltspitze Schnee herein.

Auch in der Stimme des jungen Kriegers lag jetzt Spott: «Mein kleiner Bruder ist sehr tapfer. Trotzdem weiß er, daß ich ihm überlegen bin und meine Fesseln mich nicht hindern werden, zu fliehen, wenn ich es will.»

Weißfeder setzte sich noch gerader hin als zuvor. Er schenkte dem Bruder nicht mehr die geringste Aufmerksamkeit. So schien es wenigstens. Ungeachtet dessen fuhr Helles Wasser fort, ihn zu reizen. «Mein kleiner Bruder mag schon vorsorglich nach draußen gehen, um Hilfe herbeizuholen, denn ich beginne jetzt, meine Fesseln zu lösen. Er wird sehen, daß ich das kann.»

Und wirklich! Weißfeder bemerkte, daß der Bruder eine Hand aus den Riemen löste; kurz darauf hatte er beide Hände frei. Der Junge hielt die Luft an und überlegte blitzartig, was zu tun sei. Doch schon hatte der ältere auch die Riemen, die um seine Fußgelenke geschlungen waren, aufgeknüpft. Nun stand er frei. Der Junge sprang ebenfalls auf die Füße. Um nicht zu schreien, preßte er die Hand vor den Mund. Sonst aber schien er unfähig, etwas zu tun. Helles Wasser berührte ihn an der Schulter und schob ihn von der Feuerstelle weg in den dunklen Hintergrund des Zeltes. Dann ging er zum Feuer zurück. Er deckte die Glut, so daß keiner, der von draußen ins Zelt kam, gleich hätte bemerken können, daß der Gefangene nicht mehr an seiner Stelle lag. Ruhig und sicheren Schrittes ging er dann zu dem Jungen, der wie erstarrt an derselben Stelle verharrte, wo er ihn verlassen hatte. Leise, aber eindringlich sagte er zu ihm: «Du siehst, daß du mich an der Flucht nicht hindern kannst. Doch mir liegt nichts an der Freiheit, die mein Bruder nicht mit mir teilen würde. Ich will, daß du mit mir gehst.»

Der Junge wich einen Schritt zurück und sagte dann heftig: «Flieh nur. Kehr ruhig den Zelten den Rücken, in denen eine gerechte Strafe auf den wartet, der die Geister erzürnte. Und vergiß nicht, daß man deinen Bruder schmähen wird, er sei nicht fähig, einen Gefangenen zu bewachen.»

Helles Wasser zog den Jungen mit kräftigem Griff an der Schulter zu sich heran. Er lockerte den Griff auch nicht, als er leise sagte: «Du zwingst mich, etwas zu tun, was ich sonst nie getan hätte. Daran mögest du später denken.»

Noch bevor der Junge seinen Mund zu einem Schrei öffnen konnte, preßte Helles Wasser seine Hand darauf. Ein kräftiger Schlag auf den Kopf verhinderte jeden Laut. Der ältere fühlte, wie der Körper des Jungen unter seinem Arm zusammensank.

Der Krieger sah sich im Dämmerlicht des Zeltes um, lauschte dabei angestrengt nach draußen. Er raffte eine Decke zusammen, die er neben einer Zeltstange liegen sah, streifte die Mokassins über die Füße und zog das Messer, das der kleine Bruder bei sich trug, aus der Scheide. Es war die einzige Waffe, die ihm zur Verfügung stand. Im Zelt fand er nun nichts mehr, was er auf seine Flucht hätte mitnehmen können.

Immer lauter mischte sich das Heulen des Windes in die Klänge der Zaubertrommel. Helles Wasser wußte, daß er keine

Zeit zu verlieren hatte, sollte die Flucht noch gelingen. Denn wenig später würden auch die, die jetzt noch tanzten, die Zeichen des nahenden Unwetters verstehen. Er schlug die Decke um den Körper des Jungen, spähte noch einmal zum Zeltausgang. Dann durchschnitt er rasch die Büffelhaut im hinteren Teil des Zeltes. Vorsichtig schob er seine Hand hindurch, dann den Kopf. Er atmete auf. Hier war der Fluchtweg frei. Er vergrößerte die Schnittfläche und zwängte dann seinen ganzen Körper durch. Den Bruder, der noch immer ohne Besinnung war, zog er nach, lud ihn auf seine Schultern und begann seinen Weg in den Sturm.

Nicht einmal die Hunde bemerkten sein Entkommen. Auch sie hielten sich nahe dem Kreis, den die Menschen um die Tanzenden gebildet hatten. Und im Rhythmus der Zaubertrommel dachte Helles Wasser jetzt: «Großer Geist – laß die Flucht gelingen! Großer Geist –» Aber der Sturm widersetzte sich in der offenen Prärie seinem Vorhaben mit aller Gewalt. Er verfing sich in der Kleidung des Fliehenden, in der Decke, die er um den Bruder geschlungen hatte, griff ihn von vorn an und hemmte so das Vorankommen. Nach einem forschenden Blick zum Himmel änderte Helles Wasser seinen Fluchtweg. Er hatte vorgehabt, seine Spuren zu verwischen, seine Verfolger auf eine falsche Fährte zu locken. Jetzt sah er aber, daß das unnütz war. Schwarze Wolkenbänke standen am nördlichen Horizont. Schon trieben einzelne dunkle Fetzen nach dem Süden. Eiskristalle sausten durch die Luft. Sie schimmerten in allen Regenbogenfarben. Dann schien das Sonnenlicht plötzlich verfinstert. Der Schneefall verstärkte sich im heulenden Wind. Der Eishauch aus dem Norden verschlug dem jungen Krieger fast den Atem. Er wußte, daß auch die anderen im Zeltdorf jetzt ihren Tanz für die Geister beenden würden. Verfolgen konnten sie ihn nicht mehr, denn sie hätten ihr Leben aufs Spiel gesetzt. Und der Sturm löschte alle Spuren hinter ihm. Wollte er selbst mit dem Leben davonkommen und auch das des Bruders retten, blieb ihm keine andere Wahl, als die kleine Bodensenke zu erreichen, die er draußen in der Prärie bei seinen Streifzügen oft benutzt hatte, um auszuruhen oder sich zu verbergen. Deshalb änderte er seine Richtung und strebte unmittelbar darauf zu. Hierbei kam ihm zugute, daß er den Wind jetzt von der Seite bekam und dieser ihn ein wenig vorantrieb. Trotzdem wurde ihm jeder Schritt schwer. Die Last auf der Schulter drückte. In Strömen rann ihm der Schweiß über Stirn und Nacken, obwohl der Wind schneidende Kälte aus dem Norden mit sich brachte.

Hinter ihm war der Ton der Zaubertrommel längst verstummt. Jetzt werden sie endlich die Gefahr begriffen haben, dachte Helles Wasser. Sie werden sich beeilen müssen, ihr Leben zu retten. Sie werden meine Flucht bemerken, aber sie werden keine Zeit mehr haben, meiner Spur zu folgen. Mehrmals glaubte Helles Wasser, den Weg verfehlt zu haben, denn der starke Schneefall verwehrte ihm die Sicht. Nadeln aus Eis und Schnee stachen in sein Gesicht. Oftmals versank er bis zum Gürtel im Schnee. An anderen Stellen wieder hatte der Sturm den Boden bis zum Grund blank gefegt. Über ihm trieben dunkle Wolken dem Süden zu. Der Sturm orgelt und dröhnte.

Mit letzter Kraft kämpfte sich Helles Wasser voran. Schließlich fiel er in eine kleine Vertiefung, die ihm und dem Bruder Schutz gewährte. Ob es die gesuchte Bodensenke war, wußte er nicht. Es blieb ihm auch kaum noch Zeit, den lockeren Schnee beiseite zu scharren, eine Höhle für sich und den Bruder zu graben. Helles Wasser wußte nicht, daß er den Bruder noch zu sich heranzog, die Decke über sich und ihn zerrte und sich eng an den Körper des Jungen preßte.

Der Sturm raste über die Menschen hin, die sich seiner nicht erwehren konnten. Himmel und Erde waren eins im Wirbelsturm. Der Schnee wurde emporgerissen und wieder zur Erde geschleudert. Eng aneinandergeklammert hockten die Brüder in der Grube, keines Gedankens, keines Gefühls mächtig. Und dann war es still.

Weißfeder erwachte aus seiner Erstarrung. Er fühlte, daß eine schwere Last auf ihm ruhte. In der Dunkelheit, die ihn umgab, war es ihm, als müßte er ersticken. Mit Händen und Beinen verschaffte er sich mühsam etwas Luft. Endlich ließ der Druck auf seinem Körper nach. Über sich erblickte er nächtlichen Himmel. Klar standen die Sterne über ihm.

Er versuchte sich zu entsinnen, wie er hierhergekommen war. Aber sosehr er sich auch mühte, seine Gedanken zu ordnen, immer wieder schweifte sein Blick über die unendliche weiße Fläche, die in einer erdrückenden Stille dalag. Nach geraumer Zeit spürte er, wie die Kälte durch seine Kleidung drang. Durch die Bewegungen hatte sich sein Körper erwärmt. Nun, da er untätig saß, fror er. Er stand auf und bewegte sich. Dabei bemerkte er, wie steif sein ganzer Körper geworden war. Vielleicht war es der neu aufkeimende Lebensmut, der ihn dazu trieb, sich immer schneller zu bewegen, damit sein Körper sich erwärmte. Er hob die Beine und die Arme, er senkte den Rumpf, kurz, er tat alles, um das Blut in seinem Körper wieder zum Kreisen zu bringen. Plötzlich erblickte er im Schnee einen Gegenstand, den er, als er sich bückte, um ihn aufzuheben, als einen Mokassin erkannte. Weißfeder erstarrte. Es war einer der Mokassins, die sein Bruder an den Füßen getragen hatte, als er die Geister beleidigte. In diesem Augenblick kam auch die Erinnerung wieder. Weißfeder sah sich im Zelt dem Bruder gegenüber, der von seinen Fesseln freigekommen war und der ihn zur Flucht überreden wollte. Deutlich hörte er die Stimme: «Sturm wird es geben. Man müßte es ihnen sagen.»

Über eine unermeßliche Weite schweifte der Blick des Jungen. Wie war er hierhergekommen? War der Sturm so unvermittelt über alle hereingebrochen, daß es ihn hierhergeweht hatte?

Und wo war sein Bruder?

Noch immer hielt er den Mokassin in den Händen. Er starrte darauf und war nicht imstande, seine Gedanken zu Ende zu denken. Wo ein Mokassin ist, da müßte auch ein zweiter sein – und wo diese sind –. Wo ist Helles Wasser?

Weißfeder kniete hin, warf den Mokassin beiseite und scharrte mit den Händen im Schnee. Sinnlos, ziellos. Er warf den Schnee mit den Händen auf einen Haufen, grub und grub. Endlich hielt er inne. Jetzt, da die Erregung nachließ, sah er sich aufmerksam um. Und da entdeckte er einen kleinen Zipfel der Decke, die ihn und den Bruder bedeckt hatte. Er begann von neuem zu graben, und immer mehr Schnee häufte sich neben ihm, bis er endlich eine Hand zu fassen bekam. Mit fieberhafter Hast scharrte er den Schnee beiseite; der Bruder lag, das Gesicht in der Armbeuge verborgen, leblos und kalt. Weißfeder drehte ihn herum und legte seine Hand unter das Geistertanzhemd. Er wollte durch die Brust des Bruders fühlen, ob sein Herz noch schlug. Im undeutlichen Dämmerlicht grinsten die Zauberzeichen vom ledernen Hemd: der Donnervogel, die Büffelhaut und die Sonne. Doch der Körper des Bruders blieb starr. Da packte den Jungen eine schreckliche Angst, der Bruder könnte gestorben sein. Mit Schnee rieb er ihm das Gesicht ab. Der Schnee färbte sich rot und gelb und schwarz von der Farbe, die Helles Wasser für den Gei-

stertanz aufgetragen hatte. Doch kein Muskel zuckte im Gesicht, die Augen blieben geschlossen.

Der Junge nahm die Arme des Leblosen und bewegte sie auf und ab, auf und ab, immer wieder, bis ihm selbst der Schweiß auf Stirn und Nacken stand und er ermüdete. Dann drückte er seinen Mund auf die kalten Lippen des Bruders und versuchte ihm seinen warmen Atem einzublasen. Nichts. Verzweifelt versuchte er ein Letztes. Er riß ein Stückchen Flaum von der Zierfeder des Bruders und hielt ihn über Mund und Nase. Aber nichts rührte sich. Einmal schien es dem Jungen, als hätte sich doch etwas bewegt. Dann aber war er sich nicht sicher, ob es nicht ein Luftzug war oder sein eigener keuchender Atem, der den Flaum bewegt hatte.

Schließlich gab Weißfeder es auf. Erschöpft und traurig saß er bei dem Leblosen. Er nahm eine Handvoll Schnee und wollte ihm das Gesicht von der Farbe säubern. Müde hielt er inne und versank in dumpfes Brüten. Auf der Stirn des Leblosen war ein Restchen Schnee liegengeblieben.

Wie lange Weißfeder so gesessen hatte, konnte er nicht sagen. Aber plötzlich, als er wieder auf das Gesicht des Bruders blickte, war es ihm, als perlten von der Stirn kleine Tropfen. Hastig beugte er sich tiefer, und da sah er es: Auf der Stirn des Bruders taute der Schnee.

Da wußte der Junge, daß noch Leben in Helles Wasser war. Mit neuer Kraft begann er ihn mit Schnee einzureiben, seine Gliedmaßen zu erwärmen, damit das Blut durch den Körper strömen konnte. Ihm selbst lief dabei der Schweiß in kleinen Bächen vom Gesicht, doch er gönnte sich keine Ruhe. Er rieb und rieb – und endlich, endlich bemerkte er, wie sich die Brust des Bruders langsam hob und senkte und wieder hob und senkte. Da stieß er einen lauten Siegesruf aus, wie ihn seine Vorväter nicht stärker hätten in die Prärie schreien können. Er hatte einen Sieg davongetragen.

Über alldem hatte Weißfeder gar nicht darauf geachtet, daß der Morgen gekommen war und die Sonne den Schnee zum

Leuchten gebracht hatte. Aber es dauerte doch noch geraume Zeit, ehe Helles Wasser die Augen aufschlug und verwundert um sich blickte. Mühsam richtete er sich auf der Decke auf. Verwundert schaute er sich um. Er schien noch ganz benommen. Seine ersten Worte rangen sich heiser aus der Kehle. «Er ist vorbei, der Sturm aus dem Norden. Vorübergegangen. Und wir leben. Du und ich – wir leben.»

Jetzt, da er aufgerichtet saß, gewann er auch schnell an Kraft. Er suchte die Augen des Jungen, der stumm vor ihm kniete. Die Strapazen hatten sich in dem Knabengesicht eingekerbt. Tief lagen seine Augen in den Höhlen, kantig spannte sich die Haut über die Backenknochen. Helles Wasser sah auch seine Füße, die nackt auf der Decke ruhten. Aber bevor er den Mund zu einer Frage öffnen konnte, sprang der Junge auf, ging etwas abseits und brachte die Mokassins. Schweigend reichte er sie dem Älteren hin. Helles Wasser zog sie wieder an. Dann stand er auf, etwas mühsam zwar und auch noch ein wenig schwankend, aber er gewann bald an Halt.

«Wir müssen sehen, was aus den anderen geworden ist», sagte er zu Weißfeder. Ohne eine Antwort zu geben, drehte sich der Junge zur Seite. Dann bückte er sich und rollte die Decke zusammen.

Da erst sah Helles Wasser die tiefe Grube, aus der ihn der Bruder herausgeholt hatte. Er trat an den Rand und schaute eine ganze Weile in das Schneeloch. Ohne Weißfeder anzusehen, fragte er dann: «Warum hat mich mein Bruder da herausgeholt?»

Darauf wußte Weißfeder wieder keine Antwort, denn in diesem Augenblick wurde ihm bewußt, daß es vor dem Blizzard Streit zwischen ihm und Helles Wasser gegeben hatte. Während der ganzen Zeit hatte er nicht daran gedacht, und nun schien ihm das alles unendlich lange her zu sein. Wie ein böser Traum, den man am hellen Morgen schnell vergißt. Erschrocken dachte er: Die anderen – sie werden sich nicht rechtzeitig gerettet haben – der Tanz hat ihre Sinne verwirrt – sie haben die Mahnung des Windes überhört – Großer Geist – zu spät werden sie sich besonnen haben – der Sturm aus dem Norden wird sie überrascht haben – Wakonda hilf ihnen!

Helles Wasser legte dem Jungen die Hand auf die Schulter und wiederholte noch einmal: «Wir müssen sehen, was aus den anderen geworden ist.»

Der Schreck war dem Jungen am Gesicht abzulesen. Er hielt die Hand vor den Mund, nur um sich keinen Schrei entringen zu lassen. Dann preßte er hervor: «Mein Bruder mag bedenken – sie wollen dich töten!»

Mit einer abwehrenden Handbewegung unterbrach Helles Wasser den Jungen, der noch etwas hinzufügen wollte. «Die, die vom Nordsturm verschont geblieben sind, werden zur Vernunft gekommen sein. Alle denken nicht so wie der Geheimnismann.» Nach einigem Nachdenken setzte er hinzu: «Die Trommeln schweigen. Wakonda, der Große Geist, hat ihnen gezeigt, daß sie der falschen Wahrsagung des Wovoka nicht glauben sollen. Sie träumen sich in die Zeit der Büffelherden zurück, ohne zu erkennen, was um sie herum vorgeht. Sie wollten die Weißen durch Tänze vernichten.»

Bitter lachte Helles Wasser auf. Dann sagte er: «Mein kleiner Bruder wird lernen müssen, nach vorn zu träumen.»

Weißfeder nahm die Decke aus dem Schnee. Ohne ein weiteres Wort zu sagen, bahnten sie sich den Weg durch die verschneite Prärie, in Richtung der Zelte. Weißfeder folgte der Spur des Bruders, der an den Füßen die Mokassins trug, mit deren Hilfe er seine Stammesgenossen zur Vernunft hatte bringen wollen. Und er hoffte, daß bald noch andere der Spur folgen würden, die er ihnen bahnte.

Illustration von Werner Blaebst

Sonja Wüster (11 Jahre)

Besänftiger gesucht

Eines Tages, ich frühstückte gerade, las ich in der Morgenzeitung eine Annonce, die mein bisher ruhiges, aber auch etwas langweiliges Junggesellenleben durcheinanderbrachte. Was wurde da gesucht? Ein Besänftiger? Ich schaute genauer hin und las:

Jungen Leuten bieten wir eine krisenfeste Stelle als Besänftiger. Keine Vorkenntnisse erforderlich, gründliche Einarbeitung durch uns. Nähere Auskunft bei Schimpf und Co., Meckerstraße 15 1/4, Tel.: 123456

Weil ich meine langweilige und auch nicht gerade angenehme Stellung als Müllmann schon lange leid war und ich auch von Natur aus ein bißchen leichtsinnig bin, beschloß ich, mich genau zu informieren.

Am nächsten Tag hatte ich mir freigenommen und machte mich auf zur Meckerstraße. Ich wurde höflich empfangen und zur Beratungsstelle geführt. Dort sagte man mir, daß ich der erste Interessent wäre, und setzte mir auseinander, was ein Besänftiger zu tun hätte und was für diesen Beruf erforderlich wäre. Ein Besänftiger ist ein Mann oder eine Frau, die die vielen ewig schimpfenden und meckernden Leute dadurch besänftigt, daß sie sie freundlich anlächelt und sanft streichelt. Grundbedingungen für diesen Beruf sind: Tägliche Körperpflege, besonders an den Händen, weiche Haut und immer saubere und kurze Fingernägel. Auch geschmackvoll angezogen müßte man sein und mit beiden Händen gleich geschickt, um mit rechts und links streicheln zu können. Außerdem braucht der Besänftiger eine gute Kondition, mittlere Größe, muß beweglich sein und darf nicht kränkeln. Eine gute Kondition und gesund deshalb, weil ein Besänftiger den ganzen Tag von morgens bis abends, bei Wind und Wetter auf den Beinen sein muß. Mittlere Größe und Gelenkigkeit deshalb, weil ja Große und Kleine zu besänftigen sind.

Sie beknieten mich, die Stelle doch ja zu nehmen, damit das ewige Geschimpfe endlich aufhöre. Ich wäre genau der richtige Mann und würde auch gut bezahlt werden. Eigentlich fand ich diesen Beruf etwas zu schwierig und mit zu vielen Bedingungen verbunden. Haben Sie schon mal einen Müllmann mit weichen, sauberen Händen gesehen? Aber da mich das viele Meckern der Leute auch aufregte und das Gehalt wirklich gut war, beschloß ich, die Stelle zu nehmen. Man dankte mir vielmals und bot mir an, am nächsten Morgen erst einmal mit dem einzigen Besänftiger, den sie im Augenblick hatten, loszugehen.

Am nächsten Morgen traf ich mich um acht mit meinem Kollegen. Zuerst gingen wir in eine Schule. Aus einer Klasse hörten wir ein ohrenbetäubendes Schreien. Wir traten ein und bekamen mit, wie ein Lehrer einen Schüler anbrüllte, weil der mit 13 das Einmaleins nicht konnte. Mein Kollege reckte sich, lächelte den großen Lehrer an und streichelte ihn sanft. Der wurde sofort still und schlug dem Schüler vor, das Einmaleins für den nächsten Tag zu wiederholen. Dem Besänftiger dankte er. Dann gingen wir durch eine Schrebergartenanlage. In einem Garten lasen sich kleine Kinder eine Geschichte vor und schaukelten dabei auf einer leise quietschenden Schaukel. Als die Nachbarin gerade anfangen wollte zu schimpfen, weil sie bei dem Gequietsche nicht einschlafen konnte, streichelte sie der Besänftiger zärtlich. Da bat sie die Kinder höflich, die Schaukel zu ölen und etwas leiser zu lesen. Und auch sie war dem Besänftiger dankbar. Mein Kollege meinte: «Die Leute sind froh, wenn man sie besänftigt. Sie schimpfen nur, weil sie gar nicht mehr anders können. Eine schlechte Angewohnheit sozusagen.» Spät abends auf dem Heimweg sah ich einen Vater auf einem Fahrrad ohne Licht mit seinem Sohn auf dem Gepäckträger durch eine Einbahnstraße in verbotener Richtung fahren. Ein Polizist, der vorbeikam, wollte gerade losbollern, da streichelte ich ihn. Er bat den Vater höflich abzusteigen und verlangte eine kleine Geldstrafe. Die hätte er verdient, meinte der Polizist, das sei doch einzusehen.

Ich bin nun schon seit langer Zeit Besänftiger, und trotz der

Anstrengung macht es mir noch viel Spaß. Doch sind zwei Besänftiger natürlich viel zuwenig. Ich hoffe, daß sich noch viele für diesen Beruf interessieren, denn Schimpfer, Brüller und Meckerer gibt es genug.

Du arme Fliege
du warst im Kriege
da riß man dir das linke Bein heraus.
Jetzt mußt du hinken
auf einem Schinken.
Vielleicht kommst du ins kleine Krankenhaus.
Da wirst du balsamiert
mit Salbe eingeschmiert
mit Käse zugedeckt
dann bist verreckt.

Illustration von Janosch

Anna Seghers
Ein ganz langweiliges Zimmer

DIE MUTTER: Streck dich aus und schlaf. Dann bist du morgen wieder gesund. Gute Nacht.

DER BUB: Gute Nacht, Mutter.

(Tür zu)

DER BUB: Mutter, Mutter!

DIE MUTTER: Was denn noch?

DER BUB: Ich kann nicht schlafen. Es ist nicht dunkel genug.

DIE MUTTER: Mach die Augen zu, dann ist es dunkel.

(Tür zu)

DER BUB: Mutter!

DIE MUTTER: Quäl mich nicht! Was ist los?

DER BUB: Meine Augen kleben nicht zu. Sie schnappen immer wieder auf. Setz dich doch ein bißchen auf mein Bett. Erzähl noch etwas.

DIE MUTTER: Ich hab mir an dir schon die Zunge fusselig geredet. Ich muß das Abendessen machen. Erzähl du dir jetzt selbst eine Geschichte.

DER BUB: Das kann ich nicht, mir selbst eine Geschichte erzählen.

DIE MUTTER: Doch. Sieh dich einmal rundum im Zimmer. Von allem, was du siehst, kannst du dir Geschichten erzählen.

DER BUB: Das ist ein ganz langweiliges Zimmer, in dem ich längst alles kenne. Und alle Sachen drin sind langweiliges Zeugs.

DIE MUTTER: Stell dir mal vor, dein Zimmer ist ein Hafen. Alle Sachen drin sind von weither gekommen.

DER BUB: Von wo sind sie hergekommen? Erzähl es mir.

DIE MUTTER: Genug für heute. Gute Nacht.

DER BUB: *(gähnt. Stille. Laternenlicht von der Straße. Klopfen:)* Wer klopft?

FREMDE BUBENSTIMME: Ich.

DER BUB: Wer: ich? Wer bist denn du? Du siehst aber komisch

aus. Du bist ja halbnackt. Deine Haut ist braun, deine Zähne glänzen. Was willst du bei mir?

DER FREMDE BUB: Ich will den Schwamm wieder abholen, den ich dir geliehen hab.

DER BUB: Du hast mir nie einen Schwamm geliehen. Meine Mutter hat diesen Schwamm in der Stadt gekauft. Ich war selbst dabei.

DER FREMDE BUB: Du warst dabei, als der Schwamm gekauft wurde. Ich aber habe den Schwamm vom Meeresgrund abgepflückt. Kannst du tauchen?

DER BUB: Noch nicht. Aber schwimmen. Wär ich nicht krank geworden, hätte ich schon tauchen gelernt.

DER FREMDE BUB: Ich kann zwanzig Meter tief tauchen. Mein Vater kommt bis zu sechzig Meter.

DER BUB: Ich hab mal im Hafen einen Taucher gesehen in einer komischen Rüstung? Sieht dein Vater so aus?

DER FREMDE BUB: Nur der Bruder meines Vaters hat eine Taucherrüstung gehabt, die siebzig Kilogramm schwer war. Der Bruder meines Vaters zog zu Schiff aufs Meer. Der ganze Druck des Meeres lastet auf so einem Taucher. Langsam. Meter für Meter, wird er dann an die Oberfläche hinaufgezogen. Mein Onkel hat das Sicherheitsventil vorzeitig geöffnet, weil ihn ein großer Fisch angriff. Da ist er blitzschnell hochgeschnurrt, die Luft ist zu schnell in sein Inneres eingedrungen, sein Kopf ist angeschwollen, er ist daran gestorben.

DER BUB: Da mußt du doch Tag und Nacht um deinen Vater Angst haben?

DER FREMDE BUB: Die Angst nützt nichts. Mein Vater taucht sogar nackt. Er hat keine andere Ausrüstung als einen schweren Stein. Der zieht ihn hinunter. Er nimmt einen Sack und ein Messer mit. Er schneidet unter dem Wasser die Schwämme ab, wie du auf dem Acker Kartoffeln liest. Sein Freund steht auf dem Segelboot, er hat die Leine in der Hand, an der mein Vater befestigt ist. Zweimal hab ich die Leine halten dürfen.

DER BUB: Warum taucht ihr immer nach Schwämmen?

DER FREMDE BUB: Wir müßten sonst verhungern. Unsere Heimat ist eine Felseninsel, auf der nichts wächst. Wir müssen unser Brot im Meer finden.

DER BUB: Wo liegt deine Insel?

DER FREMDE BUB: Im Ägäischen Meer, sechs Stunden von Athen weg. Griechenland heißt mein Land.

DER BUB: Warum nimmst du mir den Schwamm fort, ich möchte ihn gern behalten. Wenn ich mich damit wasche, denke ich an dich.

(Stille. Klopfen.)

DER FREMDE BUB: Wer kommt jetzt zu dir?

DER BUB: Mutter! Mutter!

DER FREMDE BUB: Warum schreist du so? Hast du noch nie einen Neger gesehen?

DER BUB: Was will der Neger hier?

DER SCHWARZE: Ich will alles abholen, was ich dir an Baumwollenem geliehen habe.

DER BUB: Du hast mir nie etwas geliehen.

DER SCHWARZE: Hast du vielleicht kein baumwollenes Hemd an? Schnell über die Ohren gezogen!

DER BUB: Ich friere, ich friere! Das ist mein Hemd, meine Mutter hat es mir gekauft.

DER SCHWARZE: Deine Mutter hat's dir gekauft. Ich aber habe die Baumwolle gepflückt, aus der es gewebt ist.

DER BUB: Wer bist du denn?

DER SCHWARZE: Ich bin einer von den fünfzehn Millionen Menschen, die jedes Jahr an Baumwolle arbeiten. Könnten wir zehn Ernten an Baumwolle zusammennehmen und ein einziges riesiges Handtuch daraus weben, so könnten wir damit den ganzen Erdball warm einwickeln wie einen Säugling.

DER BUB: Kommst du aus Afrika, Neger?

DER SCHWARZE: Ich nicht. Aber meine Väter lebten glücklich in Afrika. Als Columbus Indien auf dem Seeweg erreichen wollte und dabei Amerika entdeckte, zeigten ihm die Indianer ihre buntgefärbten, aus Baumwolle hergestellten Tücher. Seitdem waren die weißen Eroberer gierig auf Baumwolle. Es war ihnen aber zu heiß, um sie selbst anzupflanzen, da schleppten sie uns mit Gewalt aus Afrika heran, damit wir für sie Baumwolle pflanzen und pflücken.

DER FREMDE BUB: Ich möchte auch mal den ganzen Tag auf der Erde pflücken statt auf dem Meeresgrund.

DER SCHWARZE: Das würdest du dir an meiner Stelle nicht mehr wünschen. Du mußt auch die Wagen mit der Watte vollstopfen. Zur Erntezeit sind die Gassen und Wege wie verschneit von Baumwollflocken.

DER FREMDE BUB: Ist das Tuch, das ich um meine Hüften trage, auch aus Baumwolle? Einmal fuhren Matrosen bei uns vorbei auf einem Schiff aus Indien, ich tauchte für sie nach Münzen, da schenkten sie mir das Tuch.

DER SCHWARZE: Indische Baumwolle. Die war einmal die zarteste, die es gab. Auch der Name Kattun kommt aus Indien. Dort wurde schon in alten Zeiten Baumwolle gewebt, so fein und dünn, daß sie gewebter Wind genannt wurde. Aber die Menschen bei euch in Europa waren so dumm, daß sie sich gar nicht vorstellen konnten, wie Baumwolle wächst. Bei euch gibt es alte Bilder, da wächst aus dem Stengel statt einer Blüte ein kleines Schaf, denn sie kannten nur Schafwolle.

(Die Buben lachen.)

DER BUB: Nimm mir das Hemd nicht weg. Laß es mir.

DER SCHWARZE: Da kommt noch einer, hört ihr die Schritte?

(Klopfen.)

DER BUB: Mutter! Mutter!

DER FREMDE BUB: Immer schreit er nach seiner Mutter.

FREMDE FRAU: Schrei doch nicht, Bub.

DER BUB: Du bist gar nicht meine Mutter. Du bist ja so schrecklich verrunzelt, du hast ein komisches Kleid an, so viele bunte Röcke. Meine Mutter trägt nie solche Röcke. Was hast du in deinem Hökerkorb, was willst du bei mir?

FREMDE FRAU: Ich will alles abholen, was ich dir an Leinen geliehen habe.

DER BUB: Du hast mir gar nichts geliehen.

FREMDE FRAU: Du liegst doch auf meinem Bettuch.

DER BUB: Du darfst es mir nicht wegziehen. Die Matratze kratzt fürchterlich. Ich bin ganz nackt, der hat schon mein Hemd weggenommen.

FREMDE FRAU: Das Bettuch ist noch so gut, als hätte ich es erst gestern von meinem Webstuhl abgenommen.

DER BUB: Du darfst meiner Mutter kein Bettuch wegnehmen. Sie hat es aus ihrem eigenen Schrank für mich herausgenommen.

FREMDE FRAU: Aus ihrem Schrank herausgenommen. Ich aber habe den Flachs, aus dem es gemacht ist, auf meinem Feld gezogen, auf meinem Spinnrad gesponnen, auf meinem Webstuhl gewebt.

DER BUB: Wo liegt denn dein Feld, wo steht denn dein Spinnrad?

FREMDE FRAU: Ganz nah von hier, wenige Stunden, am Fluß liegt mein kleines Dorf. Jetzt freilich ist mein Feld das einzige weit und breit, wo noch Flachs gebaut wird. Als ich so alt war wie du, da gab es kaum eine Bauernfamilie, die nicht ihren eigenen Flachs baute.

DER BUB: Warum jetzt nicht mehr?

FREMDE FRAU: Weil die Menschen aufhörten, ihren eigenen Flachs am eigenen Spinnrad zu verspinnen und am eigenen Webstuhl zu verweben. Langsam, ganz langsam wurde der Flachs weniger in Flandern, Brabant und in Deutschland. Nicht mehr die Webstühle in den Bauernhäusern machen das Leinzeug, sondern die Maschinen in den Fabriken. Ob Handwebstuhl oder Maschine, ob Leinen oder Baumwolle, ob in Bombay oder Lancashire, ein jedes Gewebe besteht aus zweierlei Fäden: aus Kett- und Schußfaden.

So ist es geblieben, seit die Menschen in uralten Zeiten versuchten zu weben.

DER BUB: Wer hat ihnen diese Kunst eingegeben? Vielleicht die Vögel, die ihren Jungen schon Nester machten, als die Menschen noch in Höhlen wohnten.

FREMDE FRAU: Leg deine Hand noch einmal auf mein Bettuch,

oder, besser, leg dein Gesicht darauf, daß du fühlst, wie gut kühl es ist. So lernst du mein Leinen von Baumwolle unterscheiden.

DER BUB: Du sollst es mir lassen.

(Schritte.)

DER FREMDE BUB: Neuer Besuch, Junge.

(Klopfen.)

DER BUB: Zwei Männer, stark und ruppig.

DER ERSTE MANN: Wir wollen alle Nägel abholen, die es in diesem Zimmer gibt.

DER BUB *(erschrickt und weint):* Mutter! Mutter!

DER FREMDE BUB: Weißt du nichts Besseres, als «Mutter! Mutter!» zu rufen?

DER BUB: Zieht mir die Nägel nicht heraus. Wenn ihr die Nägel herauszieht, wird nichts mehr in diesem Zimmer zusammenhalten, mein Bett wird zusammenkrachen.

DER FREMDE BUB: Und wennschon? Ich habe noch nie in meinem Leben in einem Bett geschlafen.

DER BUB: Ich habe noch nie in meinem Leben woanders als in diesem Bett geschlafen. Ich will mein Bett behalten. Es ist mein Bett, und die Nägel gehören zum Bett.

DIE BEIDEN MÄNNER: Die Nägel gehören uns. Du hättest ohne uns gar keine Nägel.

DER BUB: Wer seid ihr? Was habt ihr mit meinen Nägeln zu tun?

DER ERSTE MANN: Ich bin aus dem Kaukasus.

DER ZWEITE MANN: Ich bin aus Schweden.

DER BUB: Was könnt ihr zwei Männer beide mit einem winzigen Nagel zu tun haben?

DER SCHWEDE: Ich habe für deinen Nagel das Eisen aus einem Berg gegraben. Mein Bergwerk liegt in Kiruna. Es ist ein sonderbares Bergwerk, denn es liegt auf der Erde, nicht darunter. In hellen Lichtern erstrahlt nachts der Berg, als hätte er viele Fenster. Dort grabe ich das gute Eisen, das man für gute Nägel braucht, damit der Hammerschlag sie nicht plattdrückt.

DER KAUKASIER: In meinen wilden, zerklüfteten Bergen grab ich

Manganerze, sie allein sind imstande, das Eisen des Schweden zu einem Nagel zu härten.

DER SCHWEDE: Komm, Freund, wir holen uns unsere Nägel.

DER BUB: Nein, nein, nein.

DER FREMDE BUB: Horch mal, noch einer. Er kommt mit so wuchtigen Schritten, daß alles bebt.

DER BUB: Mutter!

DIE FREMDE FRAU: Sei nur still, Bub. Es geht ja nicht um dein Leben. Es geht nur um deine Sachen. Du hast sie dummes, langweiliges Zeug genannt, das du schon tausendmal benutzt hast.

(Klopfen.)

ALLE: Herein.

DER FLÖSSER: Ich will das Holz abholen, das ich in dieses Zimmer geflößt habe.

DER BUB: *(weint)* Alles Holz?

DER FLÖSSER: Dielen und Türen, Fensterrahmen und Stühle, Schrank und Bettladen.

DER BUB: Dann hab ich kein Zimmer mehr.

DER FREMDE BUB: Die meisten von uns hier haben keins.

DER FLÖSSER: Wochenlang war mein Dach der Himmel und meine Dielen die nassen Baumstämme, als ich das Holz stromabwärts flößte. Deine Bettladen waren ein runder, starker Baumstamm. Die Holzfäller zerrten ihn in den Sturzbach, in den er zum Strom hinuntersprang. Da gab es Buben, kleiner als du, die brachten ihren Vätern das Essen vom Tal auf die Holzplätze – den Heimweg machten sie auf den treibenden Stämmen. Wir Flößer in der Bucht, wir fügen dann die Baumstämme zu großen Flößen zusammen.

(Rumoren und Poltern.)

DER KAUKASIER: Jetzt der Schrank, Schwede! Vergiß keinen Nagel, Schwede.

(Knacken und Krachen.)

DER FLÖSSER: Jetzt ans Bett. Zieht die Nägel heraus, ich nehm meine Bettladen.

DER BUB: Nein, nein, nein!

DIE FRAU: Plumps, Bub, da liegst du.

(Alle lachen.)

DER BUB: Laßt mir meine Sachen! Euer Bett, euren Schwamm, euer Leinen, eure Baumwolle. Ich habe das alles nicht gewußt. Jetzt weiß ich es, was es für Sachen sind. Hört auf. Seid so gut.

DER SCHWEDE: Aufhören oder nicht aufhören?

DER FREMDE BUB: Ich will ihm meinen Schwamm lassen.

DIE FRAU: Einverstanden. Ich glaube, er hat uns jetzt verstanden. Er weiß jetzt, wieviel Kraft und Mühe in allem steckt. Klopft ihm sein Bett wieder zusammen. Dann lege ich mein Bettuch darüber.

DER SCHWARZE: Du darfst dann mein Nachthemd wieder anziehen.

(Hämmern und Klopfen.)

DER SCHWEDE: Der letzte Nagel ist wieder drin.

DIE FRAU: Schlaf jetzt. Gute Nacht.

DER FREMDE BUB: Vergiß uns nie!

(Türenschließen und Schritte. Stille.)

DER BUB: Mutter!

DIE MUTTER: Schläfst du immer noch nicht?

DER BUB: Mutter, ist es schon Morgen?

DIE MUTTER: Kohlrabenschwarze Nacht!

DER BUB: Mutter, fühl mich an. Bist du noch da?

DIE MUTTER: Freilich.

DER BUB: Ist mein Bett noch da?

DIE MUTTER: Freilich.

DER BUB: Und mein Schwamm und meine Decke und mein Nachthemd?

DIE MUTTER: Ja, wo soll es denn sonst sein? Alles ist da. Schlaf.

DER BUB: *(freudig und gähnend)* Alles ist wieder da.

DIE MUTTER: Gute Nacht, Bub.

Bertolt Brecht

Bitten der Kinder

Die Häuser sollen nicht brennen.
Bomber sollt man nicht kennen.
Die Nacht soll für den Schlaf sein.
Leben soll keine Straf sein.
Die Mütter sollen nicht weinen.
Keiner sollt müssen töten einen.
Alle sollen was bauen
Da kann man allen trauen.
Die Jungen sollen's erreichen.
Die Alten desgleichen.

Bertolt Brecht

Über die Berge

Über die Berge
Fliegt der Mensch wie nichts
Groß sind seine Werke
Doch am Brot für alle, da gebricht's.
Menschenskind!
Daß nicht alle satt sind!

Über Kontinente
Spricht der Mensch von Haus zu Haus
Hunderttausend Hände
Strecken sich zueinander aus.
Menschenskind!
Wenn sie erst beisammen sind!

Ingeborg Görler

Krieg und Frieden

Krieg ist etwas
im Fernsehen
man kann es abschalten

Krieg ist etwas
in der Zeitung
man kann Salat drin einwickeln

Krieg ist etwas
das die Alten erlebt haben
man kann's nicht mehr hören

Krieg ist meistens weit weg

Frieden ist nichts
was man mal
anschalten kann

Frieden ist nichts
was sich schnell
auswickeln läßt

Frieden ist nichts
was man jüngeren oder älteren
überlassen soll

Frieden beginnt immer ganz nah

Wolfgang Weyrauch

Ich bin ein Zweifler

Soso, ist alles richtig, was man in der Schule lernt? Ich zweifle dran. Ich bin ein Zweifler. Ich bin der Zweifel. Ich zweifle dran, daß euer Friedrich II. gleichzeitig ein Friedrich der Große war. Was ist groß? Ist's groß, dreimal Krieg zu führen? Ist's groß, zweimal Krieg zu führen? Ist's groß, einmal Krieg zu führen? Ich meine, daß es klein ist, klein, kleiner, am kleinsten. Denn das Nichtkriegführen ist größer als das Kriegführen. Davon beißt auch euer Geschichtslehrer keinen Faden ab. Was für einen Faden? Den Faden von der Hoffnung auf uns selbst. Denn ein Bett zu zimmern ist mehr, als ein Bett kaputtzumachen. Ein Zimmer zu bauen ist mehr wert, als ein Zimmer zu zerstören. Eine Wohnung zu errichten ist mehr wert, als eine Wohnung zu vernichten. Ein Haus zu vollenden ist mehr wert, als ein Haus zu vertilgen. Eine Stadt zu planen und auf die Erde zu stellen ist mehr wert, als das Ende einer Stadt zu planen und die Stadt dem Erdboden gleichzumachen.

Und weil ich an eurem König zweifle, zweifle ich auch an euerm Einmaleins und fordre euch sogar auf, mit mir zu zweifeln. Zweifelt an allem. Zweifelt besonders an euch selber. Fragt. Denn das Fragen ist die Art und Weise, das Zweifeln auszudrükken. Fragt, fragt. Stellt die W-Fragen. Fragt und fragt und fragt: Wer ist das und das? Was ist das eine, und was ist das andere? Wem gehört dies, und wem gehört jenes? Wen treffe ich, wenn ich dahin oder dorthin gehe? Warum ist der oder das so, wie es ist? Wie erreiche ich das, was unerreichbar zu sein scheint? Wo entdecke ich das Äußerste? Wann entdecke ich es? Denn wenn ich das Äußerste nicht suche und finde, bin ich nichts wert. Verzeiht mir, daß ich so ernst bin. Aber blutigernst bin ich nie. Bloß, wenn man immer Quatsch macht, wird der Quatsch zum Quark von vorvorgestern.

Hanna Hanisch

Woran denken Sie bei dem Wort «Frieden»?

Fast ein Gespräch

Die Szene: Wochenmarkt einer mittelgroßen Stadt. Personen: Ein junger Mann, 16 Jahre alt oder jünger. Eine ältere Frau, sehr lebendig. Der junge Mann, er ist etwas schüchtern, spricht sie an:

«Guten Tag! Darf ich Sie etwas fragen? Es dauert nicht lange. Sagen Sie mir: Woran denken Sie bei dem Wort ‹Frieden›?»

«Du liebe Zeit! Was für eine Frage, hier auf dem Wochenmarkt, also, da bin ich wirklich nicht drauf eingestellt. Ich verstehe nichts von Politik. ‹Frieden› haben Sie gesagt? Mir sitzt noch der letzte Krieg in den Knochen. Immer, wenn es irgendwo anfängt oder so aussieht, als ob's wieder anfängt, da muß ich an diesen Krieg denken. Wenn was davon im Fernsehen kommt, stelle ich gleich ab. Frieden? Den wünscht sich doch jeder. Oder etwa nicht? Der kleine Mann will Frieden haben. Der zahlt im Krieg drauf. Ich muß mich setzen, die Tasche ist so schwer. Wissen Sie, ich hol die Kartoffeln gern frisch vom Markt. Der Keller ist zu warm zum Lagern. Ich hab einen Enkelsohn, der könnte in Ihrem Alter sein. Für den wünsche ich mir Frieden. Mein Mann ist ja gefallen, noch kurz vor Schluß. Ich weiß Bescheid. Sie schreiben das auf? Wozu machen Sie das? Nun, mir soll es recht sein. ‹Frieden› haben Sie gesagt? Was mir da einfällt? Die Kartoffeln fallen mir ein. Daß ich sie einfach so vom Markt wegholen kann. Im letzten Kriegswinter, wissen Sie, da war ich dienstverpflichtet, und zu Mittag gab es Suppe, ohne Kartoffeln. Nicht mal was von den getrockneten Kartoffelschnitzen war drin, bloß Bohnen oder Steckrüben. Wir haben uns beschwert, und die aus der Küche sagten, das wären die russischen Gefangenen gewesen. Die hätten sich die Kartoffeln aus dem Kellerloch geangelt, mit langen Stöcken, vorn eine Spitze dran. Wir waren alle ausgehungert, so ein bißchen Suppe läuft schnell durch. Aber wütend war keiner. Bloß erschrocken. Wir dachten: Rohe Kartoffeln? Mit Schale und Dreck? Der Gedanke mit den Stöcken war gar nicht dumm. Wer weiß, was sie mit ihnen gemacht haben, als es rauskam!

Was schreiben Sie da? Zum Frieden gehören Kartoffeln?

Schreiben Sie noch: Daß man sie keinem andern wegißt. Das gehört dazu.

Nein, Kartoffeln, das ist zu wenig.

So ein schönes Wort: Frieden. Richtig feierlich!

Haben Sie denn Zeit heute morgen für so was? – Soll mir egal sein. Ich rede gern mal mit jemand von den jungen Leuten. Mein Enkelsohn, der ist immer auf Achse. Immer Hopplahopp. Man darf nicht mal fragen, wohin es geht.

Frieden! Wenn ich *den* vom Zaun brechen könnte, ich glaub, ich tät's. Aber zum Frieden braucht es wohl Zeit. Einer alleine schafft das nicht.

Nein, das möchte ich nicht sehn, daß der Junge auf jemanden schießt. Ich hab noch in Leipzig Verwandte. Wenn ich denke, die stehn sich gegenüber – dort die Jungs von meiner Cousine und hier meiner – um Himmelswillen!

Was schreiben Sie da? Krieg ist Bruderkrieg? Ja, ist es. Und wir zwei sitzen hier in der Sonne und schwatzen. Richtig friedlich ist das. Ich nehme mir immer einen Strauß Blumen vom Markt mit. Den gönne ich mir. Das muß drin sein. Zwergastern sind das. Hübsch, nicht? Da, ich schenke Ihnen eine. Rosa oder hellblau? Die blaue paßt zu Ihrem Hemd. Jetzt lachen Sie. So hab ich es gern.

Lassen Sie doch die Schreiberei von wegen Frieden. Hier tut uns doch keiner was.

Komisch, jetzt wo Sie vom Frieden reden, muß ich an meinen Vater denken. Der erzählte mir oft was vom Krieg. Da war er bei der Kavallerie. Neunzehnhundertvierzehn bis achtzehn. Ich war ein kleines Mädchen, und mein Vater erzählte. Aber das waren nie Kriegsgeschichten. Meist waren es Pferdegeschichten. Ja, mit Tieren konnte mein Vater gut! Einmal hat er mir die Narbe gezeigt, wo er verwundet war. Die stammte von einem Bajonett. Die ganze Lende hoch ging dieser Stich. Mein Vater sagte, er war froh, daß dem Pferd nichts passiert ist. In Mazedonien war das. Für mich hörte sich das an wie Geschichten aus dem Märchenbuch. Eine Bauersfrau hat meinen Vater verbunden, heimlich, in ihrer Hütte. Eine Menge kleiner Kinder hat sie gehabt. Das Kleinste hatte sie noch an der Brust. Die Frau hat Suppe gekocht für alle, und zuletzt hat sie ihre Milch noch in die Suppe gespritzt.

Mein Vater hat gesagt: das hat ihm das Leben gerettet! Diese Bauersfrau und ihre Milch. Und er würde nie wieder in den Krieg gehen. Wegen der Kinder, hat er gesagt. Und Mensch ist Mensch, und er kennt keine Feinde. Dann ist doch wieder Krieg gekommen. Wie war das bloß möglich? Mein Vater war doch dagegen, und ich auch und mein gefallener Mann eigentlich auch. Aber konnte ich mir den Mund verbrennen? Heute tät ich es. Mir den Mund verbrennen. Oder bin ich zu alt dazu?

Wenn wir alle so wären, wie die Frau aus Mazedonien! Hat keine Angst gehabt, obwohl es verboten war, einen Feind zu verbinden. Hat ihm von ihrer Milch gegeben.

Ja, die Angst ist das Schlimmste. Die zieht den Krieg an. Frieden! Den muß man mit der Muttermilch einsaugen. Denke ich mir so. Von klein an. Muß man Frieden lernen. Nein, aufschreiben kann man das nicht.

Sie wollen gehen? Ist ja auch eine alte Geschichte, lange her, wie mein Vater verwundet wurde im ersten Krieg.

Alles Gute, junger Mann! He, Sie haben die Blume verloren!»

Wolfgang Plat

Frieden – das ist: nicht auf der Schnauze liegen

Du mußt dir bitte vorstellen: ich lag richtig auf der Schnauze, lang, wie ich war, auf dem Bauch, die Schultern nach vorn, die Arme etwas angezogen und die rechte Gesichtshälfte auf das struppige winterliche Gras dieser Kuhweide bei Brokdorf* gepreßt. Es war wirklich eine Kuhweide. Ein vertrockneter Kuhfladen vom vorigen Sommer noch lag nur einen Schritt vor mir. Ich konnte ihn ganz deutlich sehen. Nie vorher habe ich einen Kuhfladen so intensiv angeschaut.

Warum ich, ein Mann, fast 60 Jahre alt, mich an diesem kalten, klaren, sonnigen Vorfrühlingstag lang auf die Wiese warf? Ich habe nicht eine Sekunde darüber nachgedacht, als die Polizeihubschrauber wie riesige schwarze Insekten (ein Anblick, wie aus einem amerikanischen Gruselfilm) auf uns herabstießen, um uns Schrecken einzujagen. Die Leute liefen wild davon und eine junge Frau, die eine Kinderkarre mühsam vor sich herschob, schrie laut, denn das Donnern der Hubschraubermotoren, das Sirren der rotierenden Flügel und der Orkan, den sie erzeugten, waren ganz unerträglich.

Jetzt dreht die Hubschrauberstaffel elegant ab, um sich für einen neuen Angriff zu formieren. Für einen Augenblick wird es ganz still. Ich liege plötzlich sehr einsam auf der Wiese, denn die große Gruppe, der ich mich angeschlossen hatte, ist weitergerannt.

Und jetzt erinnere ich mich: ganz mechanisch, ohne nachzudenken, hatte ich mich beim Anblick der angreifenden Hubschrauber in das kurze struppige Gras der Kuhweide geworfen, so, wie ich es damals vor 38 Jahren immer tat, wenn russische

* In Brokdorf an der Unterelbe, wo ein Atomkraftwerk gebaut wird, fand Anfang 1981 eine riesige Demonstration statt, an der ca. 100000 Atomkraftgegner teilnahmen.

Tiefflieger uns angriffen. Und sie griffen uns oft an, mehrmals am Tage, und ich konnte bei diesen Angriffen begreifen, mit welcher Erbitterung und zäher Energie die russischen Soldaten ihre Heimat verteidigten, die wir so schrecklich verwüstet hatten.

Solche Gedanken zucken durch meinen Kopf, als ich da liege. Damals war Krieg, aber dieses hier konnte doch auch kein Friede sein, wenn Menschen wie Hasen über die Felder gejagt wurden, nur, weil sie der Überzeugung waren, die Atomkraftwerke könnten vielleicht soviel Unheil anrichten, wie eine kleine Atombombe ...

Der 2. Weltkrieg endete, wie du vielleicht schon in der Schule gelernt hast, am 8. Mai 1945. Ich war 21 Jahre alt und war 3½ Jahre Soldat gewesen. Und nun war Frieden. Die Kanonen brüllten nicht mehr, keine Bomben explodierten mehr zwischen uns. Ganz still war es über dem furchtbar verwüsteten und mit Gräbern bedeckten Europa.

Der 8. Mai 1945 war ein wunderschöner warmer Frühlingstag. Wir lagerten in einem Tal in Lettland. Die Landschaft ist dort so wie in Schleswig-Holstein: kleine Hügel und Täler und immer wieder blaue Seen. Buchenwälder. Dieser Frühlingstag war auch der 1. Tag der Gefangenschaft. Ich war traurig und glücklich zugleich. Traurig über mich selbst und mein Volk, das diesen schrecklichen Krieg begonnen hatte. Traurig über die unzähligen Menschen, die so sinnlos sterben mußten, darunter auch die meisten meiner Klassenkameraden aus der Abiturklasse des Hamburger Gymnasiums. Aber ich war auch glücklich. Es war doch endlich Friede! Ich war 21 Jahre alt. Nur zweimal war ich leicht verwundet worden. Ich hatte es lebend überstanden und ich hatte noch das ganze Leben vor mir.

Rings auf den Hügeln lagerten die russischen Soldaten, die uns bewachten. Als es dämmerte, sahen wir ihre kleinen Feuer, an denen sie saßen und sich das Abendbrot kochten. Und ich hörte, wie sie sangen. Die Lieder ihrer Heimat klingen alle ein bißchen traurig und ein bißchen fröhlich. Ich habe geweint, als es dunkel wurde und niemand es bemerken konnte, weil ich traurig und weil ich glücklich war ...

Solche komischen Gedanken schießen mir durch den Kopf, als ich so im Dreck liege auf der Brokdorfer Wiese, allein. Da höre ich viele Schritte hinter mir. Ich bleibe liegen und drehe den Kopf. Wie eine schwarze Mauer kommt es heran. Lederzeug, Helme, Schilde, Knüppel. Schweigend kommen sie näher, Gestalten, wie aus einer fernen Zeit, Kreuzritter ... Und während sie wortlos über mich hinwegstampfen, weiß ich in ohnmächtiger Wut: das kann nicht der Friede sein. So einen Frieden wollten wir nicht: auf einer Wiese, im Vorfrühling, über mir den strahlenden Himmel mit seinen Hubschraubern, unter mir das struppige Gras und hinter und vor mir die schwarzen Ledermänner mit ihren Helmen, Stöcken und Schilden und ich liege hier auf der Schnauze. Das ist nicht der Friede, um den wir flehten, weinten, nach dem wir uns sehnten, um den wir kämpften. Das ist er nicht. Noch nicht.

Marie Marcks

Monika Seck-Agthe

Mein Bruder hat grüne Haare

Gestern hat sich mein Bruder Johannes eine Haarsträhne grün färben lassen. Die restlichen Haare hat er mit Baby-Öl eingeschmiert, dann hat er sich ganz schwarz angezogen und sich so an den Kaffeetisch gesetzt. Mein Bruder ist fünfzehn und ich bin dreizehn. Er sagt, er sei jetzt *ein Punk*. Wenn ich ihn frage, was das ist, weiß er das selber nicht so genau.

Jedenfalls gab's einen ziemlichen Krach, als er so vor der versammelten Familie erschienen ist. Meine Eltern haben sich noch nicht mal so aufgeregt, aber dann war da noch meine Tante Vera. Und die ist fast vom Stuhl gefallen, als der Johannes in dem Aufzug reingekommen ist.

«Bist du eigentlich übergeschnappt? Ihr seid ja wohl heute alle total verrückt geworden!» hat sie sich aufgeregt. Der Johannes ist ganz ruhig geblieben, hat einfach nichts gesagt und angefangen, Kuchen zu essen. Das hat meine Tante natürlich nur noch wütender gemacht. Sie fing richtig an zu kreischen: «Kannst du nicht wenigstens deinen Schnabel aufmachen, wenn man dich was fragt? Ich versteh euch aber auch nicht!» Sie funkelte meine Eltern an. «Laßt ihr die Kinder denn alles machen, was ihnen in den Kopf kommt?» Mein Vater sagte bloß: «Der Junge ist doch alt genug! Der muß schon wissen, was er tut.» – «Alt genug? Fünfzehn Jahre ist der alt! Ein ganz grünes Bürschchen!» Als Tante Vera das Wort *grün* sagte, mußten wir alle auf die grüne Haarsträhne gucken und lachen. Nur eben Tante Vera, die mußte nicht lachen. Sie hat auch gar nicht kapiert, daß wir über die Haare gelacht haben, sondern dachte natürlich, wir lachen über sie und ärgerte sich schrecklich. «Die wissen doch vor lauter Wohlstand nicht mehr, was sie noch machen sollen! Wißt ihr eigentlich, was wir mit fünfzehn gemacht haben? Mitten im Krieg! Wir sind bei Bauern betteln gegangen! Um ein paar Rüben! Weil wir gehungert haben!»

«Laß das doch, Vera! Die Kinder leben doch heute in einer ganz anderen Welt als wir damals.» Meine Mutter stand auf und räumte die Kaffeetassen weg.

Aber Tante Vera war in Fahrt. «Im Luftschutzkeller haben wir gesessen! Und wußten nicht, ob wir da je wieder lebendig rauskommen! Und ihr färbt euch die Haare grün! Und schmiert euch Öl auf den Kopf! Guckt mal lieber in eure Schulbücher!»

«Hör doch bloß auf mit deinen blöden Kriegsgeschichten. Die hängen mir absolut zum Halse heraus, Mensch!» Johannes tat so, als müßte er auf seinen Teller kotzen. Dann sagte er noch: «Versuch doch einfach mal einigermaßen cool zu bleiben, Vera.»

Das war zuviel für meine Tante. «Seit wann nennst du mich Vera? Bin ich irgendein Pipimädchen, das neben dir die Schulbank drückt? Das ist doch unerhört! Blöde Kriegsgeschichten hat er gesagt! Euch geht's doch einfach zu gut! Euch ist das doch gar nicht bewußt, was das heißt, im Frieden zu leben! Begreift ihr überhaupt, was das ist?»

Johannes tat weiter ganz cool. Aber ich hab gesehn, daß seine Hände ganz schön zitterten. Dann ist er aufgestanden und hat gesagt: «Vom Frieden hast du wohl selber nicht allzuviel kapiert. Sonst würdest du hier nämlich nicht so einen Tanz machen.» Dann ging er einfach raus.

Tante Vera kriegte einen knallroten Kopf und fing an zu heulen. Mein Vater holte die Kognakflasche aus dem Schrank. Meine Mutter sagte zu mir: «Du, geh mal für 'n Moment in dein Zimmer, ja?» Mir war alles plötzlich richtig peinlich. Im Flur hab ich Tante Vera noch weiter heulen gehört. Die konnte kaum noch reden. «Wie wir damals gelitten haben! Was wir durchgemacht haben! Und da sagt dieser Rotzlümmel ‹blöde Kriegsgeschichten›!»

Ich bin raufgegangen. Aus Johannes' Zimmer dröhnte knalllaute Musik. Mit einemmal hab ich eine Riesenwut gekriegt auf den, bin in sein Zimmer gerannt und hab gebrüllt: «Setz dir wenigstens deine Kopfhörer auf, wenn du schon so 'ne Scheißmusik hörst!»

Johannes hat mich groß angeguckt und gesagt: «Jetzt fängst du auch noch an auszurasten! Was ist hier überhaupt los? Der totale Krieg, oder was?»

Mir war's zu blöd, ich hab die Tür zugepfeffert und mich in mein Zimmer verzogen.

Abends im Bett mußte ich nochmal über alles nachdenken. Auch über das, was Tante Vera gesagt hatte. Über die Luftschutzkeller und daß sie Angst gehabt hat und so. Und daß sie meint, wir würden nicht begreifen was das ist: Frieden. So richtig im Frieden leben wir, glaub ich, auch gar nicht. Aber natürlich auch nicht richtig im Krieg. Wir können schon eine Menge machen, was die damals nicht konnten. Und vieles, was die machen und aushalten mußten, das passiert uns eben nicht, daß wir zum Beispiel hungern müssen oder Angst haben, ob wir den nächsten Tag noch erleben. Da bin ich eigentlich auch unheimlich froh drüber. Aber trotzdem: bloß weil kein Krieg ist, ist noch lange kein richtiger Frieden. Dazu gehört, glaub ich, noch eine ganze Menge mehr.

Rudolf Otto Wiemer

Die Taube

Zum Friedensvogel hat man mich gemacht,
ich sah's auf dem Plakat und hab gedacht:
Daß mir solch hohe Ehr beschieden,
steht mir zwar reizend zu Gesicht
und macht mich eitel schier –
doch lieber wäre mir,
sie hätten ihren Vogel nicht
und hielten dafür Frieden.

Josef Guggenmos

Die Sonne

Ist einer so reich und schaufelt
mit dem Bagger sein Geld:
Die Sonne kann er nicht kaufen.
Das ist's, was mir gefällt.

Der Sonne kommt keiner zu nahe
in ihrer höllischen Glut.
Die Sonne steckt keiner in seinen Sack,
und das ist gut.

Die Sonne gehört uns allen:
Mensch, Pflanze und Tier.
Stünde die Sonne nicht über uns,
wir stünden nicht hier.

Illustration von Boris Kaip

Peter Härtling

Wenn jeder eine Blume pflanzte

Wenn jeder eine Blume pflanzte,
jeder Mensch auf dieser Welt,
und, anstatt zu schießen, tanzte
und mit Lächeln zahlte statt mit Geld –
wenn ein jeder einen andern wärmte,
keiner mehr von seiner Stärke schwärmte,
keiner mehr den andern schlüge,
keiner sich verstrickte in der Lüge,
wenn die Alten wie die Kinder würden,
sie sich teilten in den Bürden,
wenn dies WENN sich leben ließ,
wär's noch lang kein Paradies –
bloß die Menschenzeit hätt' angefangen,
die in Streit und Krieg uns beinah ist vergangen.

Illustration von Boris Kaip

Katharina aus China!

Von Kindern, die sich was trauen

Darf ich den Nagel einschlagen?
Das is' nix für Mädchen, das is' Männersache! Ihr könnt sowas doch gar nicht!
Wenn ihr uns das nie machen laßt können wir das ja auch nicht können können!
Also meinetwegen, auf deine Verantwortung!
WAMM
Mit einem einzigen Schlag! Wie hast du das gemacht?
Ich hab' halt 'n bißchen geübt...
SCHIEBEL '78

Helmar Klier

Fridolin in seinem Bett am Sonntagmorgen

Fridolin lag in seinem Bett und starrte an die weiße Zimmerdecke. Er tat das schon seit einer halben Stunde – seitdem er aufgewacht war.

Es war Sonntagmorgen, halb neun Uhr. Er wäre gern aufgestanden und ins Freie gelaufen. Heute war schönes Wetter. Aber es hatte gar keinen Sinn, jetzt aufzustehen und in den Garten zu gehen. Seine Eltern schliefen ja noch. Und so leise konnte er sich gar nicht bewegen, daß nicht sein Vater vielleicht aufwachte und brummte: «Was willst du denn in dieser Herrgottsfrühe schon?»

Einmal hatte er seinen Vater am Wochenende um diese Zeit geweckt, und dann war der den ganzen Vormittag mißmutig. Und seine Mutter hatte beim Frühstück ganz verärgert geblickt und zu seinem Vater gesagt: «Wenigstens am Sonntag könnte er uns ausschlafen lassen!»

Dabei hatten sie ihm damals, als sie in diese Wohnung gezogen waren und er endlich ein eigenes Zimmer bekommen hatte, gesagt: «Jetzt brauchst du am Wochenende nicht mehr zu warten, bis wir wach sind! Du kannst aufstehen, wann du willst, und gleich in den Garten rennen. Und wenn wir auch auf sind, dann kommst du eben zum Frühstück wieder herein. Du brauchst auch gar nicht durch die Wohnung zu gehen, sondern darfst gleich aus dem Fenster ins Freie klettern!»

Sie hatten also ihr Versprechen von damals vergessen.

Oft sagten sie etwas, und wenn er sie ein paar Tage später daran erinnerte, wußten sie nichts mehr davon. Oder taten sie nur so? Nein – das glaubte er eigentlich nicht. Sie waren eben Erwachsene und hatten immer «eine Menge im Kopf zu behalten», wie sie das nannten.

Mit dem Fenster war es genauso gewesen: Natürlich war es

eine feine Sache, nur noch durch das Fenster in den Garten oder wieder zurück ins Zimmer zu klettern. Als sie dann aber gemerkt hatten, daß er dabei manchmal mit den Schuhen an die Tapete unter dem Fenster gestoßen hatte, war ihnen das auch nicht mehr so recht. Sein Vater hatte ihn so angeschaut, wie er es immer tat, wenn er etwas auszusetzen hatte, und gesagt: «Du warst doch dabei, wie Mutter und ich uns abgemüht haben, alles zu tapezieren? Na also, dann wirst du auch verstehen, daß wir uns nicht darüber freuen können, wie deine Tapete nach so kurzer Zeit aussieht. Schau dir die Wände in den anderen Zimmern an; die sind noch tadellos!»

Das stimmte. An den Tapeten in den übrigen Zimmern war noch kein Kratzer – außer einem, der entstanden war, als seinem Vater die Bohrmaschine beim Befestigen der Regale ausgerutscht war. Dafür konnte er aber nichts, sagte er. Daran war der Hund schuld, der im Kabel der Bohrmaschine hängengeblieben war. Und einem Hund konnte man doch nicht böse sein. «Ein Hund hat keinen Verstand, aber du hast einen!» sagte sein Vater.

Fridolin wünschte sich oft, ein Hund zu sein. Hunde sind nie schuld an dem, was sie anstellen. Sie müssen auch nicht beim Geschirrabtrocknen helfen. Hunde können den ganzen Tag durch das Zimmer toben, müssen dann aber nicht aufräumen. Hunde müssen sich nie waschen, müssen nie Zähne putzen, morgens nicht und auch abends nicht. Hunde haben es ganz einfach gut!

Fridolin richtete sich halb auf und pfiff leise. In der Diele regte es sich und brummte schläfrig. Dann schob sich etwas Dunkles durch die angelehnte Zimmertür und tapste langsam auf sein Bett zu. Das war Balduin, der Hund, den seine Eltern ihm vor zwei Jahren zu Weihnachten geschenkt hatten. Balduin stützte sich auf die Vorderpfoten, reckte das Hinterteil hoch und gähnte mit weit aufgerissenem Maul. Das tat er immer, wenn er eben erst aufgewacht war. Dann ließ er sich auf die Seite fallen, rollte sich zusammen und schlief wieder ein.

Balduin wurde immer erst richtig wach, wenn Vater und Mutter aufstanden, weil er wußte, daß es dann bald etwas zu fressen gab. Also haben Hunde doch einen Verstand, dachte Fridolin.

Eigentlich war Balduin immer mehr um seine Eltern als um ihn. Dabei war es doch *sein* Hund: *er* hatte ihn zu Weihnachten bekommen. Aber bald hatten sich Vater und Mutter mehr um ihn gekümmert als er. Darüber war er am Anfang ganz froh gewesen, weil das regelmäßige Füttern manchmal recht lästig war. Doch jetzt ärgerte es ihn zuweilen, daß der Hund ihn offensichtlich nicht so ernst nahm wie seine Eltern.

Draußen schlug eine Kirchturmglocke. Fridolin zählte die Schläge: neun Uhr! Jetzt könnten sie langsam aufwachen, dachte er.

Früher, in der anderen Wohnung, war das ganz anders gewesen. Da hatte er noch kein eigenes Zimmer gehabt, und am Samstag- und Sonntagmorgen war er gleich nach dem Aufwachen zu seinen Eltern ins Bett gekrochen. Sein Vater mochte das auch damals nicht besonders gern und hatte dann manchmal gebrummt: «Laß uns noch ein bißchen schlafen!» Aber er durfte immerhin zu ihnen ins Bett, und dann wurden sie auch eher wach, weil er sich doch nicht so still verhalten konnte, wie wenigstens sein Vater es gewünscht hatte.

Aber jetzt schliefen seine Eltern in einem neuen Bett, das viel schmaler war als das alte Doppelbett. Zwar wäre auch da für Fridolin noch genug Platz gewesen, aber sein Vater war nun einmal gegen Fridolins Besuche am Sonntagmorgen. «Du hast doch nun ein eigenes Zimmer; außerdem bist du allmählich wirklich zu groß dafür», hatte er einmal gesagt. Und die Mutter hatte Fridolin dabei beschwichtigend angeschaut, als ob sie sagen wollte: «Laß ihn! Er will es halt nicht!»

Bin ich wirklich schon zu groß dafür? überlegte Fridolin. Es ist wahr: Ich bin jetzt sieben Jahre alt und gehe schon fast ein ganzes Jahr zur Schule. Aber trotzdem würde ich gern noch zu ihnen kommen. Zwar rochen die Erwachsenen am Morgen nie besonders gut – wenigstens nicht so gut wie Kinder oder Hunde. Aber es war schön warm unter ihrer Bettdecke, und das Bett war groß, so daß man darauf hin und her rollen und Purzelbäume schlagen konnte. Sein Vater wollte aber morgens seine Ruhe haben.

«Außerdem ist das Bett nicht breit genug für drei Leute», sagte er immer.

Wenn sie nur endlich aufwachen würden! dachte Fridolin wieder. Wahrscheinlich waren seine Eltern von gestern abend noch müde. Denn am Samstagabend kamen meist Bekannte zu Besuch, die dann sehr lange blieben.

Fridolin mußte dann besonders pünktlich, also spätestens um acht Uhr, schlafen gehen. Nachmittags waren seine Eltern noch gereizter als sonst, weil sie soviel vorzubereiten hatten: Die Wohnung mußte bis zum Abend besonders sauber und aufgeräumt sein (auch Fridolins Zimmer), kalte Platten mußten angerichtet und Getränke kühlgestellt werden.

Wenn sie damit fertig waren, gab es nur ein kleines Abendessen, bei dem Fridolin fortwährend ermahnt wurde, endlich seinen Teller zu leeren. Dann mußte er sich gleich waschen und seine Zähne putzen, damit das Bad für seine Mutter frei wurde. Denn Mutter brauchte sehr viel Zeit, um sich für den Besuch schön zu machen. Dabei gefiel sie Fridolin eigentlich viel besser, wenn sie nicht soviel Farbe um die Augen gemalt hatte und nicht so stark nach Parfum roch.

Unterdessen ging sein Vater immer wieder an die Tür des Badezimmers und fragte, wann sie denn eigentlich fertig sei. Manchmals suchte er auch ein bestimmtes Hemd, und wenn dann das Hemd im Korb für schmutzige Wäsche war, wurde er ärgerlich. Er sagte dann meistens:

«Du solltest aus der Stadt nicht immer nur für dich etwas zum Anziehen mitbringen! Ich könnte auch einmal ein paar gute neue Sachen brauchen!»

Fridolin verstand das nicht so recht. Wozu braucht man mehr als zwei Hemden und zwei Hosen? dachte er dann.

Wenn Mutter das Bad verließ, ging Vater hinein und rasierte sich, obwohl er das bereits am Morgen getan hatte. Es stimmte natürlich, daß Vaters Wange abends immer recht kratzig war; aber Fridolin mochte das ganz gern, wenn er seinen Gutenachtkuß bekam.

Waren seine Eltern mit ihren Vorbereitungen fertig, gingen sie von Zimmer zu Zimmer und schauten, ob wirklich alles in Ordnung war. Dabei guckten sie häufig auf die Uhr und sagten: «Jetzt könnten sie aber wirklich kommen. Daß die immer so unpünktlich sind!»

Etwa um acht Uhr schellte die Klingel. Vater ging dann zum Gartentor, um aufzusperren. Wenn er mit dem Besuch hereinkam, war er gar nicht mehr so mürrisch wie kurz vorher. Alle lachten und sprachen sehr laut. Mutter sagte dann meistens: «Das wäre aber wirklich nicht nötig gewesen!» Damit meinte sie den Blumenstrauß, den sie immer bekam.

Dann schauten sie alle noch einmal in Fridolins Zimmer, um Gute Nacht zu wünschen. Die fremden Onkel und Tanten, die zu Besuch gekommen waren, sagten etwas wie «Du bist aber ein großer Junge geworden» oder «Du hast aber jetzt ein schönes eigenes Zimmer». Seine Eltern lachten dann ein bißchen verlegen und sagten: «Er ist ja auch schon sieben Jahre alt» oder «Wir haben auch genug Arbeit gehabt mit der Wohnung.» Danach gingen sie in das Wohnzimmer. Das erste, was Fridolin dann immer hörte, war das Schnalzen des Korkens, wenn sein Vater die Weinflasche öffnete, und das Gluckern beim Eingießen der Gläser.

Fridolin hörte auch einige Zeit noch das Gespräch der Erwachsenen, ohne daß er verstehen konnte, wovon sie sprachen. Ihm fiel nur auf, daß die Stimmen der Frauen viel höher und lauter waren und daß die Frauen auch öfter und länger sprachen als die Männer. Nachts wachte er mitunter auf, wenn die Spülung in der Toilette rauschte und die Türen schlugen. Die schlechte Luft von den vielen Zigaretten, die die Erwachsenen geraucht hatten, war durch die nur angelehnte Tür in sein Zimmer gedrungen.

Das Rauchen konnte er auch nicht so recht begreifen: Zwar

erzählten seine Eltern immer, daß Rauchen nicht gesund sei. Dennoch hörten sie beide nicht damit auf.

In der Nacht waren das Gespräch der Erwachsenen und die Schallplattenmusik viel lauter als am frühen Abend. Auch hörte er nun die Männer öfter sprechen als die Frauen. Besonders sein Vater, der sonst lieber zuzuhören schien, lachte oft und laut.

Später, wenn der Besuch gegangen war, wachte Fridolin noch einmal auf, weil seine Eltern in sein Zimmer kamen, um nach ihm zu sehen. Sie beugten sich über ihn und rochen dabei sehr schlecht nach Wein und Rauch. Er tat dann meistens so, als ob er schliefe. Mutter zog seine Bettdecke etwas höher, und dann gingen sie in ihr Schlafzimmer. Nach kurzer Zeit hörte Fridolin seinen Vater leise schnarchen, was seine Mutter nicht leiden konnte.

Fridolin hörte im Zimmer seiner Eltern etwas rascheln. Sein Vater gähnte laut. Dann vernahm er die Stimme seiner Mutter: «Fridolin, bist du schon wach?» Balduin, der Hund, schoß hoch und rannte freudig bellend in das Schlafzimmer.

Fridolin richtete sich auf, streifte die Decke zurück und stieg aus dem Bett. Endlich! dachte er. Aber morgen ist es ganz anders: Da ist das Wochenende vorbei, da ist Montag. Da muß ich in die Schule, und sie müssen arbeiten. Da muß ich nicht warten, bis sie wach sind.

Zehn Jahre danach

Diese Geschichte ist vor zehn Jahren erschienen. Wenig hat sich seitdem verändert. Fridolin und seine Eltern leben noch in der gleichen Wohnung. Fridolin hat sein Zimmer von damals. Den Hund Balduin gibt es auch noch. Wie alle ist er jetzt zehn Jahre älter, aber immer noch recht munter, wenn es bald etwas zu fressen gibt.

Es ist aber enger in der Wohnung geworden. Denn dazugekommen ist Pauline, Fridolins kleine Schwester, die heute so alt ist wie damals Fridolin. Und die Sonntage? Pauline – anders als Fridolin – meldet sich lautstark, wenn sie wach ist. Da bleibt den Eltern, das heißt eher der Mutter, nichts anderes übrig, als aufzustehen. Und Fridolin? Es wird leicht Mittag, bis er aufsteht. Denn am Abend vorher war es meistens wieder recht spät mit Freundin und Freunden. Kann er nicht eher aufstehen? denken seine Eltern manchmal.

Im Grunde hat sich wirklich nicht viel verändert in diesen zehn Jahren ...

Helmar Klier

Marie Marcks

Feige Weiber?

Das Kann unangenehm werden! Es ist besser, aus ihrem Revier zu verschwinden.

Feige Weiber!!

Feige Kerle!!
Gesiegt!!

Ihr Lausejören, wenn ich euch Kriege! Schlimmer als die Bengels !!!

Roswitha Fröhlich

Kitzelgedichte (am Bett vorzutragen)

Itzelpitzel
Schweineschnitzel,
Schweinebauch
schmeckt mir auch!
Und die feinen
Schweinebeine
freß ich alle
ganz alleine!
Doch das Beste
sind die Haxen!
Stillgelegen!
Keine Faxen!
Lecker, lecker Schweinefüßchen!
Schmatz – das wird ein Hochgenüßchen!

Kommt ein Tier,
will zu dir,
fragt: «Wohnt Fräulein Schulze hier?
Wohnt sie da?
Wohnt sie dort?»
Sag ich nein,
schert sich's fort.
Doch was seh ich?
Krappel Krippel!
Sitzt's jetzt nicht am Nasenzippel?
Kriecht gar in das Nasenloch?
Schnell, schnell, schnell,
wir fangen's noch!

Wie man im Bett liegen kann

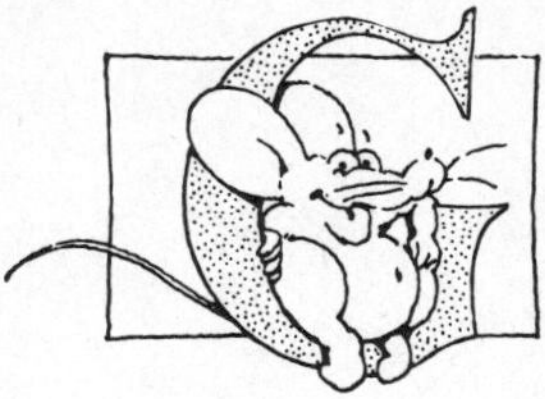

rad wie 'n Lineal,
zittrig wie 'n Aal,
krumm wie 'ne Sichel,
besoffen wie Michel,
brav wie Susanne,
platt wie 'ne Pfanne,
verbogen wie 'n U.
Und wie liegst du?

Bett-Weltreise

Also: die Kissen
sind die Kulissen.
Sie werden nach hinten
zu den Füßen geschmissen,
werden geklopft, gepufft, gedellt,
nebeneinander hingestellt
und dann so getürmt und aufgebaut,
daß man zum Beispiel den Himalaja schaut.
Das ist in Indien ein hoher Berg.
Und darin geht man dann als Zwerg
oder als Mensch oder als Geist,
der entweder Para oder Piri heißt,
durch Schluchten und einsame Wildnis spazieren.
Man darf nur nicht die Orientierung verlieren.
Auch empfiehlt sich, im Falle von Hungersnot,
im Rucksack ein haltbares Knäckebrot.

Volker Ludwig

Wir sind Kinder einer Erde

Wir sind Kinder einer Erde,
die genug für alle hat.
Doch zu viele haben Hunger,
und zu wenige sind satt.
Einer praßt, die andern zahlen,
das war bisher immer gleich.
Nur weil viele Länder arm sind,
sind die reichen Länder reich.

Wir sind Kinder einer Erde,
doch es sind nicht alle frei.
Denn in vielen Ländern herrschen
Militär und Polizei.
Viele sitzen im Gefängnis,
Angst regiert von spät bis früh.
Wir sind Kinder einer Erde,
aber tun wir was für sie?

Viele Kinder fremder Länder
sind in unsrer Stadt zu Haus.
Wir sind Kinder einer Erde,
doch was machen wir daraus?
Ihre Welt ist auch die unsre,
sie ist hier und nebenan.
Und wir wollen sie verändern.
Kommt, wir fangen bei uns an!

Erich Rauschenbach

Einsicht ist die Mutter der Porzellankiste

MACH ICH NACH-HER!
NIX DA! SOFORT MACHST DU DIE!
NEIN, NACHHER!
SO-FORT!!
NACHHER!!!

WENN DU NICHT SOFORT DEINE HAUS-AUFGABEN MACHST ...
... DANN ... DANN ... DANN ...
OKAY, OKAY, ICH GEH SCHON! ...

... DER KLÜGERE GIBT NACH.

Volker Ludwig

Wer sagt, daß Mädchen dümmer sind

Wer sagt, daß Mädchen dümmer sind
wer sagt, daß Mädchen immer albern sind
wer sagt, daß Mädchen schüchtern sind
der spinnt, der spinnt, der spinnt!
Wer sagt, die Mädchen traun sich nich
wer sagt, sie seien immer weinerlich
und meckerig und zappelig
der hat 'n Stich, 'n Stich, 'n Stich!

Mädchen sind genau – so schlau – wie Jungen
Mädchen sind genau – so frech – und schnell
Mädchen haben soviel Mut wie Jungen
Mädchen haben auch ein dickes Fell.

Wer sagt, daß Mädchen schwächer sind
wer sagt, daß Mädchen immer zickig sind
wer sagt, daß Mädchen affig sind
der spinnt, der spinnt, der spinnt!
Wer sagt, die Mädchen fürchten sich
und petzen und sind immer zimperlich
sind also blöd und hinderlich
der hat 'n Stich, 'n Stich, 'n Stich!

Mädchen sind genau – so schlau – wie Jungen
Mädchen sind genau – so frech – und schnell
Mädchen haben soviel Mut wie Jungen
Mädchen haben auch ein dickes Fell.

Erich Rauschenbach

Ach du großer Gott!

Hartmut Lange

Rätselgeschichte

Warum ist Rolf, der ein ganzes Jahr über der schlechteste Fußballspieler war, plötzlich wieder der beste Fußballspieler?

Liebe Kinder, der Rolf, das wißt ihr jetzt, haßte das Fußballspielen, und so versuchte er, jedem Fußballspiel auszuweichen. Ja, nicht nur jedem Fußballspiel, er begann auch das Turnen zu hassen, ebenso das Schwimmen, überhaupt alles, was irgendwie mit Sport zu tun hatte. Und die Kinder hänselten ihn wieder und riefen, immer wenn Rolf zur Schule kam: «Platz da, die Dampfwalze! Da kommt der dicke, dicke Rolf!»

«So geht das nicht weiter», sagte die Mutter zum Sportlehrer. «Der Rolf weint, wenn er zum Turnen soll. Und alle Kinder hänseln ihn wieder, weil er dick ist.»

«Ja», sagte der Sportlehrer. «Dabei ist das sehr ungerecht von den Kindern, denn Rolf war im Turnen nicht schlecht, jedenfalls nicht schlechter als der Klaus. Aber ich habe eine Idee», sagte er.

Vier Wochen später sollte in der Schule ein Fußballturnier gegen vier andere Schulen stattfinden, und die Kinder, besonders der Klaus, übten fieberhaft, sie hatten auch schon die Mannschaft aufgestellt.

«Wer soll denn im Sturm spielen?» fragte der Sportlehrer.

«Ich», sagte der Klaus.

«Du allein kannst ja wohl nicht stürmen», sagte der Sportlehrer. «Man hat im ganzen drei Stürmer.»

«Dann nehme ich noch den Peter und den Christian», sagte Klaus.

«Und wo spielt der Rolf?» fragte der Sportlehrer. Da lachten alle Jungen.

«Der Rolf!» rief Klaus. «Der kann doch gar nicht Fußball spielen.»

«Wer sagt euch das?» fragte der Sportlehrer. «Ihr werden den

Rolf als zweiten Stürmer aufstellen, der Christian geht in die Verteidigung.»

«Das geht nicht», sagte Klaus. «Dann verlieren wir jedes Spiel, der Rolf trifft nicht einmal den Ball.»

«Das muß nicht immer so bleiben», sagte der Sportlehrer.

«Aber wie soll sich das ändern?» fragten die Jungen. «Ein schlechter Fußballspieler bleibt ein schlechter Fußballspieler.»

Aber der Sportlehrer gab nicht nach. Und so kam es, daß die Jungen den Rolf als zweiten Stürmer in ihre Fußballmannschaft mit aufnehmen mußten, und nun könnt ihr euch denken, liebe Kinder, was der arme Rolf bis zu dem ersten Fußballspiel aushalten mußte. Er wurde nicht mit auf den Platz gelassen, wenn Klaus mit seiner Mannschaft trainierte, und wenn die Jungen mit dem Training fertig waren und an Rolf vorbeigingen, sagten sie: «Du spielst nicht im Sturm, und wenn du doch spielst, hast du schuld, wenn wir verlieren.»

Ja, sie drohten dem Rolf sogar, wie man so sagt, Klassenkeile an, aber der Sportlehrer blieb hart, er sagte: «Entweder ihr laßt den Rolf als zweiten Stürmer mitspielen, oder ihr spielt überhaupt nicht!»

«Wir werden also verlieren», sagte Klaus. «Und eigentlich habe ich gar keine Lust mehr.»

Aber als der Tag kam, an dem das Turnier stattfinden sollte, waren doch alle Jungen dabei, und Rolf hatte von der Mutter eine nagelneue rote Fußballhose geschenkt bekommen. Und genau um fünf Uhr nachmittags begann das Spiel.

«O weh!» dachte Klaus, als er den Rolf neben sich sah. «Der Dicke wird alles falsch machen, ich muß mich also doppelt anstrengen.»

Und schon hatte Klaus den Ball. Und weil er entschlossen war, sich doppelt anzustrengen, gab er den Ball nicht mehr ab. Er lief damit vor das Tor der Gegenpartei, verfing sich und stürzte. Jetzt stürmte die Gegenpartei, und flink wie der Wind war Klaus vor dem eigenen Tor, erkämpfte sich den Ball, und weil er entschlossen war, sich doppelt anzustrengen, gab er den

Ball nicht mehr ab. Aber die Jungen der Gegenpartei nahmen ihm den Ball zuletzt doch ab, weil er immer allein spielte und ganz außer Atem geriet, und ...! Da fiel das erste Tor für die Gegenpartei.

«Du mußt den Ball an andere abgeben», sagte Rolf zum Klaus, «gib ihn mir auch einmal.»

Aber Klaus hörte nicht und lief wieder allein mit dem Ball über das ganze Spielfeld.

Aber, liebe Kinder, es kam, wie es kommen mußte: Klaus kam dabei gänzlich außer Atem, und die Gegenpartei nahm ihm den Ball wieder ab und ...! Da fiel das zweite Tor für die Gegenpartei.

«Jetzt wird es aber brenzlig», sagte der Sportlehrer. «Unser bester Mann, der Klaus, ist außer Atem. Wer soll ihn ersetzen, wenn er keine Kraft mehr hat?»

Aber da, liebe Kinder, geschah wieder etwas Unerwartetes: Als die Gegenpartei das dritte Tor geschossen hatte und keiner von den Jungen um Klaus mehr rechte Lust zum Spielen hatte, bekam Rolf plötzlich den Ball, und er hatte Glück. Er holte mit dem rechten Fuß aus, und was ihm lange nicht mehr geglückt war, glückte ihm jetzt: Er konnte so scharf schießen, daß der Ball über das halbe Feld ins gegnerische Tor flog.

«Das war ein Schuß!» jubelten die Jungen. «Nur noch drei zu eins!»

Und plötzlich kam Bewegung in die Mannschaft, alle Jungen spielten sich den Ball gegenseitig zu, und besonders der Rolf ... Ja, liebe Kinder, der Rolf war plötzlich wie verwandelt. Er lief schnell wie der Wind mit dem Ball vor das gegnerische Tor und ...! Er hatte Glück, er schoß ein zweites Tor. Und jetzt wachte auch der Klaus wieder auf. Rolf spielte ihm den Ball zu, dann überspielte Klaus ein, zwei Gegenspieler, und dann ...! Ja, Kinder, dann fiel das dritte Tor. Das Spiel endete unentschieden.

«Das hätte schiefgehen können», sagte der Sportlehrer.

«Ja», sagte Klaus. «Aber wir hatten ja den Rolf.»

«Ja, der Rolf», sagte der Sportlehrer, «war heute der beste Mann auf dem Platz.»

«Ja», sagte Klaus. «Das hätte ich nicht geglaubt.»

«Komisch», sagten die Jungen, die dem überglücklichen Rolf anerkennend auf die Schulter klopften. «Du warst doch ein schlechter Fußballspieler. Warum bist du plötzlich so gut?»

«Er ist wieder gut geworden. Er spielte nur vorübergehend schlecht», sagte der Sportlehrer.

«Ja, aber warum spielt er plötzlich wieder so gut?» fragten die Jungen.

Keiner wußte eine Antwort. Wißt ihr eine Antwort, Kinder?

Dann sagt es den Jungen. Warum konnte Rolf, der ein guter Fußballspieler war, plötzlich nur noch schlecht Fußball spielen, und warum wurde Rolf, der ein ganzes Jahr über der schlechteste Fußballspieler war, plötzlich wieder der beste Fußballspieler?

Illustration von F. K. Waechter

Ingeburg Kanstein

Ich muß tun, was ihr nicht könnt – obwohl ich doch viel kleiner bin

Lilli soll ins Bett gehen, hat die Mutter gesagt. «Fünfjährige Mädchen gehören spätestens um sieben Uhr abends ins Bett, auch wenn noch die Sonne scheint», hat sie entschieden. Aber Lilli ist überhaupt nicht müde.

Lange trödelt sie in ihrem Zimmer herum. Guckt sich dies Spielzeug an, dann ein anderes, dreht der Gelenkpuppe Frieda die Arme ganz nach oben, so daß es aussieht, als hätte sie gerade in einem Wettkampf gewonnen, schraubt den Flügel vom Plastikhubschrauber ab und drückt ihn dem Teddy auf die Nase und lacht darüber, wie komisch der so aussieht.

Dann klebt sie ein Abziehbild ans rechte Bein vom Plüschhasen. Und dann fällt ihr plötzlich etwas ein: Schnell tauscht sie ihren Schlafanzug gegen das bunte Sternchennachthemd aus, zieht einen roten Ringelsocken an und um das andere Bein wikkelt sie sich die Glöckchenkette. Dann holt sie ihre Fettstifte heraus und bemalt sich wie ein Clown. Zuerst macht sie das ganze Gesicht weiß, dann malt sie sich einen grellroten Mund, der fast bis zu den Ohren reicht, dann kommt ein dicker grüner Punkt auf die Stirn und zwei blaue Kreise auf die Wangen. Sie öffnet ihre Zimmertür und schreit:

«Wann kommt ihr und sagt mir gute Nacht? Ich bin schrecklich müde.» Und dann versucht sie so laut zu gähnen wie ein Elefant.

Kurz darauf stehen Vater und Mutter lächelnd in der Tür, froh darüber, daß sie ein so vernünftiges Kind haben.

Aber Lilli liegt nicht wie ein müdes, zufriedenes Kind in ihrem Bett unter der bunten Decke. Nein, Lilli sitzt auf dem Kleiderschrank und läßt die Beine baumeln.

«Ja, was ist denn das?» fragt der Vater und verliert sein Lächeln.

«Aber Lilli, was soll das?» fragt die Mutter und hat plötzlich eine tiefe Falte auf der Stirn.

«Ich bin ein Clown und schlafe heute auf dem Wolkenschrank!» ruft Lilli fröhlich.

«Komm sofort da runter!» befiehlt die Mutter.

«Jetzt geht die ganze Wascherei von vorne los», seufzt der Vater.

Lillis breiter Mund lacht nicht mehr. Mit großen Augen schaut sie ihre Eltern an. Dann beginnt sie zu weinen und die Tränen verschmieren ihre ganze schöne Malerei.

«Ihr seid gemein», schluchzt sie.

«Also, was ist daran gemein, wenn du, nachdem ich eine Stunde mit dir im Bad herumgematscht habe, dich von neuem beschmierst?» fragte der Vater beleidigt.

«Weil ihr nicht lacht, darum», schluchzt Lilli, und dabei wischt sie sich immer wieder übers Gesicht und streicht die buntgemischte Flüssigkeit an ihrem Sternennachthemd ab.

«Ich find's nicht zum Lachen, Lilli, daß du jetzt auch noch dein Nachthemd so beschmierst», sagt die Mutter streng. Lilli schluchzt und wischt weiter.

«Ist doch gemein», sagt sie, «neulich, als Willi überhaupt nicht müde war und ins Bett mußte, obwohl Besuch da war, da hat er sich auch angemalt und ist ins Wohnzimmer gegangen, und da», schluchzt Lilli, «und da haben alle gelacht. Sogar seine Mutter. Und die tut das sonst nie. Und dann hat sie ihn sogar in den Arm genommen und mit ihm geschmust, und dann, ja, dann durfte er noch eine Stunde aufbleiben.»

«Ach so ist das», sagte der Vater erstaunt, «du wolltest noch etwas aufbleiben? Ja, warum sagst du das denn nicht gleich?» Und er hebt Lilli vom Schrank.

«Kommt überhaupt nicht in Frage», sagt Mutter und fügt hinzu: «und außerdem ist dein Freund Willi fast zwei Jahre älter.»

Lilli kuschelt ihr verschmiertes Gesicht an Vaters helle Hose. «Komm, wir gehen uns jetzt erst einmal waschen», sagt der Vater. Und alle drei marschieren ins Badezimmer.

Während der Seifenwaschlappen in Vaters Hand immer wieder über Lillis Gesicht fährt, fragt sie:

«Warum muß ich denn ins Bett, wenn ich noch gar nicht müde bin? Und warum muß ich schlafen, wenn ich noch gar nicht schlafen kann?»

«Weil es gesünder ist für Kinder», sagt die Mutter, «und weil du sonst morgens nicht ausgeschlafen und ziemlich brummig bist.»

Lilli überlegt einen Augenblick, während Mutter das verschmierte Sternennachthemd wieder gegen den Schlafanzug umtauscht.

«Ihr geht ja auch nicht», sagt sie dann, «und wenn ich dann sonntags zu euch ins Zimmer komme und mit euch spielen will, dann seid ihr auch ganz brummig, dann sagt ihr, ihr könnt noch nicht aufstehen und ich soll alleine spielen. Warum muß ich denn etwas tun, was ich nicht kann, wenn ihr es auch nicht könnt und ich doch noch viel kleiner bin?»

Vater und Mutter sehen sich erstaunt an, dann lachen sie und sehen Lilli an, und dann sagt die Mutter:

«Na schön, wenn du das so siehst, dann können wir es ja einmal probieren, wie das klappt. Vielleicht lernen wir alle etwas daraus.»

Lilli strahlt zuerst, dann muß sie gähnen.

Vater nimmt sie auf den Arm und trägt sie ins Wohnzimmer. Dabei sagt er:

«Aber wer dreimal gähnt, der ist müde und muß ins Bett.»

«Ja», sagt Lilli glücklich und wird auf einmal furchtbar müde.

Hildegard Wohlgemuth

Das verschwundene Auto

Klaus fährt mit seinem blankpolierten Auto durch die Breite Straße. Der Verkehrspolizist am Bahnhofsvorplatz kennt ihn. Klaus kommt nämlich jeden Sonntag dorthin. Dann grüßen sich die beiden.

«Na, ist es mal wieder soweit?» fragt der Polizist.

«Ja», sagt Klaus, «und wie geht es Ihnen?»

«Ach», antwortet der Polizist, «man tut, was man kann.»

Dann parkt Klaus sein blitzblankes Auto und denkt: Wie gut, daß ich eine ganz kleine Omi habe. Eine große Großmutter könnte ich gar nicht gebrauchen, sie paßte nicht in mein Auto.

Es ist nämlich so: Klaus holt jeden Sonntag seine kleine Omi vom Bahnhof ab. Sie kommt mit der Eisenbahn aus Grünwalde. Das ist eine kleine, grüne Stadt hinter den Bergen.

Klaus geht auf den Bahnsteig. Der Zug fährt in die Bahnhofshalle ein. Vorsicht an der Bahnsteigkante! Und weil der Zug noch von einer Dampflokomotive gezogen wird, die fürchterlich schnauft, ist unter dem Hallendach dicker Dampf und dikker Krach. Klaus steckt in einer dicken Qualmrolle. Aber die kleine Omi mit der Goldrandbrille sieht ihn und ruft durch den dicken Lärm: «Ich sehe dich, komm raus!»

Dann lacht der Klaus, und die kleine Omi lacht. Und Klaus schimpft, weil die kleine Omi eine viel zu große und viel zu schwere Reisetasche allein aus dem Zug heben will. Er reißt am Reisetaschengriff, und die kleine Omi reißt ebenfalls am Reisetaschengriff. Und die großen Leute, die hinter der kleinen Omi warten und aussteigen wollen, die schimpfen oder drängeln oder lachen. Je nachdem.

Die beiden gehen durch die Sperre. Die ist sehr schmal, und Klaus muß darum die Reisetasche auf die Schulter stemmen. Er ächzt unter der Last. Die kleine Omi ist besorgt. Aber Klaus sagt:

«Dein Gepäck ist leicht wie ein Fliegenbein.»

Er würde gern fragen: Was ist denn in der Tasche? Was hast du mitgebracht? Aber die kleine Omi würde doch wieder sagen, wie neulich: Der Mensch muß sich beherrschen lernen. Also beherrscht er sich – der kleine Mensch.

«Was macht dein Automobil?» fragt die kleine Omi.

«Es wartet auf dich, draußen», sagt Klaus.

Draußen suchen sie das Auto. Es ist nicht zu sehen.

«Hat es sich versteckt?» fragt die kleine Omi. «Sollen wir es mal rufen?»

«Omi», sagt Klaus, «mach keine Witze, das Auto ist verschwunden. Ich hatte es an diesen Laternenpfahl gebunden.»

Der Polizist, der soeben die Arme hängen lassen kann, sieht die beiden in ihrer Not. Er kommt auf Klaus zu, runzelt die Stirn und fragt:

«Suchen Sie Ihren Wagen, mein Herr, einen feuerroten, schnittigen Rennwagen?»

«Ja», antwortet Klaus, «haben Sie ihn gefunden?»

«Gefunden nicht», sagt der Polizist, «gerettet habe ich ihn. In diesem Gedränge und Gewühle wäre er beinahe unter die Füße der Menschenmenge geraten und erbärmlich zertreten worden. Ich entschloß mich daher, Ihren gefährdeten Wagen loszubinden und ihn in meine Uniformjackentasche zu stecken. Ich hoffe sehr, daß Ihnen und Ihrer Frau Großmutter mein eigenmächtiges Vorgehen nicht mißfällt und überreiche Ihnen hiermit Ihr Fahrzeug unbeschadet zurück.»

«Vielen Dank, herzlichen Dank», sagen Klaus und die kleine Omi.

«Ach», sagt der Polizist, «man tut, was man kann.»

Und dann ruft er noch hinter den beiden, die nun um die Ecke biegen, her: «Gute Fahrt!»

Und Klaus und die kleine Omi rufen: «Auf Wiedersehen am nächsten Sonntag!»

Rosel Klein

Die lila, lila Seide

Milly und Lilly sitzen auf den Treppenstufen vor dem Haus und gucken in den heißen Tag. Etwas Besonderes ist nicht zu sehen. Die Hühner baden im Straßensand. Der Spitz liegt faul auf dem Dach seiner Hütte und hechelt. Ein Auto rattert über die Dorfstraße. Sandiger Staub zieht hinter ihm her. Von jenseits des Boddens kommt eine Windbö.

«Seltsam», sagt Lilly, «heute ist's nicht wie sonst. Sonst ist's anders. Irgendwas muß in der Luft sein.»

«Gewitter ist in der Luft», sagt Milly, «sonst ist's wie sonst.»

«Komm, wir gehen rein und ziehen die unterste Schublade der Kommode auf. Immerhin besser als nichts.»

«Letztens gab's Ärger wegen der Schublade», sagt Milly, «vielleicht sollten wir lieber nicht ...?» Und sie denkt, daß es dennoch schön sein müßte, darin zu kramen.

Lilly ist längst ins Haus gelaufen. «Erster!» ruft sie. Milly steht seufzend auf und folgt der Schwester ins Wohnzimmer, in dem es angenehm kühl ist und nach Kornäpfeln duftet.

Immer, wenn Milly und Lilly die herrlichen Dinge erblicken, die aus dem Dunkel der Lade ans Tageslicht kommen, sind sie ein Weilchen stumm vor Staunen und Ergriffenheit. Es scheint, als ob zwischen diesen Schätzen alle Spiele, die es gibt, zu finden seien.

Aus den Bändern und Flicken, Stoffen, Spitzenborten, Knöpfen, Kordeln und Perlen kann man einfach alles machen: Könige und Großmütter, Polizisten, Lehrer und Teufel, auch Blumen, Gärten, Tiere und Rauch. Man kann Theater spielen, Hochzeit oder Tod – die ganze Welt steckt in der untersten Schublade.

Lilly sagt zu Milly: «Mach ein Schloß mit einer Prinzessin drin. Da muß sie sitzen und warten, bis mein Drache sie raubt. Und wenn er sie raubt, muß sie weinen und sagen: Lieber Drache, tu mir nichts; ich will dir auch immer dienen. Aber mach die

Prinzessin glänzend und wunderschön, sonst gilt sie nicht.»

Lilly und Milly versinken in ihrem Spiel. Die Stille summt. Manchmal fällt ein Rascheln in die Stille oder ein angestrengtes Atmen. Draußen wird es langsam dunkler. Ein giftiger Wind fährt ums Haus, und der Donner poltert über den Wiesen. Milly und Lilly bemerken es nicht.

Dann sitzt der Drache grün in seiner Höhle aus Taft, speit Feuer und will auf Raub ausziehen. Und die Prinzessin wohnt in ihrem Schloß. Sie hat einen Spitzenschal und gelbe Füße, aber sie hat noch kein Cape, weil Milly nichts finden kann, das gut genug wäre. Dabei ist gerade ein Cape für eine Prinzessin das wichtigste Kleidungsstück. Schließlich entdeckt Milly die lila Seide.

Sie liegt links hinten, ganz zuunterst. Schon lange liegt sie dort. Vor vielen Jahren, als Milly und Lilly noch nicht geboren waren, hat die Mutter sie gekauft, für eine ganz besondere Gelegenheit. Aber bisher war keine Gelegenheit wichtig genug für eine Bluse aus lila Seide. Eine Seide wie diese sieht man nicht jeden Tag: weich und glatt und warm ist sie und glänzt, daß man sich darin spiegeln kann. Milly nimmt die Schere und schneidet einen Kreis aus der Seide heraus. In die Mitte macht sie ein Loch für den Prinzessinnenkopf. Niemals zuvor hat es ein herrlicheres Cape gegeben.

«Guck mal! Guck doch mal!» ruft Milly. «Ist meine Prinzessin nicht wunderschön?»

Lilly guckt und schweigt. Lange schweigt sie so. Dann holt sie tief Luft: «Du hast die lila Seide zerschnitten. Das sag ich.»

Milly fällt metertief, herunter in die Wirklichkeit.

Die lila Seide ... Tränen laufen über ihr Gesicht.

«Sag's nicht. Bitte, bitte, Lilly, sag's nicht.»

Milly hat ja gewußt, daß dies die Seide war für die besondere Gelegenheit. Ganz genau hat sie es gewußt und hat sie dennoch zerschnitten. Wie war das nur möglich? Milly weiß es nicht mehr.

Sie wollte die Mutter gewiß nicht betrüben. Aber wer soll ihr das glauben?

«Was gibst du mir, wenn ich's nicht sage?»

Milly würde alles dafür geben und noch mehr als alles, wenn sie die Seide dadurch wieder heil machen könnte.

Lilly überlegt: Was soll sie mit den dummen Puppen ihrer Schwester? Oder mit den Autos und den Bausteinen? Nein. Lilly will etwas anderes. Sie sagt: «Geh hinaus und wasch meine Gummistiefel! Sie sind ganz beklebt. Los, beeil dich! Dann räumst du alles wieder in die Schublade! Wenn nicht, dann sag ich's.»

Von diesem Tag an tut Milly, was Lilly befiehlt.

«Meine Schultasche ist für mich zu schwer. Trag sie mir zum Bus!» befiehlt Lilly am nächsten Morgen «Wenn nicht, dann sag ich's.»

Lilly befiehlt: «Steh fünf Minuten lang auf einem Bein. Wenn nicht, dann sag ich's.»

Lilly befiehlt: «Du machst für mich den Abwasch. Wenn nicht, dann sag ich's.»

Lilly befiehlt: «Wenn du in der nächsten halben Stunde auch nur ein Wort sprichst, dann sag ich's.»

Wenn du mir nicht deine Schokolade gibst ... Wenn du mir nicht die Bleistifte anspitzt ... Wenn du mir nicht meine Schuhe putzt ... Wenn. Wenn. Wenn.

Ein Tag folgt dem anderen. Lilly befiehlt, und Milly gehorcht. Lilly findet dieses Spiel wundervoll. Besser als

das Drache-Prinzessinnen-Spiel, weil es mehr ist als ein Spiel. Und es wird ihr niemals langweilig.

Milly geht bedrückt umher. Sie lacht nur noch selten. An manchem Tag kein einziges Mal.

Manchmal weint Milly. Manchmal scheint es ihr, als ob sie keine Tränen mehr habe. Ihre Augen schmerzen. Milly bekommt Fieber. Sie liegt im Bett. Das Zimmer ist abgedunkelt.

Das Spiel ist zu Ende. Der grüne Drache wird wieder das Mädchen Lilly, das angstvoll fragt: «Muß Milly sterben?»

«Unsinn», sagt die Mutter, «sie hat die Masern. Es ist nicht so schlimm.»

Lilly glaubt nicht an diese Masern. Eine ganz andere, gefährliche Krankheit wird die Schwester haben. Eine, die nie wieder gut werden wird. Eine, an der sie sterben wird. Und nur Lilly ist daran schuld. Ganz allein sie. Lilly läuft auf die Wiese und pflückt Gänseblümchen für Milly. Dann erzählt sie der Mutter die Geschichte von der Schublade, von dem Drachen in der Tafthöhle, von der Prinzessin, von der lila Seide und von dem zweiten Drachen, der Lilly heißt.

«Das ist eine schlimme Geschichte», sagt die Mutter bestürzt. Weiter sagt sie nichts. Sie stellt auch keine Fragen. Sie wird in Ruhe darüber nachdenken.

Die Mutter geht nicht zur Arbeit. Sie wickelt feuchte Tücher um Millys Waden, die das Fieber vertreiben sollen. Auf dem Hocker neben dem Bett stehen die Gänseblümchen. Milly schläft ein wenig und träumt ein wenig: «Die lila Seide –– die lila Seide – für die besondere Gelegenheit ––»

Die Mutter streichelt über Millys Hand und sagt: «Laß die dumme lila Seide. Sie hat zu lange im Schubfach gelegen. Dort ist sie altmodisch geworden und brüchig. Stell dir vor, ich würde mit einer Bluse aus lila Seide durchs Dorf gehen. Das wäre doch wirklich sehr komisch.»

Milly kann zwar nichts Komisches daran finden, aber sie lacht dennoch. Sie lacht und weint, beides durcheinander. Von einer Stunde zur anderen geht das Fieber weg.

Milly denkt: Ob ich mich jemals wieder mit Lilly vertragen kann? So wie vorher?

Milly und Lilly sitzen auf den Treppenstufen vor dem Haus und beobachten den Regen. Mitunter versucht Milly, die Tropfen mit dem Mund zu fangen.

«Seltsam», sagt Lilly, «heute ist's nicht wie sonst. Sonst ist's irgendwie anders. Findest du nicht?»

«Kann ja auch nicht wie sonst sein», sagt Milly, «weil heute doch ein neuer Tag ist.»

Lilly nickt und sagt: «Einer, der noch nie da war. Stimmt's?»

«Stimmt», sagt Milly.

Illustration von Katharina Joanowitsch

Marie Marcks

Was gab's in der Schule?

Kathinka ist da ganz anderer Meinung.

Marieluise Bernhard-von Luttitz

Bumfidel darf seinen Geburtstag feiern

Bumfidel darf seinen Geburtstag feiern. Er ist auf den Tag acht Jahre alt geworden. Darum darf er sich auch acht Kinder einladen. Die Mutter hat den Tisch – mit acht Kerzen – in der Küche gedeckt. Danach können alle in der Wohnstube spielen.

Bumfidel sagt: «Aber eigentlich müßten es neun Kerzen sein. Und neun Kinder auch. Weil es ja mein neunter Geburtstag ist.»

«Dein achter», sagt die Mutter. «Was redest du denn? Du bist vor genau acht Jahren zur Welt gekommen. Oder glaubst du mir nicht?»

«Doch», sagt Bumfidel. «Ich glaube dir. Ich kann mich sogar noch ganz gut entsinnen.»

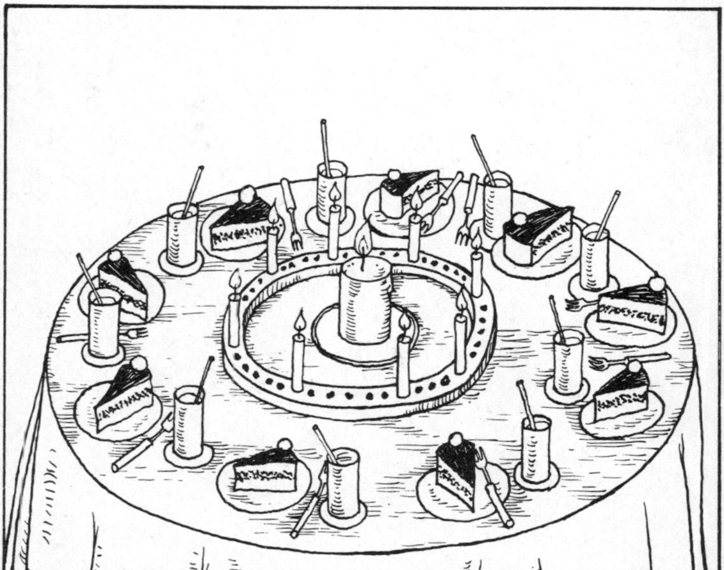

Nun kommen die Kinder. Sie müssen sich setzen. Sonst ist kein Platz. Bumfidel nimmt die Geschenke entgegen, für die er sich mit Fratzen bedankt.

Dann erzählt er den Freunden, daß es sein neunter Geburtstag ist.

Die Kinder staunen. «Stimmt das?» fragen sie Bumfidels Mutter.

«Es stimmt nicht», sagt sie. Sie schneidet gerade den Kuchen an.

Da läßt Bumfidel die Lider fallen, wie der Kaufmann die Rollläden zur Mittagszeit.

«O je», sagt er. «Der Tag, an dem ich geboren wurde, war das vielleicht kein Geburts-Tag, heh?»

Jetzt zählen die Kinder. Die Mutter auch.

Bumfidel hat recht. Die Mutter stellt noch eine Kerze auf. «Das ist das Lebenslicht», sagt sie.

Bumfidel lacht. Bumfidel freut sich. Bumfidel wackelt mit den Ohren.

«Und das neunte Kind», schreit er plötzlich. «Das gibt es ja auch. Das bin ich ja selbst!»

Illustration von Friedrich Kohlsaat

Marieluise Bernhard-von Luttitz

Bumfidel sagt: Ihr seid ja doof

Bumfidel ist in einer Gegend zu Haus, wo Fastnacht noch richtig gefeiert wird. An einem der Faschingstage dürfen die Kinder sogar verkleidet zur Schule kommen.

Das braucht man ihnen nicht zweimal zu sagen. Sie kommen als Wassermänner und Clowns, als Rennfahrer und Könige, als Astronauten, Cowboys und Schornsteinfeger. Die Mädchen sind kleine Hexen und Prinzessinnen.

Aber was ist mit Bumfidel los, der das ganze Jahr für Fastnacht sorgt? Er war beim Friseur. Seine Schuhe glänzen, als ob sie mit Speck abgerieben seien. Hose und Hemd lassen an einen Kirchgang denken. Und statt der Schultasche, die er manchmal an ei-

nem Strick mit sich schleift, sitzt ihm ein neuer Tornister auf dem Rücken, den er gleich brav am Haken aufhängt.

Bumfidel, der alle zum Lachen bringt, wenn er will, läßt die anderen toben und schreien. Bumfidel sitzt an seinem Platz, wo er schreibt und rechnet, als ginge ihn all der Spaß nichts an.

Bis die Kinder über ihn herfallen. «Spinnst du, Kleiner? Was ist denn mit dir? Wie kommt es, daß du gar nicht verkleidet bist? Hat deine Mutter dir das nicht erlaubt?»

Bumfidel hebt den Kopf. Bumfidel schielt, daß das braune und das grüne Auge beinahe in eins zusammenlaufen.

Bumfidel ächzt: «Ihr seid vielleicht doof. Ich *bin* doch verkleidet. Seht ihr das nicht?»

Illustration von Friedrich Kohlsaat

Marieluise Bernhard-von Luttitz

Bumfidel lernt einen Schafhirten kennen

Bumfidels Klasse hat Wandertag. Den letzten im Jahr, ehe die Blätter von den Bäumen fallen. Sie fahren ein Stück aus der Stadt hinaus. Dann laufen sie an einem Bach entlang. Später geht es über ein Stoppelfeld, wo sie Fangen spielen. Und dann, auf dem Heimweg schon, führt der Weg an einer Wiese mit Schafen vorbei.

Die Kinder bleiben jetzt stehen. Sie gucken begeistert. Es gibt schwarze und weiße Schafe. Auch rötliche. Die haben die Kinder noch nie gesehen.

Der Lehrer kommt mit dem Hirten ins Gespräch. Der Hirt bewacht die Schafe nicht nur, erzählt er. Er lebt mit ihnen. Er

lernt von ihnen. Von den Schafen weiß er, ob und wann ein Gewitter kommt. Sie drängen sich dann auf eine bestimmte Weise zusammen. Er weiß auch, ob es einen zeitigen Winter geben wird und noch vieles mehr. Davon haben die Schafe wieder Gewinn, weil er sie zur rechten Zeit auch zu den rechten Weiden führen kann. «Manchmal», erklärt der Hirt jetzt, «brauche ich etwas nur zu denken, und meine Tiere wissen es schon.»

Die Kinder staunen. Doch Bumfidel sagt: «Weil Sie jetzt selbst schon ein bißchen ein Schaf sind, nicht wahr? Sonst würden die Sie gar nicht verstehen.»

Die Kinder lachen. Der Lehrer lacht. Nur der Hirt lacht nicht. Er stimmt Bumfidel zu.

llustration von Friedrich Kohlsaat

Hanna Hanisch

Ein Schneemann für Isabell

Isabell wünschte sich einen Schneemann.

Du liebe Zeit! Dieser Wunsch war schwer zu erfüllen. Denn in dem Land, in dem Isabell wohnte, fiel niemals Schnee.

Trotzdem wünschte sich Isabell einen Schneemann. Es war ihr einziger Geburtstagswunsch.

Der Vater überlegte, wie er das machen sollte. Vielleicht gab es Schneemänner aus Pappe? Oder aus Watte?

Nein, das hätte Isabell gemerkt. Schneemänner müssen kalt sein. Und sie müssen eine Mohrrüben-Nase haben und einen Bratpfannen-Hut.

Da schrieb Isabells Vater eine Bestellung an das Versandhaus NÄGELI in der Schweizer Stadt Bern:

> Schickt mit Eilpost einen
> SCHNEEMANN mit Nase und Hut
> für meine Tochter Isabell.

Die Leute von der Firma NÄGELI machten sich gleich an die Arbeit.

Sie holten Schnee vom Oberland und bauten einen dicken Schneemann mit langer Mohrrüben-Nase und einem Bratpfannen-Hut. Sie steckten den Schneeman in eine Kühltruhe und schickten ihn mit dem Flugzeug zu Isabell.

Auf dem Flugplatz warteten viele Leute. Sie hatten gehört, es würde eine berühmte Person ankommen.

«Was kommt denn für einer?» fragten die Leute. «Ein Schlagersänger? Ein Fußballspieler? Oder ein Präsident?»

Sie waren sehr neugierig. Aber noch neugieriger war Isabell.

Dann hörte man das Flugzeug brummen. Es landete. Die Kühltruhe wurde aus dem Flugzeug getragen. Alle konnten es sehen:

Zwei Männer öffneten den Deckel, und ein Schneemann schaute heraus.

Sie stellten ihn auf die Beine. Sie drückten ihm die Nase fest. Sie rückten ihm den Hut zurecht. So brachten sie ihn zu Isabell: ganz frisch, ganz weiß, ganz kalt.

Isabell strahlte vor Freude. Sie gab dem Schneemann die Hand. Da merkte sie, wie kalt er war.

Die Leute staunten. «Ah!» riefen sie und «Oh!» und «Bravo!»

So etwas hatten sie noch nicht gesehen. Sie drängten sich um den Schneemann. Jeder wollte ihm die Hand geben.

Isabell war sehr stolz. Sie wollte ihn mit nach Hause nehmen und auf den Geburtstagstisch stellen. Aber vom vielen Händeschütteln und weil es in Isabells Land so warm war, wurde der Schneemann weich. Er sackte in den Knien zusammen, wurde immer kleiner. Zuletzt blieben nur die Mohrrübe und die Bratpfanne übrig und – das hätte ich beinah vergessen – die beiden Kastanien-Augen.

War Isabell jetzt traurig?

Überhaupt nicht.

Sie hatte einem echten Schneemann die Hand gegeben, und all die anderen Leute hatten es auch getan. Sie hatte gefühlt, wie kalt er war. Sie hatte gesehen, wie gut ihm die Mohrrüben-Nase und der Bratpfannen-Hut standen.

Nun war er verschwunden. War nur noch eine Pfütze. In der Pfütze spiegelte sich die Sonne.

Na, wenn schon! Schlagersänger, Fußballspieler und Präsidenten waren schon oft angekommen.

Aber ein Schneemann noch nie.

Illustration von Boris Kaip

Irmela Brender

Das Kind, das sich was traute

Ich habe mal ein Kind gesehn,
das blieb auf Kommando einfach nicht stehn,
das hat, wenn ein andrer sprach, nicht geschwiegen,
das ließ alle Wellensittiche fliegen.
Mein lieber Mann, da hab ich geschaut,
was sich so ein Kind alles traut.

Ich hab mal von einem Kind gehört,
das hat in der Schule laufend gestört,
das hat in der Mittagsruhe rumort
und im Café in der Nase gebohrt.
Mein lieber Mann, da hab ich geschaut,
was sich so ein Kind alles traut.

Ich hab mal von einem Kind geträumt,
bei dem hat vor Wut die Spucke geschäumt,
das hat so geschrien, daß alle verstummten,
das war so gescheit, daß die Lehrer verdummten.
Mein lieber Mann, da hab ich geschaut,
was sich so ein Kind alles traut.

Doch das Kind, das all diese Sachen gemacht,
hat leider sich nur jemand ausgedacht
und hat es in einem Buch aufgeschrieben,
drum ist das alles Erfindung geblieben.
Mein lieber Mann, das ist doch ganz klar:
Wenn wer sich was traut, ist es meistens nicht wahr.

Doralies Hüttner

Heul nicht, Held!

Das Klostergebäude war zu jeder Jahreszeit ein wunderbarer Spielplatz. Das Kloster selbst bestand aus vier Gebäuden, die ein Quadrat bildeten und durch Kreuzgänge verbunden waren. Es stand natürlich innerhalb der Stadtmauern, denn es war uralt, viel älter als Jürgens, Suses, Tines und Wally Mecklenburgs Urgroßeltern zusammen. Vielleicht war es deshalb historisch. Offenbar ist alles, was alt ist, historisch – aber man muß bei solchen Feststellungen vorsichtig sein. Als Wally Mecklenburg zu ihrer Oma einmal sagte, daß sie so schön historisch sei, bekam sie eine gewaltige Ohrfeige. Das passierte so atemberaubend schnell, daß Wally Mecklenburg sich heute noch fragte, wie ihre Oma das fertiggebracht hatte – und vor allen Dingen, warum. Soviel Wally Mecklenburg wußte, war alles, was historisch war, schön, und man bewunderte es. Sie brauchte eine Weile, ehe sie wieder anfing, ihre Oma zu bewundern.

Die Steinplatten des Innenhofs, über die sie im Winter schlitterten, waren im Sommer von Gras überwuchert, und der Garten, der zum Kloster gehörte, war herrlich verwildert. Lutz meinte, daß das ihr Glück sei. Denn kein Platz würde sich besser eignen zum «Räuber und Prinzessin» spielen. Eigentlich war so was hier verboten. Deshalb machte es besonders viel Spaß, wie sich jeder denken kann, und es war wunderbar gruselig, besonders wenn es dämmrig wurde und man sich einbilden konnte, hinter jeder Ecke stünde ein Geist.

Heute wollten sie wieder mal «Räuber und Prinzessin» spielen, Suse, Tine, Wally Mecklenburg, Jürgen, Lutz und Hanno. «Mädchen sind keine Räuber», sagte Lutz vor dem Spiel, «und Jürgen kann auch keiner sein.»

So bildete er sich ein, außer Hanno der einzige Räuber zu sein. Einbildung macht stark...

«Warum kann Jürgen kein Räuber sein?» fragte Suse herausfordernd. «Er ist genauso ein Junge wie du! Und den letzten Elfmeter hat er auch geschossen, wie du wohl weißt!»

«Ja, aber ...» begann Lutz, und dann schwieg er betreten. Jürgen sah erwartungsvoll in die Runde. «Eine Prinzessin bin ich jedenfalls auch nicht», erklärte er, «aber ich werde die Prinzessinnen beschützen. Von mir aus könnt ihr die beiden einzigen Räuber sein. Aber ich habe euch gewarnt.»

Dann verteilten sie sich. Lutz und Hanno verschwanden spurlos, und Jürgen hatte alle Mühe, seine Prinzessinnen sinnvoll in Stellung zu bringen. Suse, die so gern aß, hockte gemütlich an einer Mauer und kaute an einer Mohrrübe, daß es nur so krachte. «Mach doch nicht solchen Krach, verdammt noch mal. Du verrätst uns ja. Sicher stecken die Räuber am anderen Ende des Klosters.»

«Dann können sie mich ja erst recht nicht hören», meinte Suse ungerührt. Trotzdem steckte sie endlich ihre Rübe weg.

«Wir müssen die Räuber umzingeln», schlug Jürgen vor.

«Ich denke, wir sind die Prinzessinnen», sagte Tine. «Sonst werden doch die Prinzessinnen immer von den Räubern umzingelt.»

«Diesmal nicht», schrie Jürgen sie an. «Wie können uns zwei einzige Räuber umzingeln?»

«Wenn du so laut schreist, kann ich auch meine Rübe essen», meinte Suse und wollte sie wieder aus ihrer Tasche herausholen.

«Laß bloß deine Rübe stecken», sagte Jürgen leise. «Heute müssen wir dem Lutz mal zeigen, was eine Harke ist.»

«Ich denke, wir sind Prinzessinnen», sagte Tine.

Jürgen fand, daß Mädchen schrecklich sein können. Er duckte sich und rannte los, und Suse stampfte hinter ihm her. Er drehte sich um. «Du mußt leiser laufen», flüsterte er, «du trampelst ja wie ein Elefant.»

Suse grinste. «Ich bin kein Elefant, ich bin eine Prinzessin.»

Sie schlichen im Gänsemarsch an der Mauer entlang und drehten sich alle paar Schritte um, denn sie wollten sich auf keinen Fall von Lutz und Hanno überraschen lassen. Lutz war nämlich ein sehr geübter und pfiffiger Räuber, und es war nicht leicht, ihn zu überlisten. Nach ein paar Minuten kamen sie wieder an derselben Stelle an, von der sie losgeschlichen waren, gesehen hatten sie niemanden, am allerwenigsten Lutz.

«Die werden direkt im Kloster sein», meinte Jürgen, «um so besser. Dort bekommen wir sie bestimmt.»

Er sah besorgt an der Gartenmauer hoch. «Ihr müßt mir da hinaufhelfen», sagte er zu Suse und Tine, «allein schaffe ich es nicht.»

Suse und Tine gingen in die Knie, und Wally Mecklenburg stützte ihn, als er sich vorsichtig auf Suses und Tines Schultern stellte. Sie machten das nicht zum erstenmal, deshalb ging es ohne Schwierigkeiten. Er setzte sich auf die Mauer, schwang die Beine herum und sprang auf der anderen Seite herunter. Jürgen war drüben, und die anderen folgten ihm schnell.

Geduckt schlichen sie sich zu einer Tür, die so groß war wie ein Scheunentor. Suse und Tine hängten sich an die Klinke, und die schwere Tür öffnete sich langsam und knarrend. Vorsichtig schoben sie sich durch den Türspalt, und dann glauben sie, ihren Augen nicht zu trauen.

Lutz hockte in einer Ecke des Hofs und hatte anscheinend irgend etwas entdeckt, denn er rührte sich nicht. Neben ihm hockte Hanno. Wenn sie geahnt hätten, daß die Prinzessinnen in solch gefährlicher Nähe waren, hätten sie sich sicherlich nicht so sorglos verhalten. Bestimmt waren sie der Meinung, daß Prinzessinnen nur dazu da seien, gefangengenommen zu werden.

«Wir schleichen uns ganz leise an sie ran», befahl Jürgen flüsternd. «Sie dürfen uns nicht hören. Wehe, du machst Krach, Suse!»

«Nee», sagte Suse.

Sie schlichen auf Zehenspitzen über den Innenhof. Lutz und Hanno hockten noch immer in derselben Stellung und merkten nichts. Jetzt stand Jürgen ganz dicht hinter ihnen. Er holte tief Luft, dann sprang er vor und stellte einen Fuß auf Lutz' Rücken. «Hurra!» brüllte er dabei, und Suse, Tine und Wally Mecklenburg brüllten auch «Hurra!» Als ob Prinzessinnen so was brüllten.

Lutz fiel der Länge nach auf den Bauch. Er war sprachlos vor Überraschung, und rühren konnte er sich auch nicht, weil Jürgen jetzt auf seinem Rücken hockte und dauernd schrie: «Du bist besiegt! Du bist besiegt! Mädchen sind doch Räuber!»

Suse stand daneben und lachte und biß mit lautem Krach in ihre Mohrrübe. Endlich konnte sie sie ganz aufessen.

Jürgen erhob sich, dann stand auch Lutz langsam auf. Hanno hatte dem Überfall mit offenem Mund zugesehen.

«Ich gebe mich geschlagen», sagte Lutz würdevoll. «Vielleicht kannst du das nächste Mal mit mir Räuber sein. Jungen, die keine Arme haben, können im allgemeinen keine Räuber sein. Du bist eine Ausnahme.»

«Und du bist ein ganz großer Hammel», sagte Wally Mecklenburg. «Jürgen ist ein viel besserer Räuber als du. Auch wenn er keine Beine hätte, wäre er besser als du. Wir würden ihn nämlich überall hintragen, wohin er wollte.»

Jürgen wurde rot vor Verlegenheit, und auch ein bißchen vor Glück.

Lutz hatte sich wieder gefaßt. «Ihr hättet mich natürlich nie gekriegt, wenn ich nicht was entdeckt hätte», sagte er.

«Und was hast du entdeckt?» wollten alle wissen.

Lutz zeigte auf ein viereckiges verrostetes Gitter. «Den Klosterstollen. Wenn du ein Räuber sein willst, Suse, dann kannst du mit mir da runtersteigen.»

«Ich bin doch nicht bekloppt», sagte Suse, dann hockten sie sich alle auf die Knie und starrten durch das verrostete Gitter. Was sie erkennen konnten, war nicht viel. Sie sahen einen dunklen Schacht, in den eine Leiter hinunterführte. Die letzten Sprossen dieser Leiter verloren sich in der Dunkelheit. Unheimlich.

Suse stand auf.

«Na?» sagte Lutz erwartungsvoll. «Toll, was? Ich hab mal gehört, daß in diesem Stollen ein See sein soll. Ein großer See und sehr tief. Mit einem Kahn kann man ans andere Ufer fahren ...»

«Und dann?» fragte Suse.

Lutz' Stirn kräuselte sich. «Na, und dann geht man in dem Stollen natürlich weiter.»

«Und wohin kommt man dann?»

«Irgendwohin sicher. Früher haben ihn die Mönche benutzt. Wir werden ja sehen, wohin wir kommen. Los!»

«Ich geh nicht mit», sagte Suse. «Ich bin doch nicht verrückt. Da unten muß es stockdunkel sein, und man kann nicht sehen, wohin man geht.»

«Du Feigling», sagte Lutz geringschätzig. «Aber schließlich bist du ja auch nur eine Prinzessin. Ich geh allein!»

«Nimm mich mit», sagte Jürgen in diesem Augenblick. «Ich hab keine Angst.»

Lutz richtete sich auf. «Du? Wie willst du denn die Leiter runterkommen?»

«Die Mädchen können mich von oben mit einem Strick halten, bis ich unten bin. Von da an geht's bestimmt.»

«Wenn du dir das zutraust, dann komm. Ich jedenfalls will wissen, wie's da unten ist.» Er begann, das Gitter beiseitezuschieben, und jetzt sah der Einstieg erst recht drohend und unheimlich aus. Suse beugte sich neugierig vor. «Vielleicht sind da unten Schlangen», überlegte sie. «Was machst du, wenn da unten Schlangen sind, Jürgen?»

Lutz stand schon auf der ersten Sprosse und begann langsam hinunterzuklettern. «Wir werden ihnen ein Lied vorpfeifen, dann beruhigen sie sich», meinte er gelassen.

Sie hatten für Jürgen einen Strick gefunden, ein dünnes Seil. Das schlangen sie ihm um die Brust, und er begann seinen Abstieg. Die Sprossen waren schmutzig und glitschig, am liebsten wäre er umgekehrt. Aber das wäre ein Eingeständnis seiner Schwäche gewesen, und niemals würde er die freiwillig eingestehen.

Langsam stieg er hinab, nur gehalten von dem Seil um seinen Bauch, das Suse, Tine und Wally Mecklenburg krampfhaft in den Händen hielten. Auch sie hätten Jürgen viel lieber wieder heraufgezogen. Ihnen war nicht wohl bei der ganzen Sache. Was war nun richtig, was falsch?

Jürgen sah hinauf. Die Köpfe der Mädchen und der von Hanno wurden kleiner und kleiner. Und auch das Stück Himmel. Endlich war die Leiter zu Ende. Lutz und er standen am Fuß des Schachts und am Eingang des Stollens. Lutz zog ihm die Seilschlinge über den Kopf. «Das wäre geschafft», sagte er schnaufend. Die Luft war nicht besonders gut.

«Hier ist es aber dunkel», stellte Jürgen fest. Seine Stimme klang hohl und dumpf.

«Ich hab Streichhölzer mit», sagte Lutz, der schon ein paar Schritte in den Stollen hineingegangen war. Es ritschte, und dann flammte ein Streichhölzchen auf, und sie konnten endlich feststellen, wie es in dem Stollen aussah. Jedenfalls ein paar Schritte weit. Der Stollen war so hoch, daß sie darin stehen konnten. Die Wände links und rechts waren aus Stein und glänzten vor Nässe. Der Boden war weich und sandig.

«Hier können wir ruhig reingehen», erklärte Lutz. «Da kann gar nichts passieren!» In diesem Augenblick erlosch das Flämmchen, und sie standen wieder im Dunkeln. «Komm, Jürgen, ich faß dich an der Schulter an! Wir gehen zum See, und dann können wir ja wieder kehrtmachen!»

Jürgen ließ sich mitziehen. Es ist doch sehr beschwerlich, ein Räuber zu sein, dachte er beklommen.

Suse, Tine und Wally Mecklenburg lagen noch eine Weile auf dem Bauch und guckten in den Schacht hinunter. Von Jürgen und Lutz war nichts mehr zu sehen und zu hören auch nichts. Sie richteten sich langsam auf und sahen sich ratlos an. «Was machen wir jetzt?» fragte Suse.

«Wir warten ab», schlug Tine vor, dann bückte sie sich und brüllte in den Schacht hinunter: «Jürgen! Lutz!» Aber sie erhielt keine Antwort.

Es konnte auch niemand antworten, denn weder Jürgen noch Lutz hörten das Rufen. Sie waren inzwischen ein ziemliches Stück gegangen, um mehrere Biegungen herum. Eine ganze

Weile hatten sie sich sogar auf den Knien fortbewegt, weil die Decke so niedrig wurde.

«Mach noch mal ein Streichholz an», bat Jürgen, dem es immer unheimlicher wurde.

Lutz ließ wieder ein Streichholz aufflammen, doch sie sahen nichts weiter als nasse Steinwände und lehmigen Boden.

«Hier kommt nie ein See», sagte Jürgen. «Wollen wir nicht lieber umkehren?»

«Hast du etwa Angst?» fragte Lutz leise. «Dann kehr doch um. Ich gehe weiter.»

Aber es kam der Punkt, wo er nicht mehr weitergehen konnte. Der Stollen wurde selbst für Lutz zu eng. «Ich komme nicht durch», bekannte er.

Jürgen versuchte es, und er schaffte es, da er keine Arme hatte. «Ich bin durch», sagte er, «hier wird der Stollen wieder breiter.»

«Komm zurück, Jürgen. Das Loch ist zu eng für mich. Ich kann nicht mitkommen.»

Jürgen konnte nichts sehen, aber ihn erfüllte ein Gefühl der Genugtuung. «Ich gehe allein weiter. Ich habe keine Angst.»

«Mensch, komm doch zurück.»

«Nein», sagte Jürgen, und dann vernahm Lutz nur noch Schritte, die sich langsam entfernten.

«Jürgen!» brüllte er, aber er erhielt keine Antwort.

Draußen war es dämmrig geworden. Suse, Tine, Hanno und Wally Mecklenburg hockten ratlos um den Schacht. Ihnen wurde immer elender zumute. Wo mochten Jürgen und Lutz jetzt sein? Tine überlegte, ob sie nicht hinunterklettern sollte – sie war schließlich die Beste von ihnen im Turnen. Vielleicht brauchten sie Hilfe. Wenn es da unten nur nicht so unheimlich dunkel wäre. Suse weinte jetzt sogar. In ihr Schluchzen hinein tönte plötzlich ganz schwach:

«Hallo!»

Sie sahen sich an. «Das sind sie!» rief Tine, und sie beugten sich weit hinunter. «Hallo! Hallo!» schrien sie erleichtert durcheinander. Endlich konnten sie Lutz erkennen, wie er begann, die Sprossen der glitschigen Leiter wieder hinaufzuklettern.

«Wo ist Jürgen?» fragte Suse beinahe tonlos. «Wo hast du Jürgen gelassen? – Lutz!»

Lutz hatte sich völlig erschöpft auf den Rand des Einstiegs gesetzt und schüttelte den Kopf. «Da unten ist es schrecklich», sagte er nach einer Weile, die ihnen endlos erschien.

«Ja, aber wo ist Jürgen?» schrie Suse ihn an.

Er erzählte ihnen, wie alles gewesen war und daß er nichts hatte machen können. Daß Jürgen durch den letzten Durchbruch nur gekommen war, weil er keine Arme hatte. «Sonst wären wir beide wieder hier. Aber er wollte nicht umkehren. Er wollte mir beweisen, daß er keine Angst hat. Hätte ich doch bloß die Klappe gehalten.»

«Und was machen wir jetzt?»

«Warten», meinte Lutz.

«Bis dem da unten ohne Arme einfällt zurückzukommen?» sagte Hanno hämisch. «Das habt ihr davon, euch mit so einem wie dem einzulassen. Der glaubt, daß man immer eine Extrawurst für ihn brät –»

So schnell, wie Suses Hand in Hannos Gesicht war, konnte keiner hingucken. «Du fieser Mops», schrie sie außer sich vor Zorn. «Das bist du schon immer gewesen. Ich weiß gar nicht, warum wir uns das immer anhören und gefallen lassen. Jürgen ist unser Freund, er gehört zu uns, das ist so klar wie Kloßbrühe. Du läßt keine Gelegenheit aus, ihn bloßzustellen. Und jetzt ist er der da unten ohne Arme, der gefälligst zurückzukommen hat, weil du hier wartest. Wenn du den Mut gehabt hättest runterzugehen und dünn genug gewesen wärst, durch den Stollen zu kommen, hättest du etwa kehrtgemacht, du Dickwanst?»

Hanno schwieg.

«Schrei hier nicht rum, Suse», sagte Lutz, «das bringt uns nicht weiter. Wenn ich durchgekommen wäre, wäre ich natürlich auch weitergekrochen. Aber eins steht fest: Jürgen hätte mit mir zurückkommen müssen. Schließlich muß er sich ja vorstellen können, daß wir jetzt alle Angst um ihn haben.»

Sie beugten sich wieder über den Schacht und brüllten fast alle gleichzeitig: «Jürgen! Jürgen, Mensch, komm rauf!»

Aber sie erhielten keine Antwort.

«Er wird schon kommen, wenn ihm da unten die Lust vergeht. Ich jedenfalls finde, daß es eine Sauerei von ihm ist –» erklärte Hanno.

«Eigentlich finde ich das auch», meinte Tine zögernd. «Nun hat er uns lange genug zappeln lassen. Wenigstens einen Denkzettel müßten wir ihm verpassen.»

«Vielleicht pfeift er gerade und beruhigt eine Schlange», meinte Wally Mecklenburg ungerührt. «Oder da unten ist tatsächlich ein See, und er sitzt in einem Kahn und rudert herum.»

«Mit was denn?» sagte Suse. «Mit den Beinen etwa?»

«Ach, Quatsch», sagte Lutz, und darin lag seine ganze Ratlosigkeit. «Schuld an allem habe ich. Ich glaube, ich hole Jürgens Vater. Ich sage ihm alles. Er muß uns helfen.» Er stand auf. «Kommst du mit, Suse?»

«Klar», sagte Suse, und sie rannten los.

Er hörte Lutz' Rufe nur noch schwach. Sollte er doch rufen. Er war durchaus imstande weiterzukriechen, und er war schmal genug durchzukommen. Nun wurde der Stollen wieder hoch und weit, und die Luft war auch nicht mehr so stickig. Sie war jetzt sogar frisch, beinahe kühl. Jürgen richtete sich auf und strengte die Augen an. Kam es ihm heller vor, oder bildete er sich das ein? Er blieb ganz ruhig stehen und sah geradeaus. Vor ihm schimmerte etwas. Er machte ein paar Schritte, dann bückte er sich und starrte auf etwas Glitzerndes. Merkwürdig. War es Wasser? Er streifte mit dem linken Fuß die rechte Sandale ab und stellte vorsichtig den rechten Fuß auf das Glitzernde. Es war Wasser, tatsächlich, kaltes Wasser. Aber konnte nicht weit genug sehen, um abzuschätzen, ob es ein See war, wie Lutz erzählt hatte, oder nur ein schmales Rinnsal. Er streifte auch die linke Sandale ab und ging vorsichtig ein paar Schritte in das kalte Naß. Der Grund war steinig und tat seinen Fußsohlen weh. Jetzt wurde es tiefer. Jürgen tastete sich zurück und ließ sich ein paar Schritte von der glitzernden Wasseroberfläche nieder. Allmählich erkannte er, daß das merkwürdige Licht von den Wänden kam, die ihn umgaben und die an dieser Stelle höher sein mußten als dort, woher er gekommen war. Von woher war er eigentlich gekommen? Er wandte den Kopf in die vermutliche Richtung. Dort war Dunkelheit. Nun, den Stollen würde er schon wiederfinden. Auf seinen Kopf konnte er sich verlassen. Aber ein bißchen wollte er hier noch sitzen bleiben. Es war auf eine merkwürdige Weise schön hier. Das geheimnisvolle Glitzern, unter ihm der weiche Sand. Eine sanfte Müdigkeit überkam ihn. Nur ein paar Minuten noch, dann würde er zu den anderen zurückgehen. Möglicherweise machten sie sich schon Gedanken und Sorgen. Vielleicht hatten sie auch Angst? Diese Überlegungen befriedigten ihn. Er saß jetzt da, wo vorher noch niemand gesessen hatte – vielleicht.

«Jedenfalls ist das keine Heldentat», sagte plötzlich jemand neben ihm. «Steh auf!» Er fühlte sich von kräftigen Armen hochgezogen und stand neben einem Mann, der genauso aussah wie der Mönch aus seinem Lesebuch. Er hatte eine weiße Kutte an. Sein schmales weißes Gesicht ähnelte dem des Tischlermeisters Wimp. Seine dunklen Augen blickten freundlich auf Jürgen hinunter. «Warum bist du hier?» fragte der Mönch.

«Weil ... wir haben den Stollen entdeckt und ich ... ich hab es bis hierher geschafft –»

«Hm, hm», meinte der Mann, der vor ihm stand, «das ist bisher noch niemand gelungen. Hast du keine Angst?»

«Doch», sagte Jürgen.

«Trotzdem bist du hierher gekommen? Warum hast du nicht kehrtgemacht, als dein Freund nicht mehr weiterkam?»

«Ich ... ich wollte ...» Er stockte.

«Du wolltest beweisen, daß du manchmal mehr kannst als die andern. Findest du das in diesem Fall fair?»

«Fair?»

«Ja, fair. Du weißt, was ich meine, jedenfalls redet ihr da oben doch so, oder nicht?»

Jürgen schwieg.

«Fair bist du nicht», sagte der Mönch, «aber Mut hast du. Mut allein jedoch genügt nicht, verstehst du das?»

«Nein.»

«Wenn man Freunde hat wie du, muß man auch mal verzichten können, auf ein Erlebnis, ein Abenteuer, eine Genugtuung. Sonst denkst du immer, du bist eine Ausnahmeperson, etwas Besonderes. Das bist du nicht. Verstehst du das wenigstens?»

«Ich weiß nicht.»

«Du wirst es noch lernen», sagte der Mönch. «Ich zeig dir was. Komm!» Er führte ihn ein paar Schritte in die glitzernde Dunkelheit, und jetzt erkannte Jürgen tatsächlich ein Boot.

«Ist hier doch ein See?»

«Hier ist ein See, und ich werde dich jetzt hinüberrudern.»

«Ist er groß?»

«Nach unseren Maßstäben ja. Aber du hast vielleicht eine andere Vorstellung von ‹groß›.»

Er stieß das Boot vorsichtig ab, und sie glitten langsam über das Wasser. Es war Jürgen, als führen sie durch eine riesige Felsenhöhle, an deren Wänden Millionen von Tropfen hingen. Daher kam wohl auch das Licht?

«Wenn der See zu Ende ist, wo sind wir dann?» fragte Jürgen.

«Dann sind wir bei *meinen* Freunden», sagte der Mönch. «Aber sie haben keine Angst um mich. Sie wissen, wo ich bin.»

Das Boot stieß mit einem saften Ruck auf Grund. «Wir sind da, du kannst aussteigen.»

Doch Jürgen stieg nicht aus. Er sah in dem geheimnisvollen Licht einen zweiten Mönch am Ufer des Sees.

«Da seid ihr ja», sagte der freundlich. «wir erwarten euch schon.»

Jürgen war wie verzaubert. Sein Freund, der Mönch, der ihn über den See gerudert hatte, führte ihn, ohne daß er es recht wollte, in eine von warmem Licht erleuchtete Halle. Viele Mönche, alle in weißen Kutten, saßen an einem langen Tisch beisammen. In einem Kamin brannte ein helles Feuer und verbreitete Wärme. Irgendwo schlug ein Gong, dunkel, dröhnend, stetig. Es war wie ein Hämmern.

Die Mönche nahmen keine Notiz von Jürgen. Sie sangen. Aber plötzlich näherte sich ihm einer mit einer Fackel und leuchtete ihm ins Gesicht. «Das ist also dieser Junge, der glaubt, machen zu können, was er will?»

«Nein!» schrie Jürgen. «Nein!» Und als er erwachte, als jemand ihn an der Schulter rüttelte. Eine Taschenlampe blendete ihn. Er hörte die Stimme seines Vaters: «Hier bist du also! Los, Jürgen, wach auf! Ich kann dich nicht den Weg zurücktragen. Er ist zu eng. Komm, los, wir müssen zurück!»

Als sie langsam und mühsam aus dem Schacht herauskletterten, war es draußen dunkel. Seine Freunde waren noch alle da und starrten ihn an: Suse, Tine, Wally Mecklenburg, Lutz, Hanno. Sein Vater legte schwer atmend die Hacke aus der Hand, mit der er den Durchbruch, der für Lutz zu eng gewesen war, breiter geschlagen hatte. Jürgen sah einen nach dem anderen an, und nun schämte er sich.

«Der Held des Tages», hörte er Hanno sagen. «Warum schreit keiner ‹Hurra›?»

Aber es schrie keiner ‹Hurra›. Niemand sagte etwas. Und als Suse den Mund aufmachte, um etwas zu sagen, fuhr Lutz sie an: «Halt die Klappe, Suse.» Dann steckte er die Hände in die Hosentaschen, und Hanno machte es ihm nach. «Ich für mein Teil muß jetzt jedenfalls nach Hause.» Er drehte sich um. «Was ist mit euch?» fragte er die anderen.

Auch sie drehten sich zögernd und wortlos um und verschwanden in der Dunkelheit.

Jürgen sah entgeistert zu seinem Vater hoch. Der hob die Schultern und ließ sie wieder fallen. «Tja, mein Junge, was hast du denn erwartet? Hast du gedacht, die fallen dir um den Hals aus lauter Freude, dich wiederzusehen?» Er zog seine Tabakpfeife aus der Jackentasche und begann sie zu stopfen. «Die sind jetzt sauer auf dich, und ich kann sie verstehen. Sie hatten Angst um dich, und die müssen sie nun erst mal abreagieren.»

«Ja, aber –»

«Wir wollen jetzt mal ganz beiseite lassen, wer schuld hatte an diesem Unternehmen. Im entscheidenden Augenblick hast du dich jedenfalls falsch verhalten; und wenn ich mir vorstelle, was daraus hätte entstehen können, hätte ich jetzt noch Lust, dir den Hosenboden strammzuziehen.» Er zündete seine Pfeife an, dann nahm er die Hacke und legte den freien Arm um Jürgens Schulter. «Komm nach Hause. Auch Mutti macht sich Sorgen um dich.» Als er merkte, daß Jürgen weinte, drückte er ihn an sich. «Deine Freunde haben beschlossen, dich eine Weile links liegenzulassen. Diese Strafe mußt du hinnehmen, sie ist gerecht. Aber es wird sich wieder einrenken, spätestens an Lutz' Geburtstag.»

Als Jürgen jetzt laut schluchzte, schüttelte er ihn. «Der ist nächste Woche. Und eingeladen bist du auch schon. Also hör auf zu heulen, du Held!»

Das Lama beim Friseur

Von Gaunern, Ganoven und ganz großen Künstlern

Wie machst du denn das?
Alles nur eine Frage der Konzentration!
Unglaublich!

Hanna Hanisch

Das Lama beim Friseur

Es war ein kalter Tag im November.

In der Fußgängerzone, vor dem Friseurgeschäft SALON WEGEMEIER, stand ein Lama. Ruhig und vornehm stand es da, mit erhobenem Kopf.

An seinem Hals hing ein Schild:

SPENDET
FÜR UNS TIERE
IM WINTERQUARTIER!
Zirkus Askora

Neben dem Lama stand ein Mann mit einem Teller in der Hand. Auf dem Teller lagen Geldstücke, kleine und ein paar größere.

Der Mann sah müde und verfroren aus. Gewiß hatte er Sorgen, wie er die Tiere den Winter hindurch füttern sollte.

Die Kinder zogen ihre Eltern zum Lama. Sie wollten es kraulen und streicheln. Dafür sollten die Eltern etwas spenden.

Aber die meisten Leute gingen vorbei. Sie hatten es eilig, sie trugen schwere Taschen, es war ihnen zu kalt.

Der Mann mit dem Teller ging für eine Weile weg. Er wollte sich mit einer Tasse Kaffee aufwärmen, gleich nebenan.

Das Lama stand allein vor dem Friseurgeschäft.

Als eine Dame die Ladentür öffnete, lief es hinterher und stellte sich in eine leere Kabine.

Der Lehrling Friedrich-Günter staunte.

Er rief nach hinten, wo sein Meister gerade einer Dame die Haare färbte: «Hallo, Chef, hier ist ein Lama! Was soll ich machen?»

Der Meister aber hatte verstanden: ‹Hier ist eine Dame! Was soll ich machen?› Darum rief er zurück: «Waschen, Schneiden und Legen. Jetzt zeig einmal, was du gelernt hast, Friedrich-Günter!»

«Aber ich kann doch nicht ...»

Der Meister sagte energisch: «Natürlich kannst du das. Nun fang schon an!»

Da seifte der Lehrling das Lama ein und wusch ihm das Fell.

Er rubbelte es ab und fönte es, sehr vorsichtig, damit es nicht zu heiß wurde für das Lama.

Er schnippelte – schnipp-schnapp – einiges herunter vom weichen Lamahaar.

Das gefiel dem Lama.

Doch als Friedrich-Günter die Lockenwickler eindrehte, wurde es unruhig. Weil das so ziepte.

Das Lama gab merkwürdige Töne von sich.

«Friedrich-Günter, laß das Quäken sein!» rief der Meister aus seiner Kabine. «Wir sind hier nicht im Musikgeschäft.»

Friedrich-Günter mühte sich weiter ab mit den Lockenwicklern. Sie reichten nicht aus für das ganze Fell.

«Ich brauche noch Wickler!» rief er. «Dieses Vieh hat ja eine tolle Perücke!»

Der Meister rief empört: «Friedrich-Günter, laß die dummen Witze! Wir sind hier nicht im Zirkus.»

Die Kollegin von nebenan reichte ihm freundlich eine Schale mit Lockenwicklern über die Kabinenwand.

So konnte Friedrich-Günter dem Lama rundherum Locken eindrehen. Er strengte sich mächtig dabei an.

Nach einiger Zeit kam der Zirkusmann vom Kaffeetrinken zurück.

Wo war das Lama? Ausgerissen? Oder gestohlen?

Da öffnete sich die Tür vom Salon WEGEMEIER: Heraus trat das Lama. Ruhig und vornehm, mit erhobenem Kopf. Wunderbar frisiert. Seidig glänzte sein Lockenfell.

Die Leute in der Fußgängerzone blieben stehen und bewun-

derten das Lama. Alle Kinder wollten es streicheln und ihre Backe an sein weiches Fell legen.

Der Teller des Zirkusmannes füllte sich mit Geld.

Der Lehrling Friedrich-Günter stand in der Ladentür und strahlte. Er hatte wirklich gute Arbeit geleistet.

Und was sagte der Friseurmeister dazu?

Der hatte überhaupt nicht gemerkt, daß ein Lama im Geschäft gewesen war.

Illustration von Boris Kaip

Heinrich Hannover

Aus dem Tageslauf einer Artistenfamilie

Jeder weiß, was Artisten in der Zirkusmanege machen. Aber wer weiß, was sie eigentlich zu Hause, in ihrem Wohnwagen, machen? Also, ich will es euch mal erzählen: Morgens, wenn sie aufstehen, setzen sie nicht etwa erst das eine Bein und dann das andere aus dem Bett. Nein, sie schaukeln sich im Liegen auf der Matratze in Schwung, so in Schwung, daß sie hochfliegen, und wenn sie hoch genug geflogen sind, dann machen sie einen Salto vorwärts über das Fußende des Bettes und landen genau in ihren Pantoffeln.

Und wie waschen sie sich?

Sie werfen einen nassen Lappen in die Luft und laufen blitzschnell darunter hin und her, dann sind sie vorn und hinten naß. Dann schlagen sie ein paarmal rad, kreuz und quer durchs Zimmer und machen ein paar Saltos, und dabei fliegt der ganze Dreck weg. Zum Abtrocknen helfen sie sich gegenseitig, indem immer vier Artisten ein großes Handtuch an den vier Zipfeln festhalten wie ein Sprungtuch; dann springt der frischgewaschene Artist hinein und wird von den anderen ein paarmal in die Luft gewirbelt. Dabei dreht sich der nasse Artist so, daß er mal auf dem Bauch, mal auf dem Rücken und mal auf jeder Seite zu liegen kommt; und so wird er knochentrocken.

Und wie putzen sie sich die Zähne?

Zum Zähneputzen wirft der Artist die Zahnbürste in die Luft und wackelt so schnell mit dem Kopf hin und her, daß die Zähne blitzblank geputzt werden. Zum Schluß wirft er die Zahnpastatube mit der rechten und das Hütchen dazu mit der linken Hand in die Luft und gibt ihnen dabei so eine kleine Drehung mit, daß sie sich in der Luft von selbst zusammenschrauben. Natürlich landet dann alles genau im Zahnputzbecher: die Zahnpastatube und die Zahnbürste.

Und wie kämmen sie sich?

Zum Kämmen wirft der Artist den Kamm in die Luft und macht einen doppelten Salto unter dem Kamm durch. Wenn die Haare nach hinten gekämmt sein sollen, macht er Salto vorwärts, wenn sie nach vorn gekämmt sein sollen, Salto rückwärts.

Na, wie sich der Artist Hemd und Hose anzieht, könnt ihr euch schon denken: Die Hose wirft er in die Luft und springt mit Salto rückwärts hinein; beim Hemd geht's mit Salto vorwärts.

Aber die Strümpfe? Wißt ihr es? Anne wußte es gleich: Sie hängen an der Leine, und der Artist springt mit beiden Füßen hinein.

Dann kaufen zwei Artistenkinder Brötchen und Eier zum Frühstück ein. Na, wie wohl? Einen Geldbeutel brauchen sie natürlich nicht; sie wirbeln die Geldstücke vor sich durch die Luft und fangen sie wieder auf; wenn die Sonne scheint, sieht es aus wie Goldregen. Im Geschäft landen die Geldstücke alle auf dem Teller: klackklackklackklackklackklackklack. Und dann brauchen sie natürlich auch keine Tüte. Die Brötchen fliegen durch die Luft und werden aufgefangen, immerwiederimmerwiederimmerwiederimmerwiederimmerwieder. Und die Leute bleiben stehen und staunen. Manchmal versucht auch einer, der vorübergeht, die Brötchen zu fangen, aber es hat noch nie einer geschafft.

Das Artistenfrühstück ist natürlich auch anders als bei anderen Leuten. Natürlich werden bei Artisten die Eier nicht mit dem Löffel gegessen. Hier wirken wieder alle zusammen. Jeder Artist pellt das Ei für einen anderen Artisten ab, und dann werfen sie sich die Eier gegenseitig über den Tisch in die offenen Münder. Bei den Artistenkindern, die noch nicht so einen großen Mund haben, geht es so: Sie fangen das Ei mit der Nase auf, balancieren das Ei auf der Nase und beißen nach und nach ab. Wer es ausprobieren will, sollte darauf achten, daß die Eier nicht zu weich gekocht sein dürfen, sonst bekleckert man sich bei diesem Kunststück.

Auch das Mittagessen der Artisten hat einige Besonderheiten. Sie balancieren die Teller mit dem Mittagessen auf langen Stangen und lassen das Essen nach und nach in den Mund fliegen: Kartoffel für Kartoffel, Erbse für Erbse und Klops für Klops, alles fliegt im rechten Augenblick vom Teller in den Mund. Ebenso geht's mit dem Kompott, das Kirsche für Kirsche oder Pflaume für Pflaume in den Mund balanciert wird. Wer sich bekleckert, muß noch mal von vorne anfangen. Ein starkes Stück

leistet sich manchmal der Artistenvater: Wenn es Klopse gibt, die er besonders gern mag, hechtet er manchmal über den ganzen Tisch und schnappt sich einen Klops vom Teller eines anderen Artisten. Was er inzwischen mit seinem eigenen Teller macht? Den wirbelt er ein paar Meter in die Luft, und bis der Teller wieder unten ist, hat der Artistenvater längst den Hechtsprung zurück gemacht.

Wenn die Artisten spätabends nach der letzten Vorstellung ins Bett gehen, dann tun sie das natürlich auch nicht wie andere Menschen. Sie schlagen noch ein paarmal rad um den Wohnwagen, und dann setzen sie mit einem Salto durchs offene Fenster und landen mit Rolle vorwärts im Bett.

Ob manchmal auch was mißglückt? Aber natürlich! Der Artistenvater war einmal so durcheinander, daß er den ganzen Tag alles falsch machte. Statt seines Tellers balancierte er sein Bett auf einem Finger, und als er mit einem Salto durchs Fenster sprang, landete er nicht im Bett, sondern mit Rolle vorwärts im Kochtopf. Und den Salto rückwärts drehte er aus Versehen nicht unter dem Kamm, sondern unter der Zahnbürste. Das Schlimmste war, daß er das gar nicht gemerkt hat, sondern abends im Zirkus mit weißer Zahnpasta im Haar aufgetreten ist. Er wußte gar nicht, warum die Leute lachten. Und beim Abendessen – es gab sein Lieblingsgericht: Klopse mit Kartoffeln und roter Bete – machte er dauernd Hechtsprünge nach fremden Klopsen und erwischte immer nur rote Bete. Na, ihr könnt euch vorstellen, wie ihn die anderen ausgelacht haben: Nachher hing ihm die rote Bete in den Haaren, auf den Augen und an den Ohren. Was blieb dem Artistenvater anderes übrig, als mitzulachen.

Illustration von Boris Kaip

Peter Härtling

Wölkchen

Laßt mich vom Gewittermacher erzählen. Draußen wird der Himmel dunkel, von fern donnert es schon.

Die Nachbarin ruft: Es regnet!

Der Nachbar rollt die Markisen vorm Laden ein.

Die Luft riecht nach Wasser und feuchtem Staub.

Die Leute fliehen in die Hauseingänge, stellen den Kragen der Sommerjacke hoch und schauen nach einem blauen Loch im schwarzen Himmel.

Es geht schnell vorüber, sagt die Nachbarin.

Der Gewittermacher wüßte es.

In der kleinen Stadt, in der ich aufwuchs, stand er immer an der Brücke. Er war, so wurde geredet, nicht richtig im Kopf, konnte keiner Arbeit nachgehen und hatte tagsüber seinen Standort an der Brücke.

Da traf man ihn, klein, selbst im Sommer mit einem Mantel um den gekrümmten Leib und einem Hut auf der Glatze. Er sah alt aus, aber wahrscheinlich war er noch gar nicht so alt. Fortwährend redete er vor sich hin.

Kinder trieben ihre Scherze mit ihm, doch er blieb alle Zeit freundlich, und deshalb gaben sie es mit der Zeit auf.

Wenn es schön war, begrüßte er die Leute stets mit dem Satz: Kein Wölkchen am Himmel, gell?

Deshalb nannte man ihn Wölkchen, obwohl er nun gar nicht einer Wolke glich.

Merkwürdig war, daß er fast nur übers Wetter sprach. Über die Sonne. Die Wölkchen. Den Regen. Natürlich auch über Gewitter. Die Gewitter, so behauptete er, könne er machen und dirigieren. Wenn es ihm zu blöd sei und zu viele Leute ihn geärgert hätten, hole er einfach ein Gewitter her. Aber auch dann, wenn es ihm im Rücken zu sehr schmerze. Das kann ich, sagte er, nickte dazu und schaute an den Leuten vorbei.

Den Kindern, die an Nachmittagen, wenn die Schule aus war, oft um ihn herumstanden, fiel auf, daß er schaute und doch wieder nicht. Er war gewiß nicht blind, denn er sah alles, was auf der Straße geschah, aber er blickte über Menschen und Dinge hinweg oder durch sie hindurch. Das war nicht genau auszumachen.

Der Wölkchen spinnt einfach, sagten die Erwachsenen, das tut er schon seit fünfzehn Jahren. Seitdem steht er an der Brücke. Seit dem Kriegsende.

Er bettelte nicht, wenn ihm aber jemand eine Münze gab, bedankte er sich und sagte: 's wird schön morgen. Das mußte nicht stimmen. Das sagte er offenbar dem Spender zuliebe.

Doch mit den Gewittern hatte er immer recht.

Darum glaubten ihm die Kinder, wenn er sagte: Die Gewitter mache ich. Wenigstens die Gewitter in dieser Gegend.

Zu diesem Ruhm kam er nach und nach. Das erhöhte seine Glaubwürdigkeit. Erst erzählten es die Kinder ihren Eltern, die über die Spinnerei von Wölkchen lachten. Kein Mensch kann Gewitter machen! Euer Wölkchen ganz bestimmt nicht! Dann fiel den Eltern auf, daß – wann immer die Kinder atemlos nach Hause gerannt kamen und sagten: Wir waren auf der Brücke bei Wölkchen, er hat arge Rückenschmerzen und muß ein Gewitter machen – kurz darauf tatsächlich ein Gewitter niederging.

Er ist eben wetterfühlig, erklärte der Doktor, das kennt man.

An den Stammtischen wurde Wölkchen zum Hauptthema. Die Männer stritten sich über seine sonderbare Fähigkeit, und Freunde wurden wegen Wölkchen zu Feinden.

Den Kindern war es gleich. Sie holten sich bei Wölkchen Auskünfte und waren gut Freund mit ihm. Trotzdem nannte er nie eines von ihnen beim Namen, sondern rief sie entweder: Du Bub! Oder: Du Mägdlein! Anfangs kicherten sie, schämten sich, dann gewöhnten sie sich daran. Es war eben eine der vielen Eigenheiten von Wölkchen.

Den Erwachsenen ließen die Gewittervorhersagen keine Ruhe. Aus den zahlreichen Stammtischkreisen entstand eine

Haupt- und Dauerdiskutierrunde. In ihr trafen sich die beharrlichsten Wölkchenforscher. Und diese Leute beschlossen, Wölkchen auf die Probe zu stellen.

An einem Tag, an dem kein Wölkchen am Himmel zu sehen war, die Wetterberichte in Radio und Fernsehen nur das Beste voraussagten, gingen sie zu Wölkchen, scharten sich um ihn, ein wenig befangen, stotterten eine Zeitlang herum, bis der Doktor, der alles auf Wölkchens Wetterfühligkeit schob, zu Wölkchen sagte: Sie wissen, Sie haben den Kindern einen Floh ins Ohr gesetzt, Herr ... Hm.

Wölkchen, sagte Wölkchen.

Also gut – Herr Wölkchen, erwiderte unmutig der Doktor und fuhr fort: Sie könnten, haben Sie den Kindern erzählt, wann immer Sie wollten, ein Gewitter machen. Das ist ja nun wirklich ein starkes Stück, Herr ... Hm.

Wölkchen, sagte Wölkchen.

Also – Herr Wölkchen! Machen Sie mal ein Gewitter! Jetzt! Sehen Sie, kein Wölkchen ist am Himmel.

Nur ich, sagte Wölkchen.

Sie sind ein Mensch und stehen vor uns auf der Brücke.

Und doch bin ich das Wölkchen, sagte Wölkchen. Wollen Sie einen Augenblick mit mir warten?

Alle sahen zum Himmel hinauf. Nichts war zu sehen.

Nur ein wenig Geduld, sagte der kleine Mann in dem weiten Mantel, sah keinen an, lachte vor sich hin. In meinen Gliedern juckt es jetzt ganz erheblich.

Ach was, sagte der Doktor, lauter Unsinn.

Unsinn? fragte Wölkchen, legte den Kopf schief, blinzelte zum Horizont. Da quoll mit großer Geschwindigkeit eine tiefschwarze Wolke hoch, spie weitere Wolken aus, wuchs immer höher den Himmel hinauf, einen gelben Rand vor sich herschiebend.

Jetzt müssen Sie aber rennen, daß Sie nicht naß werden, sagte Wölkchen.

Tatsächlich, Gewitterwolken, riefen die Leute. Das kann

doch nicht wahr sein. Schnell! Schnell! Und rannten, jeder für sich, eilends nach Hause.

Wölkchen lachte ihnen nach.

Er hat Glück gehabt, sagte später der Arzt. Er hat es in seinen Gliedern gespürt. Mir kann keiner was vormachen. Gewittermacher gibt es nicht.

Doch Vater, widersprach ihm sein Sohn, der sich sonst kaum traute, zu widersprechen: Wölkchen kann Gewitter machen!

Norbert Timm (7 Jahre)

Der Blumenriecher

Es gibt einen Beruf, den nur ein einziger Mann auf der Welt ausübt.

Dieser Mann hat eine ganz lange Nase, und sein Beruf ist Blumenriecher. Jeder, der ihn kennt, sagt: «Aha, da kommt Herr Blumenriecher.» Aber in Wirklichkeit heißt er Herr Primelpott. Herr Primelpott riecht jeden Tag Blumen. Die Blumen, die am besten riechen, verkauft er an die Blumenhändler.

Heute fliegt Herr Primelpott mit seinem Hubschrauber über den Kilimandscharo. Am Steppenrand landet er. Dort sieht er überall Blumen und Blumen und Blumen. Er riecht und riecht und riecht.

Plötzlich stinkt es in seiner langen Nase, sie wird rot wie eine Rose, und Herr Primelpott muß gewaltig niesen. Er hat den Afrikanischen Stinkfingerhut gefunden. Er ist riesig groß, rosa und riecht wie ein Misthaufen und noch zwei Wagen Jauche dazu. Herr Primelpott muß mit seiner Arbeit aufhören, denn für heute hat er sich die Nase verdorben.

Elke Kahlert

Jetzt rede ich

Endlich die Wahrheit
über den Wolf
und die sieben Geißlein

*(Unser fliegender Reporter
Ronald Eichelhäher
sprach mit Herrn Wolf)*

Reporter:
Herr Wolf, wir freuen uns, daß Sie sich bereit erklärt haben zu reden. Die Geschichte hat ja damals viel Staub aufgewirbelt. Nun endlich sollen unsere Leser die volle Wahrheit über Sie und die sieben Geißlein erfahren. Also, Herr Wolf, wie war es wirklich?
Wolf:
An der dummen Geschichte ist ja eigentlich überhaupt nichts dran. Es gab damals zwei Reporter, die mich schwer verleumdet haben. Sie wissen es vielleicht, es handelte sich um zwei Brüder, Grimm hießen sie. Den Namen werde ich mein Lebtag nicht vergessen, denn die haben mir die ganze Sache eingebrockt. Es war alles reine Sensationsmache, denn daß ich versucht haben

soll, sieben Geißlein zu ermorden, also, ich bitte Sie, Herr Eichelhäher, sehe ich wie ein Mörder aus?

Reporter:

Nein, nein, Herr Wolf, aber bitte sprechen Sie weiter.

Wolf:

Das war so. Ich bin ja als sehr kinderlieb bekannt. Nun, ich hatte diese jungen Geißlein schon öfter gesehen und fand sie reizend und nett. Eines Tages gehe ich spazieren, ganz harmlos nur spazieren, und komme zufällig, aber wirklich rein zufällig, an dem Haus vorbei, wo die Geißens wohnten. Plötzlich höre ich ängstliches Weinen. Ich stelle mich ans Fenster, klopfe höflich, wie es sich gehört, an und frage, was denn los sei. Von drinnen kommt keine Antwort. Nur dieses Weinen. «So macht doch auf», rufe ich. «Vielleicht kann ich irgendwie helfen.» Dann die Stimme eines der Geißlein: «Nein, wir machen nicht auf. Unsere Mutter hat es uns verboten. Wir fürchten uns auch, weil du so eine rauhe Stimme hast.»

«Nun gut», dachte ich, «das mit der rauhen Stimme kann man ja ändern.» Ich also zum Krämer ins Dorf, kaufe ein Stück Kreide – denn Kreide, das hatte ich mal gelesen, macht ja bekanntlich eine sanfte Stimme – und sieben Stück Schokolade. Die Kreide esse ich auf dem Weg zurück, die sieben Stück Schokolade nicht. Ich klopfe wieder freundlich ans Fenster und sage: «So macht doch auf, ich bin ein guter Onkel, hab Schokolade für euch und will nur schauen, ob es euch auch gutgeht!» Aber die Kleinen machen wieder Zicken: «Du hast so schwarze Füße, machst uns sicher alles schmutzig, und dann schimpft die Mutter.»

Ich also wieder ins Dorf, diesmal zum Bäcker, laß mir die Pfoten mit Teig weiß machen und sogar noch etwas Mehl draufstreuen. Ich frage Sie, Herr Eichelhäher, macht man sich so viel Mühe, wenn man Böses im Schilde führt?

Reporter:

Gewiß nicht, Herr Wolf. Aber was passierte dann?

Wolf:

Nun ja, wieder beim Haus, sag ich: «Also nun macht doch endlich auf und holt euch eure Schokolade, sie wird ja sonst ganz weich.»

Da machen die Geißlein wirklich auf, und ich weiß nicht warum, jedenfalls scheinen die jungen Dinger furchtbar erschrocken zu sein, denn sie rennen wie wild zur Tür hinaus. Ich bin dann ins Haus und hab mich umgeschaut. Da sah es vielleicht aus! Tisch, Stühle und Bänke umgeworfen, die Waschschüssel lag in Scherben, Decke und Kissen waren aus dem Bett gezogen. Und ich dachte noch bei mir: «Die alte Ziege ist eine richtige Schlampe. Geht einfach weg und läßt das Haus hier in diesem Zustand.»

Nun, dann bin ich wieder hinaus, und weil es mittlerweile Mittag war und die Sonne ziemlich heiß schien – und müde war ich auch –, legte ich mich unter einen Baum und machte ein Schläfchen. Ich pflege immer mittags zu schlafen, das ist gut für die Nerven, wissen Sie. Schlafen Sie auch mittags?

Reporter:

Nein, Herr Wolf, ich komme meistens nicht dazu. Aber bitte fahren Sie doch fort.

Wolf:

Sollten Sie aber, ich meine schlafen, dann wären Sie nicht so nervös. Aber bitte, es geht mich ja nichts an.

Nun, ich muß damals wohl sehr tief geschlafen haben, denn ich merkte nicht, daß inzwischen die alte Ziege gekommen war, mit einer Schere mir den Bauch aufgeschnitten hatte, Wackersteine hineingetan und mir dann den Bauch wieder zugenäht hatte. Ich merkte wirklich nichts. Vielleicht hat es ein wenig gekitzelt. Als ich aber aufwachte und aufstand, fühlte ich mich etwas merkwürdig. Und als ich dann ging, da rumpelte und pumpelte es in meinem Bauch. Furchtbar! Einen Riesendurst hatte ich außerdem. Ich ging, nein, ich torkelte zum Brunnen, bückte mich und wollte trinken. Da aber bekam ich das Übergewicht, und die schweren Steine zogen mich hinein. Und beinahe wäre ich jämmerlich ertrunken, wenn ein gewisses Fräulein Rotkäppchen mir damals nicht geholfen hätte. Aber das ist eine andere Geschichte.

Reporter:
Ja, und dann?
Wolf:
Und dann, und dann! Dann wurde ich verurteilt. Mir hat ja keiner geglaubt. Die Aussagen standen sieben zu eins, sieben Geißlein gegen einen Wolf. Und dann diese Grimms! Die haben vielleicht eine Hetze betrieben gegen mich und meine ganze Familie. Seit dieser Zeit werden wir von allen gemieden, von manchen sogar verfolgt. Wenn ich nur daran denke, dann möchte ich am liebsten zu heulen anfangen.
Reporter:
Herr Wolf, wir danken Ihnen für dieses Gespräch.

Illustration von Friedrich Kohlsaat

Frederik Hetmann

Zähne des Blizzard

Ein Cowboy erzählte:

Letzten Sommer ritt ich aus und dachte: Heute ist's aber höllisch heiß. Da hörte ich hinter mir ein Stöhnen. Ich drehe mich um und sehe einen Blizzard angerast kommen. Mir war klar, daß mir nun keine Zeit blieb, um die schöne Aussicht zu bewundern. Also gebe ich meinem Pferd die Sporen, damit wir rasch heimkommen. Aber das Tier muß auch schon einmal etwas von Blizzards gehört haben. Ehe ich meinen Tabak zweimal durchkauen kann, sind wir da. Als ich dem Pferd den Sattel abnehme, ist sein Vorderteil ganz verschwitzt, aber die Hinterbacken, wo die Zähne des Blizzards sie zu fassen bekamen, sind mit Eis überzogen.

Ein anderer Cowboy wollte an einem sehr heißen Tag schwimmen gehen. Als er sich seiner Kleider entledigt hatte, kletterte er zum Rand der Klippe hinauf, sah über den Fluß hin und wollte dann ins Wasser hinabtauchen. Während er sprang, trocknete eine Dürre den Fluß unter ihm aus. Aber er hatte Glück: Ein plötzlicher Sturzbach schoß in das trockene Flußbett. Der Cowboy landete sicher im Wasser, aber als er wieder auftauchte, jagte ein Northern heran, und die Wasseroberfläche erstarrte zu Eis. Er wäre bestimmt ertrunken, wenn jetzt nicht die Sonne hervorgekommen und das Flußbett wieder staubtrokken gemacht hätte. Ehe sich der Cowboy wieder angezogen hatte, holte er sich noch einen bösen Sonnenbrand.

Jeder Cowboy, der einmal einen Winter in einem Holzschuppen bei den Herden auf der offenen Prärie verbracht hat, weiß ein Lied davon zu singen, wie kalt es in Texas und Oklahoma werden kann. Einer erzählte, daß die Temperaturen so weit absanken, daß die Kerzenflamme gefror. Ehe er die Kerze auslöschen konnte, mußte er warten, bis sie wieder auftaute. Dann, als die Sonne herauskam, wurde es so heiß, daß sich der Mais, den sie für die Fütterungen eingelagert hatten, in Puffreis verwandelte.

Michail Krausnick

Unerhörte Nullnullgeschichte …

Liebe Neffen, liebe Nichtchen,
Lernet nichts aus dem Geschichtchen,
Das ich Euch erzählen will.
Sagt nichts, fragt nichts, seid ganz still!
PSSSST!
PSSSST!
PSSSST!

Es war keinmal, nie geschehen,
Nirgendwo und ungesehen –
Da hat mitten in der Nacht
Keiner Niemand umgebracht.

In der Zeitung konnt' man lesen:
Es ist gar nichts los gewesen.
Was das allerschlimmste ist –
Niemand wird nichtmal vermißt.

Niemals wird der Fall ergründet,
Selbst wenn man die Leiche findet …
Niemals glaubt ein Kommissar,
Daß der Mörder Keiner war!

Gut versteckt am sichern Örtchen
Hockt Herr Keiner, sagt kein Wörtchen
Von dem grauenvollen Mord.
Sicher hockt er heut' noch dort …

Liebe Neffen, liebe Nichtchen,
Lernet nichts aus dem Geschichtchen,
Das ich Euch erzählet hab' –
Nehmt es mit in Euer Grab!

Elke Kahlert

Ende gut alles gut

«Da sind Sie ja endlich», ruft Frau Simon aufgeregt. Sie hat Herrn Knack schon an der Tür erwartet.

«Was heißt hier endlich. Ich bin eine Stunde früher da, als ich vorhatte», erwidert Herr Knack.

«Reden Sie nicht lange herum. Man hat mich beraubt.»

«Man hat Sie was?» schreit Herr Knack. «Warum sagen Sie denn das nicht gleich?»

«Nun regen Sie sich doch nicht gleich so auf, junger Mann. Wer ist denn beraubt worden, Sie oder ich?»

«Wann?» fragt Herr Knack und legt sein Gesicht in Kriminalerfalten.

«Eben», antwortet Frau Simon, «vor fünf Minuten.»

«Tathergang, aber ein bißchen plötzlich.»

«Also, wie reden Sie denn mit mir. Schließlich bin ich das Opfer und nicht der Täter.»

«Frau Simon, ich bitte Sie dringend, sprechen Sie.»

«Nun gut. Also, ich sitze da und häkle. Plötzlich klingelt es an der Wohnungstür. Ich denke, es ist meine Freundin Emilie

Winkler, und öffne. Draußen steht ein Mann, was sage ich, ein Kerl. Er schiebt mich, ohne ein Wort, zurück in meine eigene Wohnung. Zuerst war ich sprachlos, doch dann sage ich höflich, aber bestimmt: ‹Mein Herr, was ist denn das für ein Benehmen?› Aber der Kerl reagiert darauf überhaupt nicht, sondern rennt in mein Schlafzimmer, greift unter die Matratze und ...»

«Und? So reden Sie doch weiter», drängt Herr Knack.

«... und holt meinen Sparstrumpf hervor, was sonst? Ich sage: ‹Mein Herr, das ist verboten, was Sie hier machen.› Der Kerl grinst nur und antwortet: ‹Ist schon recht, Oma.› Oma, hat der gesagt! Da denke ich mir, so geht das aber nicht, reiße die Wohnungstür auf und schreie. Er an mir vorbei, zischt noch: ‹Blöde Schreigans› und rennt die Treppen hinunter. Ich hinter ihm her. Schon will er die Haustür aufreißen, aber die hatte der Hausmeister wohl in der Zwischenzeit zugesperrt. Er gebraucht dann ein Wort, das ich hier nicht wiederholen möchte, und rennt in den Keller. Ich ihm nach. Erst durch den Fahrradkeller, dann in den Kohlenkeller des Hausmeisters. Die heizen nämlich noch mit Kohlen, müssen Sie wissen.»

«Frau Simon, das ist doch jetzt unwichtig. Erzählen Sie weiter.»

«Na, ich erwische ihn gerade noch, als er aus dem Fenster klettern will. An der Jacke.»

«Und? Und?»

«Und reiße ihm die Jacke kaputt. Dann ist er raus. Ich bin hoch, und da kamen Sie auch schon.»

«Wie sah der Kerl aus?»

«So genau kann ich das nicht mehr sagen. Er trug eine Hose.»

«Logisch, was weiter?»

«Eine Jacke und hatte eine Brille auf.»

«Ist das alles?»

«Ja, aber wo wollen Sie hin? Wollen Sie denn nicht die Polizei anrufen?»

«Wozu?» schreit Herr Knack, schon auf der Treppe. «Schließlich bin ich ja selbst Kriminaler.»

«Sie waren es», sagt Frau Simon. Aber so leise, daß er es sicher nicht mehr gehört hat.

Herr Knack hat den Einbrecher gefaßt. In der Fußgängerzone, nicht weit von Frau Simons Wohnung. Wie hat er ihn unter all den vielen Leuten auf dem Bild erkannt?

Illustration von Friedrich Kohlsaat

Elke Kahlert

Alter erraten

Ein Mitspieler soll sein Alter mit 10 multiplizieren. Davon muß er das Produkt einer beliebigen einstelligen Zahl mit 9 abziehen (zum Beispiel 4 · 9 = 36). Wenn er das Ergebnis nennt, kann ihm der Zauberer sofort sein Alter sagen. Ist die genannte Zahl unter 100, addiert man die beiden Ziffern der Zahl und weiß das Alter.

Wenn zum Beispiel Klaus 8 Jahre alt ist, rechnet er: 8 · 10 = 80
Als einstellige Zahl wählt er 3 und multipliziert: 3 · 9 = 27
80 − 27 = <u>53</u>. Zählt man 5 und 3 zusammen, ergibt es 8, und man kennt das Alter von Klaus. Bei einer Zahl über 100 muß man die ersten beiden Ziffern als gemeinsame Zahl zur dritten addieren: (125 12 + 5 = 17)

Illustration von Friedrich Kohlsaat

Johannes Merkel

Die Leute wissen schon, was sie tun

Unser Herr Meier ist ein ängstlicher Mensch, der traut sich nie, genau nachzufragen. Ach, sagt er sich, wozu soll ich lange fragen? Die Leute werden schon wissen, was sie tun. Eines Tages zieht unser Herr Meier um, und auch noch in den vierten Stock hinauf. Wuchtet ihr mal den Küchenschrank von unserem Herrn Meier vier Treppen hoch.

Schon nach zwei Treppen ist er in Schweiß gebadet. Und einen Durst hat er, nicht zum Aushalten! Warum soll er sich nicht ein Glas genehmigen? Der Küchenschrank läuft ihm nicht davon.

Gut, er stapft in die Gastwirtschaft um die Ecke und sagt: «Mann, habe ich vielleicht einen Brand, den muß ich jetzt erst mal löschen.»

«Einen Brand löschen?» fragt der Wirt, und schon läuft er zum Feuermelder und alarmiert die Feuerwehr.

Unser Herr Meier guckt ziemlich dumm: Komisch, seit wann wird das Bier durch die Feuerwehr geliefert? Na ja, der Wirt muß ja am besten wissen, wo das Bier herkommt. Also wartet er, und sein Durst wird immer schlimmer.

Gleich darauf rückt die Feuerwehr an mit heulenden Sirenen. Ein Feuerwehrmann stürzt mit dem Schlauch in den Schankraum. «Wo brennt's hier?»

«Hier brennt's», sagt Herr Meier und deutet auf seinen Bauch. «Ich kann es schon kaum mehr aushalten.»

«Ach so», sagt der Feuerwehrmann, «es geht um einen Notfall. Das hätten Sie doch gleich sagen können.» Er packt unseren Herrn Meier und fährt ihn zum Notarzt.

Komisch, seit wann rennt man wegen einem bißchen Durst gleich zum Arzt? Aber die Feuerwehr wird ja schon wissen, was sie tut.

Zum Notarzt sagt der Feuerwehrmann: «Wir bringen Ihnen hier einen, dem brennt's im Bauch.»

«Das trifft sich aber gut», meint der Arzt. «Mir ist gerade die Heizung ausgefallen, stellen Sie sich in die Ecke und heizen Sie mir ordentlich ein!»

Komisch, denkt Herr Meier, seit wann kann man mit Durst ein Zimmer heizen? Aber wozu ist der Mann Arzt, der wird ja wohl wissen, was er sagt.

Da kommt die Sprechstundenhilfe ins Zimmer. «Was stehen Sie hier eigentlich in der Ecke?» fragt sie.

«Ja, wissen Sie», sagt Herr Meier, «mir brennt's im Bauch, und ich soll Ihnen ordentlich einheizen.»

Die Sprechstundenhilfe schaut ihn schräg an. «Ich glaube, Sie haben nicht alle Tassen im Schrank.»

«Woher wissen Sie das?» staunt Herr Meier. Und er rennt

Hals über Kopf nach Haus und zählt die Tassen im abgestellten Küchenschrank! Tatsächlich, da fehlt eine, und auch noch seine Lieblingstasse.

Das ärgert ihn dermaßen, daß er darüber sogar seinen Durst vergißt. Er rennt zur Polizei und erstattet Anzeige. «Und wie soll das passiert sein?» fragt ihn der Polizeibeamte.

«Ja, wissen Sie, ich habe einen Brand gehabt, den nicht einmal die Feuerwehr löschen konnte. Da haben sie mich zum Notarzt gefahren, dem habe ich ordentlich eingeheizt, aber die Sprechstundenhilfe sagte zu mir, ich hätte nicht alle Tassen im Schrank. Ich nach Hause wie ein geölter Blitz, und was sage ich, ich habe sie nicht alle.»

Der Beamte nickt. «Das kommt mir allerdings auch so vor. Sie sind hier leider an der falschen Adresse. Aber wir bringen Sie schon dahin, wo Sie hingehören.»

Da staunt unser Herr Meier wieder. Wer soll denn Diebe fangen, wenn nicht die Polizei? Na ja, aber die Polizei muß ja schließlich ganz genau wissen, was sie tut.

Die Polizei schafft den guten Herrn Meier zum Psychologen. Der soll untersuchen, ob unser Herr Meier ein bißchen verrückt ist.

«Nun», meint der Psychologe, «zuerst legen wir uns auf diese Liege und atmen ganz tief durch.»

Komisch, denkt Herr Meier, ob ich wohl vom Durchatmen wieder zu meiner Tasse komme? «Und jetzt reden wir frisch von der Leber weg, was wir auf dem Herzen haben.»

«Auf dem Herzen?» staunt unser Herr Meier. «Ich habe einen Brand, den nicht einmal die Feuerwehr löschen konnte, da haben sie mich zum Notarzt gefahren, dem habe ich kräftig eingeheizt, aber die Sprechstundenhilfe sagte zu mir, ich hätte nicht alle Tassen im Schrank, und tatsächlich, ich habe sie nicht mehr alle. Und mein Brand wird auch schlimmer, ich weiß gar nicht, wie ich das noch aushalten soll.»

Der Psychologe wiegt bedenklich den Kopf, ein wirklich sehr ernster Fall. Darüber muß er erst einmal genau nachdenken, und er läßt sich von seiner Sekretärin eine Tasse Kaffee bringen. Und zufällig schaut diese Tasse genauso aus wie Herrn Meiers Lieblingstasse.

Endlich fühlt sich unser Herr Meier verstanden. Er reißt der Sekretärin die Tasse vom Tablett und leert sie auf einen Zug.

Der Psychologe schimpft: «Sie sind ja wohl verrückt geworden!»

«Ich und verrückt?» lacht unser Herr Meier. «Wie kommen Sie darauf? Ich wollte was zu trinken, und meine Tasse wollte ich wiederhaben.» Er steckt die Tasse ein und geht.

Na, siehst du, sagt sich unser Herr Meier, man muß nicht immer gleich fragen. Die Leute wissen schon, was sie tun. Oder?

Illustration von Dieter Malzacher

Hansjörg Martin

Gruselgraussong oder

Der große Zauberspruch, den man vor jeder Klassenarbeit sagen muß, wenn man beim Mogeln nicht erwischt werden will

Hokuspokus, grüner Kater,
schwarzweißroter Rabenvater,
Krötenschleim und Mäusezahn,
dreigeschwänzter blauer Hahn.

Drudenfuß und Schierlingsblüte,
Kaugummi und Wundertüte,
Vollmondstrahl und Krähenschrei,
grüngelbgiftges Schlangenei.

Sechzehn Tropfen rote Tinte,
Rost von einer Räuberflinte,
Haifischflossen, Fingerhut
und drei Tropfen Lehrerblut.

Bilsenkraut und Spinnenbeine,
Tau von einem Leichensteine,
Knochensplitter, Katzenschwanz,
Kokelores, Firlefanz.

Rattenfell und Maulwurfsauge,
Unterhosenwäschelauge,
Diebesfingernageldreck
und ein Achtel Kantorspeck.

Staub vom Kirchturmuhrgehäuse,
dreizehn tote Fledermäuse,
Eulenkralle, Regenwurm,
Kalk aus einem Hungerturm.

Holofernes, Hexenbesen,
hinkend häßlich Hexenwesen,
Hundeohr und Hühnerschiet
und drei Takte Teufelsbeat.

Knollenblätterpilzgemüse,
Puder für Gespensterfüße,
Tollkirsch-Wein und Farnkrauttee ...
Hokuspokus, Hussahee!

Josef Guggenmos

Überraschung im Dienst

Es lag ein Strick
aus einem Loch.
Da sprach der Polizist Franz Pfloch:
«Du hast hier nicht zu liegen!
Drum wirst du aufgeschrieben
und außerdem verhaftet.»
Jedoch ihn aus dem Loch zu ziehn,
das hat er nicht
verkraftet.

«Du willst wohl nicht? He! Wie?»
Franz Pfloch nahm seine Trillerpfeife:
Iiiiiiii!

Da schossen aus dem Boden
wie Pilze nach dem Regen
sechs stämmige Kollegen.

Sie zogen, sieben Mann.
Der Strick kam aus der Höhle,
doch hing ein Löwe dran
(am Schwanz).

Der machte einen bösen Schnauf
und nahm dem Franz
den Zettel ab
und schrieb sie alle auf.

Illustration von Klaus Pitter

Sanft schweint ein Grunz

Tiergeschichten

STÖÖÖHN!
Geht's dir nicht gut?
Ich wollt' auch mal Ferien im sonnigen Süden machen, aber ich halt's vor Hitze nicht aus!
Das haben wir gleich! Ich hol' nur schnell ein paar Sachen!
So... schön stillhalten!
Und noch etwas Sonnenöl drauf...
Bestens!
Gut so?
SCHNIEBEL

Paul Maar

Land auf dem Sonntag

Im Scheinensonn
taubt eine Gurr.
Im Schattenhaus
katzt eine Schnurr.

Es hummelt ein Brumm
wie ein Wagenlast.
Sanft schweint ein Grunz
vor der Wirtschaftsgast.

Im Weiherdorf
froscht tief der Tauch.
Oben am Dachhaus
schlotet der Rauch.

Ein Pinkel, der hundet
auf Blumenmohn.
Der Schimpf vatert laut
im Zimmerwohn.

Ein Fahrersonntag
Wagent den Wende.
Das dauert sehr lange.
Drum gedichtet das Ende.

Friedrich Kohlsaat

Gina Ruck-Pauquèt

Das Gürteltier

Es war einmal ein Gürteltier, das war sehr unordentlich. Bei ihm stand die Marmelade im Schuhputzkasten, das Salz war in der Zuckerdose, die Unterhosen im Brotschrank, und die Gummistiefel lagen in der Nachttischschublade.

An und für sich machte das dem Gürteltier nichts aus. Natürlich mußte es nach allem ein bißchen suchen. Aber war es nicht auch recht abenteuerlich, die Seife im Kühlschrank zu entdekken? Die Socken in einem Einmachglas zu finden und der Zahnbürste unter dem Bett zu begegnen?

Nun war es aber so, daß das Gürteltier eine Braut hatte. Sie hieß Min. Und Min fand die Unordnung überhaupt nicht abenteuerlich.

«Wenn du dich nicht besserst», sagte das Gürteltiermädchen Min zu dem Gürteltier, «dann mag ich dich nicht!»

Da geriet das Gürteltier in große Schwierigkeiten. Es liebte seine Min über alles. Andererseits aber war es von Natur aus unordentlich. Und was man ist, das ist man nun mal.

«Ich muß mich ändern!» sagte das arme Gürteltier jeden Tag zu sich selber.

Es nahm die Pfeifenreiniger aus der Teedose, die schmutzige Wäsche aus dem Backofen und räumte die trockenen Brötchen ins Vogelbauer. Die Gießkanne holte es hinter dem Sofakissen hervor, und den Schuhlöffel warf es schnell in die Kaffekanne.

«Es ist ein Kreuz!» sagte das Gürteltier abends vor dem Einschlafen.

Lange schaute es das Foto der schönen Min an. Dann schob es seine Brille unter das Bett, machte das Licht nicht aus und schlief ein.

Eines Tages klingelte das Telefon.

«Hallo!» sagte das Gürteltiermädchen Min. «Ich komme heut abend. Freust du dich?»

Und ob sich das Gürteltier freute! Es drehte sich ein paarmal im Kreis, dann fing es an, alles in Ordnung zu bringen. Zuerst sich selber.

Es suchte den Rasierapparat, fand ihn in der Waschmaschine und rasierte sich. Dann bürstete es seine Kleider mit der Nagelbürste aus, weil die Kleiderbürste nicht da war, und zog sich an. Da, wo der Kragenknopf fehlte, steckte es sich eine kleine, rote Papiernelke hin.

Danach stieg es in die Hose.

«Wo ist denn mein Gürtel?» sagte das Gürteltier.

Und es begann zu suchen.

Hinterm Sofa suchte es, unter dem Teppich, im Eimer, auf der Lampe und in der Badewanne. Dabei hielt es sich seine Hose immerzu mit beiden Händen fest. Es fand allerhand Sachen, aber den Gürtel fand es nicht.

«Verdammter Schweinsgürtel!» sagte das Gürteltier.

Die Zeit verging, und es konnte nicht mehr lange dauern, bis die schöne Min vor der Tür stand. Schnell schob das Gürteltier eine Pizza in den Backofen.

Wie aber sah es in der Wohnung aus! Das Gürteltier hielt seine Hose nur noch mit einer Hand fest. Mit der anderen räumte es flink die Bonbonpapierchen aus dem Salzfaß, die alten Zeitungen vom Klavier, die Apfelschalen vom Stuhl, den Schlafanzug aus dem Papierkorb, nahm den Regenschirm von der Lampe, das schmutzige Geschirr aus dem Bücherbord, den Goldhamster von der Gardinenleiste und das Honigglas aus dem Plüschsessel.

In diesem Augenblick klingelte es. Das Gürteltier ließ alles fallen und rannte zur Tür. Da stand es nun und hielt mit beiden Händen seine Hose.

Min!

Dem Gürteltiermädchen blieb der Mund offen, als es die Unordnung sah. So schlimm war es nie vorher gewesen. Dazu drang aus der Küche noch dicker Qualm, weil die Pizza verbrannte.

Das Gürteltier aber sah nur seine Braut.

«Min!» hauchte es. «Minki ... Minkerline ... Minki-Pinki ... Pinkerlette ... Pinzette ...»

Und dann breitete es die Arme aus, und die Hose fiel ihm runter.

Nun ist alles aus, dachte das Gürteltier, aus und zu Ende.

Und es erkannte gleichzeitig die Unordnung und roch den Qualm. So stand es da, armselig in seiner Unterhose, und die Tränen schossen ihm in die Augen.

Die Min aber lachte. Sie lachte und lachte, und zwischendurch hustete sie, weil es ja immer qualmiger wurde.

«Das sehe ich jetzt», sagte sie endlich, «daß ich dich nicht mehr allein lassen darf.»

Sie machte die Tür hinter sich zu, riß das Fenster auf, warf die verkohlte Pizza weg, fing den Goldhamster ein und blieb.

Illustrationen von Hansjörg Langenfass

Friedrich Kohlsaat

Paul Maar
Die Geschichte von der Kuh Gloria

Die Kuh Gloria war schon als Kind dicker als alle anderen Kühe. Und das steigerte sich noch, je älter sie wurde. Ihre Lippen waren fleischig, ihre Nase breit, der Kopf war riesig wie ein Kürbis, das heißt, eigentlich noch größer, und dazu hatte sie sehr starke Beine, einen dicken Bauch, grobe, borstige Haare und plumpe Füße.

Weil es keine Kleider in ihrer Größe zu kaufen gab, mußte sie alles selber nähen, und das tat sie ohne guten Geschmack und ohne großes Geschick. Darum sah sie auch in ihren handgeschneiderten Kleidern noch massiger aus, als sie in Wirklichkeit schon war.

Sie hatte einen Gang wie ein Trampeltier, und wenn sie sprach, klang es, als ob man in ein leeres Regenfaß brüllte.

Diese Kuh dachte nicht daran, bescheiden zu sein wie alle anderen Kühe ihres Jahrgangs und eine gute Milchkuh zu werden. Nein, sie war ehrgeizig und wollte etwas Höheres!

Irgendein Spaßvogel, ich nehme an, es war der Fuchs, hatte ihr gesagt, sie habe so eine schöne Stimme, sie solle sich doch als Sängerin ausbilden lassen. Und da sie einen reichen Vater hatte, der alles bezahlte, nahm sie Musikstunden und gab dann auch ein Konzert.

Alle Kühe kamen, um Gloria singen zu hören. Sie sang zuerst das Lied vom Veilchen am Wegesrand, und das war auch zugleich das letzte Lied, das sie bei ihrem Konzert sang. Denn wenn ihre Stimme beim Reden klang, als käme sie aus der Regentonne, so klang sie beim Singen, als wenn zwei Elefanten mit dem Rüssel in eine Gießkanne trompeteten, während eine Säge gleichzeitig dünnes Blech zerschneidet.

Die Zuhörer hielten sich die Ohren zu, pfiffen, schrien und trampelten, um den fürchterlichen Gesang nicht hören zu müssen, oder rannten scharenweise von der Wiese, wo das Konzert stattfand.

Die Kuh Gloria hörte auf zu singen und begann zu weinen.

Alle Kühe dachten: Jetzt wird sie eine brave Milchkuh werden! Aber nein – sie nahm Tanzstunden und wollte nun ihr Glück als Tänzerin versuchen!

Als sie zum erstenmal vor den anderen Kühen tanzte, waren noch mehr gekommen, um Gloria zu sehen, als vorher zu ihrem Konzert.

Sie kam auf die Bühne in einem Tanzröckchen, so groß, daß man daraus bequem sieben Tischtücher hätte machen können, stolperte schon beim ersten Schritt und fiel über ihre eigenen Füße.

Die Zuschauerkühe lachten, aber Gloria ließ sich nicht beirren und machte einen Tanzsprung. Dabei brachen die Bühnenbretter unter ihrem Gewicht, und sie sank bis an die Arme ein.

Die Zuschauer lachten wieder, aber fünf starke Ochsen stiegen auf die Bühne und halfen ihr aus dem Loch, worauf sie weitertanzte.

Allerdings tanzte sie zu nahe an den Bühnenrand, verlor das Gleichgewicht und stürzte von der Bühne direkt auf die Musiker, die im Orchesterraum saßen und zu ihrem Tanz aufspielten.

Als sie sich mühsam wieder erhob, war die Baßgeige zerbrochen, die Trompete flachgedrückt, das Trommelfell zerplatzt, die Handharmonika war entzweigerissen, und den Dirigentenstock hatte der Musikdirektor vor Schreck verschluckt.

Man kann sich denken, wie die Zuschauer lachten, als die Tänzerin hinter dem Vorhang verschwand.

Daraufhin wanderte die Kuh Gloria, die sich sehr schämte, ins Nilpferdland aus, zu den dicken Nilpferden. Dort tanzte sie vor den plumpen Tieren und sang dazu ihre Lieder.

Und am nächsten Tag las man in der Nilpferdzeitung:

«Die Künstlerin Gloria, ein zartes, zerbrechliches Persönchen, gab gestern abend ein Konzert und tanzte dazu.

Noch nie hat man hier so eine reine und helle Stimme bewundern dürfen, noch nie hat man so schönen Gesang gehört. Dazu tanzte oder besser gesagt: schwebte die Künstlerin wie eine Elfe über die Bühne, und alle unsere Nilpferdmädchen im Saal waren hingerissen von ihrer Leichtigkeit.

Hoffentlich tanzt und singt die Künstlerin Gloria noch oft bei uns im Nierdland!»

Illustration von Paul Maar

«Der Fuchs weiß mehr …

... als ein Loch», sagt ein dänisches Sprichwort. Der Fuchs ist nämlich schlau. Ein Loch ist immer eine dumme Sache: Ein Loch im Schuh bringt einen nassen Fuß, über ein Loch in der Hose schimpft die Mutter, ein Loch im Zahn tut weh. Ganz schlimm ist ein Loch in der Geldtasche. Der schlaue Fuchs bringt deshalb sein Geld zu einer Bank.

Eva Marder
Fuchsmorgen

Fuchsmorgen ist, wenn der Mond aufgeht
und der Nachtwind durch die Zweige weht.
Wenn das Sternenlicht den Wald erhellt
und der Försterhund im Traum nur bellt.
Fuchsmorgen ist, wenn der Fuchsbau leer
und die Nacht ist dicht und schwarz und schwer.
Wenn der Tau auf Gras und Feldern liegt
und Spatz und Meise nicht mehr fliegt.
Fuchsmorgen ist, wenn die Lerche schweigt
und der Nebel aus den Wiesen steigt.
Wenn die Eule ihre Flügel regt
und die Fledermaus sich sacht bewegt.
Fuchsmorgen ist, wenn die Arbeit ruht
und der Jägersmann ein Gleiches tut.
Wenn der Igel nach den Mäusen schaut
und der Frosch im Waldteich quakt ganz laut.
Fuchsmorgen ist, wenn das Käuzchen schreit:
«Es ist Zeit, schuhuhu, es ist Zeit.»
Wenn die Kinderaugen schwer wie Blei,
ist das Jagdrevier der Füchse frei –
dann ist Fuchsmorgen.

Fuchsabend ist, wenn der Tag beginnt
und die Füchse müd vom Jagen sind.
Wenn der Mond verblaßt und die Sonne scheint
und das Mauskind um die Mutter weint.
Fuchsabend ist, wenn der Fuchsbauch voll
wenn die Vögel singen Dur statt Moll.
Wenn der Kelch der Blumen offensteht
und der Morgenwind darüber weht.
Fuchsabend ist, wenn die Lerche steigt

und der Falter seine Flügel zeigt.
Wenn Fliege, Mücke und Käfer fliegt
und die Spinne auf der Lauer liegt.
Fuchsabend ist, wenn jeder erwacht
der geschlafen in der langen Nacht.
Wenn jedes Kind aus dem Bette springt
und vom fernen Turm die Glocke klingt –
dann ist Fuchsabend.

Elke Kahlert

Am schlimmsten ist der Mensch

«Natürlich», sagte das Kaninchen und nickte eifrig mit dem Kopf, «natürlich fürchte ich mich vor der Schlange.»

«Ich auch», piepste die Maus. «Und wie!»

«Vor der Schlange?» fragte das Kaninchen.

«Klar», sagte die Maus, «aber mehr noch vor der Katze. Katzen sind was Schreckliches.»

«Ich versteh euch nicht», meinte die Gazelle, «Katzen und Schlangen! Wie man sich davor fürchten kann? Ich sag euch, am schlimmsten ist der Löwe.»

«Ach, der Löwe», sagte die Maus und verzog ihre Schnauze, «vor dem Löwen hab ich eigentlich kaum Angst. Für den bin ich zu klein, der sieht mich ja überhaupt nicht. Es sei denn, er ist furchtbar hungrig, und ich tanz ihm direkt vor der Nase herum. Na, blöd werd ich sein. Nö, ich finde Löwen ganz nette Tiere.»

«Du hast vielleicht eine Ahnung», sagte die Gazelle und probierte auf drei Beinen zu stehen.

«Du», fragte da das Kaninchen, «gibt's eigentlich irgendein Wesen, vor dem sich auch der Löwe fürchtet?»

Alle drei dachten angestrengt nach.

«Ich hab's», rief das Kaninchen und nickte wieder eifrig mit dem Kopf, «ich glaube, der Löwe fürchtet sich vor dem Menschen.»

«Und der Mensch?» fragte die Gazelle, die jetzt wieder auf vier Beinen stand. «Vor wem fürchtet sich der Mensch?»

«Vor mir», sagte die Maus nach einer kleinen Pause. Sie fand sich plötzlich riesig.

Hans Fallada

Geschichte vom getreuen Igel

Es war einmal ein Mann aus der Stadt aufs Land gezogen, der kannte die Igel noch nicht und wußte nicht, was sie für getreue Gesellen sind. Als der nun eines Abends zur Dämmerung in seinem Garten spazierenging, hörte er unter den Büschen etwas rascheln, und als er genauer zusah, meinte er, ein graues spitzes Osterei auf kurzen Beinen einhertorkeln zu sehen.

«Hör mal, was willst du denn hier? Dies ist mein Garten!» rief er, aber das spitze Osterei verschwand geschwind in einem Erbsenbeet und ließ sich an diesem Abend nicht wieder sehen.

Das nächste Mal war der Mann beim Himbeerpflücken. Da raschelte es zwischen den dicht stehenden Himbeeren, und ehe sich der Mann noch versah, war etwas Graues, Spitzes über den Weg gelaufen und zwischen den Spargelbeeten verschwunden.

«Nun schlägt es aber dreizehn!» sprach der Mann. «Das sah ja genau wie ein klimperkleines Wildschwein aus! Sollte ich Schweine in meinem Garten haben? Das wäre doch unerhört!» Und er ging den ganzen Zaun ab, der um Haus und Hof und Garten lief, aber der Drahtzaun war neu und gut und kein Loch darin zu finden. «Es ist doch unerhört!» schrie der Mann noch einmal. «Ich füttere in meinem Garten keine wilden Tiere!»

Als er aber an diesem Abend, es war schon fast dunkel, aus dem Haus in den Garten trat, sah er auf dem Rasen etwas Rundes, Weißes stehen. Und in das Runde, Weiße reichte etwas spitznäsig Schwarzes und fraß. «Du glaubst es nicht!» seufzte der Mann aus der Stadt empört, «nun frißt der fremde Bursche noch meinem guten Plischhund das Futter weg!» Und er ging schnell, den Hund Plischi zu rufen. Als er mit dem aber zurückkam, war der fremde Gast schon fort, der Futternapf aber war leergeschleckt.

«Auf dem Lande gefällt es mir aber gar nicht», seufzte da der

Mann. «In der Stadt habe ich höchstens mal eine Maus in meiner Speisekammer. Hier auf dem Lande aber ziehen die Tauben die Erbsen, und die Hühner scharren die Beete auf. Die Stare picken die Kirschen, die Frösche fressen die Erdbeeren und die Wespen die Birnen. Maden sitzen in den Himbeeren, Raupen nagen am Kohl, und Würmer fressen mir die Kartoffeln. So viel Ungeziefer, daß ich es gar nicht sagen kann, muß ich in meinem Garten miternähren – und nun will ein fremder Bursche, der wie ein spitzes Osterei aussieht, auch noch meinem Plischi die Schüssel leerfressen? Nein, das dulde ich nicht!»

Und er ging umher und suchte, wo er das fremde Tier fände, aber soviel er auch suchte, er fand es nicht. Als der Mann nun müde in der Nacht im Bette lag, konnte er nicht einschlafen, denn der Hund auf dem Hofe bellte und jaulte wie rasend. ‹Was hat denn bloß der Plischi?› überlegte der Mann. ‹Er macht ja ein Getöse, daß man kein Auge zutun kann! Ich muß doch einmal nachsehen, was los ist!› Und seufzend stand er auf, und weil es eine warme Sommernacht war, ging er so, wie er war, nämlich im Hemd und mit bloßen Füßen, auf den Hof.

Es stand ein bißchen Mond am Himmel, so konnte der Mann sehen, daß ein graues Häufchen auf dem Hofpflaster lag. Und der Plischhund sprang mit einem Satz auf das Häufchen zu, wollte hineinbeißen, jaulte schmerzlich und sprang wieder zurück. Von neuem sprang er vor, schlug diesmal mit der Pfote danach, jaulte abermals vor Schmerzen ...

«Was ist denn das für ein komisches Häufchen?» fragte der Mann und stieß mit dem Fuß danach. Dieser Fuß war nackt. «Aua!» schrie der Mann. «Wer hat denn hier Stacheldraht auf den Hof gelegt?» Und er griff mit der Hand zu. «Aua! Aua! Aua!» schrie der Mann wieder. «Wollen Sie mal nicht so pieken, Sie – auf meinem Hof!» Und der Mann hätte am liebsten gejault wie der Hund.

Indem bekam der Stacheldraht vier Beine, raschelte und lief um die Ecke vom Holzschuppen.

«Plischi!» sprach der Mann zum Hunde. «Jetzt weiß ich es.

Ich habe solche Tiere schon in Bilderbüchern gesehen, das ist ein Igel!»

Der Plischhund blaffte, das konnte ja heißen.

«Ein Stacheligel, ein ganz gewöhnlicher Schweineigel!» sprach der Mann. «So was wollen wir nicht bei uns haben, wo es piekt und noch dein Futter wegfrißt, nicht wahr?»

Plischi blaffte wieder.

«Komm, wir wollen den ollen Igel suchen und aus dem Garten schmeißen», sprach der Herr, machte die Tür zum Garten auf, und Herr und Hund gingen in den Garten. Nur war der Garten sonst dem Plischhund streng verboten, weil er sich nicht daran gewöhnen konnte, manierlich auf den Wegen zu gehen, sondern immer auf die Beete trat.

Aber an diesem Abend war es dem Mann egal. «Such, Plischi, such, guter Hund!» sagte er, und Plischi lief über die Beete und suchte und zertrat junge Pflanzen, so viele, wie zehn Igel in zehn Tagen nicht zertreten.

Schließlich fanden sie den Igel im Obstgarten, wo er mit viel Schmatzen eine dicke, überreife, matschige Fallbirne verzehrte. Als der Igel aber die beiden kommen hörte, rollte er sich schnell zu einer Stachelkugel zusammen.

«Siehst du, Plischi», sprach der Herr traurig zu seinem Hunde, «was das für ein häßlicher Igel ist: nicht nur dein Futter, nein, auch meine schönen Birnen frißt er weg. Den müssen wir ausrotten. Aber wie –?»

Darauf wußte Plischi keine Antwort, er jaulte bloß, denn wegen der scharfen Stacheln traute er sich nicht mehr an den Igel heran. Der Mann traute sich auch nicht mehr an den Igel heran, darum stand er eine lange Weile und dachte scharf nach. Als er lange genug nachgedacht hatte, sagte er freudig: «Mir ist etwas Gutes eingefallen, Plischi: wir hungern den Igel aus! Jetzt gehe ich in den Holzstall und hole eine alte Kiste. Die stülpen wir über den Igel, und wenn er dann drei Nächte und drei Tage darunter gesessen hat, wird er wohl verhungert sein!»

Plischi blaffte leise. Der Mann nahm es für ja und ging zum

Holzschuppen. Als er aber zehn Schritte gegangen war, merkte er, daß der Hund hinter ihm ging. Da sprach er: «Nicht so, guter Plisch. Du mußt bei dem Igel sitzen und aufpassen, daß er nicht wegläuft, während ich die Kiste hole.»

Und er ging zurück mit dem Hund zum Igel, hieß den Hund sich vor den Igel hinsetzen und ging wiederum, die Kiste zu holen. In dem dunklen Holzstall aber erfuhr der Mann nichts Gutes: eine Kiste fiel ihm auf den nackten Fuß und quetschte ihn, an der zweiten Kiste riß er sich einen Splitter ein, die dritte Kiste stach ihn mit einem Nagel. «Ach, was ist doch solch ein Igel für ein böses Tier!» seufzte der Mann. «Die Leute haben ganz recht, wenn sie ihn Schweineigel nennen.» Damit nahm er die vierte Kiste und ging in den Obstgarten unter den Birnbaum.

Aber da waren weder Igel noch Hund zu sehen. Der Mann guckte, so gut er gucken konnte, er pfiff und lockte, so gut er locken konnte, aber nicht Hund noch Igel meldeten sich.

Der Mann stellte die Kiste ab, seufzte schwer und sprach: «Was ist denn nun bloß passiert? Sicher ist der Igel weitergegangen und der Plischi hinterher, aber jetzt könnte er sich doch einmal mit einem Bellen melden.»

Er suchte und suchte im Garten, aber er fand nichts. Schließlich wurde er des Suchens müde, seine nackten Füße waren vom Tau naß, er fror in seinem Hemde –. ‹Jetzt lege ich mich ins Bett, werde warm und schlafe›, dachte der Mann. ‹Der Plischi wird schon auf den Igel achten.›

Als der Mann ins Haus hineinging, dessen Tür er vorhin in der Eile offengelassen hatte, hörte er in seiner Küche großes Gepolter und dann fürchterliches Geklirr von zerbrechenden Geschirr. Und als er Licht machte, sah er seinen eigenen Hund, den Plischi, der war über die Milch geraten, hatte den Kalbsbraten angebissen, die Schüssel mit den Bohnen vom Tisch gestoßen, ein Vorderbein in den Schmalztopf, ein Hinterbein ins Blaubeerkompott gesteckt; mit dem Schwanz war er am Fliegenfänger klebengeblieben, und die Schnauze hatte er in die Quarkschüssel getaucht.

«I du elender Hund!» schrie der Herr zornig. «Hat der alte Schweineigel dich solche Gemeinheiten gelehrt? Warte, ich will dir!» Und er fuhr mit dem Besen auf den Hund los. Der Plischi, weil er sah, es sollte Prügel geben, und gesalzene dazu, weil er noch sah, der Herr stand in der Tür und ließ ihn nicht raus, der Plischi tat einen Sprung und fuhr mit einem fürchterlichen Wehgeheul durch die Fensterscheibe, daß sie klirrend zerbrach. Dann rannte er in die Nacht hinaus und hörte nicht eher auf zu rennen, bis weder Haus noch Licht, noch Mensch zu sehen waren.

Der Mann aber räumte, seufzend und müde gähnend, die verwüstete Küche auf und sprach bei sich: Eigentlich bin ich ja schuld, ich hätte die Küchentür zumachen müssen. Aber eigentlich ist doch allein der alte Igel schuld. Wäre der nicht über den Hof gelaufen, hätte der Hund nicht gebellt. Hätte der Hund nicht gebellt, wär ich nicht aufgewacht. Wär ich nicht aufgewacht, wär ich nicht auf den Hof gegangen. Wär ich nicht auf den Hof gegangen, hätt ich die Küchentür nicht aufgemacht. Hätt ich die Küchentür zugelassen, hätt der Hund nicht reingekonnt. Hätt der Hund nicht reingekonnt, wär alles heil geblieben. Weil also der Igel über den Hof gelaufen ist, ging mein Geschirr entzwei, und mein schönes Essen wurde verdorben. Na warte, alter Igel, wenn ich dich erwische!› Damit gähnte der Mann nochmals, ging ins Bett, wurde warm und schlief ein.

Am nächsten Morgen war der Plischhund wieder da; er wakkelte mit dem Kopf, kniff die Augen zu und klemmte den Schwanz ein, als der Herr strafend zu ihm sagte: «Plischi, ich glaube, du bist ein rechter Höllenhund!» Aber dann besann sich der Mann und sprach: «Aber der Schweineigel, der an allem allein schuld ist, der ist ein richtiger Höllenfürst!» Damit ging der Mann wieder an seine Arbeit und dachte an den Abend, an dem er den Igel fangen wollte. Plischi aber schlief nach der durchbummelten Nacht friedlich in seiner Hütte und bellte nur manchmal leise im Schlaf, wenn durch seinen Traum ein spitzes Osterei auf vier Beinen wackelte.

Als nun der Mann zu Abend gegessen hatte und es schon fast dunkel war, steckte er eine Lampe in die Tasche und begab sich zu dem Birnbaum, unter dem er am gestrigen Abend die Kiste hatte stehenlassen. Sie stand noch da – aber neben ihr saß wahrhaftig dieses freche Igeltier und fraß schon wieder eine Birne –!

‹Halt!› sprach der Mann bei sich. ‹Die Kiste steht bereit, weg kommt mir dieser Bursche nicht, so kann ich erst einmal zusehen, wie viele Birnen er mir in seiner Unverschämtheit wegfrißt.›

Der Mann stand und wartete, der Igel saß und fraß. Der Mann hatte es eigentlich eilig, ins Bett zu kommen, der Igel hatte alle Zeit von der Welt – er fraß mit viel Genuß und schmatzte dabei wie ein Schweinchen. ‹Alter Schweineigel›, sagte der Mann zu sich. ‹Viele Birnen sollst du mir nicht mehr wegschmatzen.›

Als der Igel die Birnen aufgefressen hatte, legte er sich ins Gras und auf den Rücken und streckte die Beine zum Himmel. «Nanu!» sagte der Mann. «Das ist ja ein unerhörtes Benehmen! Dir scheint es ja in meinem Garten sehr gut zu gefallen.» Der Igel, als hätte er das verstanden, fing an, sich im Grase zu wälzen, und quiekte leise und vergnügt dabei. «Immer schöner!» sprach der Mann grimmig. «Unter meiner Kiste wird dir das Wälzen schon vergehen.»

Der Igel stand auf und fing an weiterzumarschieren. «Was denn?» sagte der Mann. «Der sieht ja plötzlich ganz anders aus. Der hat ja lauter Buckel.» Und er knipste seine Taschenlaterne an, den Igel abzuleuchten. Sofort schrie er: «Halt, du böser Birnendieb!» Auf der Stelle rollte sich der Igel zusammen. Der Mann ging an ihn heran, und da sah er nun freilich, daß der Igel ein noch viel böserer Birnendieb war, als er geglaubt hatte. Denn der Igel hatte sich nicht nur so zum Vergnügen im Grase gewälzt, er hatte sich dabei fünf schöne, reife Birnen auf die Stacheln gepiekt. Die wollte er nun wohl als Nachtessen in seinen Bau tragen.

«Igel!» sprach der Mann zu dem zusammengerollten Stacheltier. «Böser Igel, Diebsigel, Birnendiebsigel, Fallbirnendiebsigel – ach, du alter böser Schweineigel, jetzt mußt du verhungern und sterben.» Damit nahm er die Kiste, rief noch einmal: «Siehste, nun kommst du unter die Kiste!» und stülpte sie über den Igel.

Danach ging der Mann ins Haus und legte sich vergnügt zu Bett. Als er aber gerade im Einschlafen war, fiel ihm ein, daß er es doch noch falsch gemacht hatte. Er hatte dem Igel ja die Birnen auf den Stacheln gelassen, da würde es zu lange dauern, bis er verhungerte. «Nein, was man für Scherereien mit solchem Igel hat!» seufzte er, stand auf und ging wieder in den Garten.

Unter der Kiste raschelte es und quiekte es. Der Mann klopfte gegen die Kiste. «Du», sprach er mahnend, «ein Gefangener hat leise und anständig zu sein. Roll dich jetzt man wieder zusammen, sonst läufst du mir noch weg, wenn ich die Kiste hochhebe.» Er horchte, unter der Kiste war es ruhig. Er hob sie vorsichtig hoch, richtig saß der Igel zusammengerollt darunter. «Na, das ist ja schon ganz artig», sprach der Mann. «Aber jetzt ist es freilich mit dem Artigsein zu spät, sterben mußt du doch.» Damit sammelte er die Birnen auf, von denen einige schon aus den Stacheln gefallen waren, stülpte die Kiste wieder über, ging ins Haus, legte sich ins Bett, machte das Licht aus und schlief ein – sehr zufrieden mit dem, was er getan hatte.

Den ganzen nächsten Tag war der Mann sehr vergnügt, immer einmal ging er von seiner Arbeit im Haus oder Garten fort und zu der Kiste. Dann klopfte er mit dem Finger gegen die Kiste und horchte, aber es rührte sich nichts darunter. ‹Sicher ist der Igel schon vor Hunger ganz schwach und entkräftet, daß er sich nicht mehr rühren kann›, überlegte der Mann. ‹Aber hoch hebe ich die Kiste jetzt lieber noch nicht. Vielleicht beißt er mich dann vor Wut ins Bein, und vielleicht ist solcher Wutbiß giftig, und vielleicht sterbe ich daran, und vielleicht bin ich dann noch eher tot als der Igel. Nein, das wollen wir mal lieber nicht machen.›

Damit ging der Mann wieder an seine Arbeit, und so machte er es drei volle Tage, bis er sicher war, daß der Igel jetzt vor Hunger gestorben sein müßte. Da ging er hin, und leise – vorsichtig – sachte – still – behutsam – ängstlich – sorgsam hob er die Kiste hoch und sah darunter. Und unter der Kiste war – – – nichts!

«Nanu!» sagte der Mann, kratzte sich die Nase und sah den leeren Grasfleck an. Aber es war wirklich gar nichts da. ‹Sollte sich der Igel vor Hunger ganz in Luft aufgelöst haben?› fragte sich der Mann. Aber das hatte der Igel nicht getan, sondern als der Mann genauer hinsah, merkte er, daß der Igel sich ein Loch unter der Kiste durchgegraben hatte und ausgerissen war.

‹Nein, dieser Heimtücker!› wunderte sich der Mann. ‹Darum war es also so still unter der Kiste!›

‹Da habe ich mich also drei Tage umsonst gefreut›, ärgerte sich der Mann. ‹Das ist wirklich ein Jammer.›

‹Aus meinem Garten wird er aber ausgezogen sein›, tröstete sich der Mann. ‹Er hat doch sicher eingesehen, daß ich mir seine Frechheiten nicht gefallen lasse.›

Darin aber irrte sich der Mann. Er wußte eben noch nicht, was für getreue Gesellen die Igel sind. –

An einem schönen, stillen Abend saß der Mann nun recht zufrieden, seine Pfeife rauchend, auf einer Bank, die an seinem Komposthaufen stand. Oben auf dem Komposthaufen wuchsen Gurken, unten auf der Bank saß rauchend der Mann. ‹Morgen könnte es ein bißchen regnen›, überlegte der Mann. ‹Das ewige Gießen ist mir schon recht über. Aber für meine Gurken ist es mir nicht leid – ich will die allerlängsten und allerdicksten Gurken von allen Leuten ernten.› Wirklich hingen sehr schöne große Gurken da oben, aber der Mann wollte sie noch schöner und dicker haben.

Gerade als der Mann dies überlegte, raschelte es oben ein bißchen und – pardauz! fiel eine Gurke von dem hohen Komposthaufen auf die Erde. «Das verbitte ich mir!» rief der Mann und nahm die Pfeife aus dem Munde. «Ihr habt zu wachsen, nicht abzufallen, ihr Gurken!» Er bückte sich nach der Gurke, oben raschelte es wieder und – plauz! – fiel ihm die zweite Gurke auf den Rücken, daß es knallte. «Aua!» schrie der Mann. «Das tut ja weh!» Und er rieb sich den Rücken.

Oben raschelte es noch einmal, aber diesmal fiel nichts, nein, es war, als wenn etwas fortlief. ‹Diebe!› dachte der Mann. ‹Gurkendiebe!› Und er lief schnell um den Haufen herum. Er sah nichts, der Haufen war zu hoch. «Hallo, Sie!» schrie der Mann. «Gehen Sie mal raus da aus meinen Gurken, sonst rufe ich die Polizei.»

Plauz, pardauz fiel etwas aus dem Komposthaufen heraus, und als der Mann es ansah, war es wieder einmal der Igel. «Dachte ich es mir doch!» sagte der Mann empört. «Nun ich meine Birnen gepflückt habe, gehst du an meine Gurken. Sind meine Gurken alle, wirst du die Kürbisse nehmen. Kürbisernte vorbei – machst du dich an die Rüben. Rüben alle, heißt's Kartoffeln. Kartoffeln ausgebuddelt, ist der Winter da, und du willst womöglich in mein warmes Haus. Nichts da – jetzt ist es völlig alle mit dir – aber unter eine Kiste setze ich dich nicht wieder. Mir sollst du nicht noch einmal ausreißen!»

Damit nahm der Mann eine Schaufel, schob sie unter die Stachelkugel und trug den Igel so hinunter an den See und in sein Boot. Dann setzte er sich in das Boot, ruderte ein weites Stück auf den See hinaus und warf ihn ins Wasser. «So», sagte er, «du bist weg. Meinetwegen können sich die Fische deine Stacheln in ihre Mäuler pieken.» Dabei fiel ihm ein, daß er gut einmal wieder nach seiner Aalreuse sehen könnte. Er ruderte hin, zog sie hoch, und richtig waren zwei schöne starke Bengel darin. ‹Das geht ja großartig›, dachte der Mann. ‹Erst die Gurken, nun die Aale. Grünen Aal mit Gurkensalat eß ich für mein Leben gerne.›

Er ruderte vergnügt nach Haus, nahm in jede Hand einen Aal, stieg ans Ufer, ging zum Haus hinauf – wer steht im Wege?

Der Igel! Der Igel – noch ein bißchen naß, aber sonst sehr vergnügt.

Vor Schreck läßt der Mann die Aale fallen, der Igel quiekt und rennt unter einen Rosenbusch, die Aale schlängeln sich fort ins Gras, der Mann schreit auf und rennt in den Dornenbusch, wo er sich jämmerlich zersticht und zerkratzt. Die Aale sind fort, der Igel ist verschwunden, aber der Mann hat blutige Hände. Er hat nicht gut geschlafen diese Nacht!

Nun hatte dieser Mann aus der Stadt etwas in seinem Garten,

das er noch mehr liebte als seine Birnen und Gurken. Das war ein kleiner Steingarten, den er sich am Wasser gebaut hatte. Schwitzend hatte er mit eigener Kraft in einer Karre große Feldsteine herangefahren und zu einem Mäuerchen aufeinandergesetzt. In die Fugen zwischen den Steinen hatte er Sand und Erde getan und allerlei Gewächs darin eingepflanzt und ausgesät, wie es am liebsten zwischen Steinen gedeiht. Und nun blühte und wuchs das Mäuerchen herrlich mit vielen Pflanzen, die so hießen wie: Gänsekresse und Sandmiere, Wohlverleih und Sterndolde, Lichtblume, Besenheide, Lerchensporn und Mädchenauge.

In diesem Steingärtlein, das ihm doch gar keine Früchte trug, saß der Mann gerne einmal ein halbes Stündchen, ruhte sich von seiner Arbeit aus, ließ sich von der Sonne braten und sah abwechselnd die blühenden Kräutlein an oder auf den See hinaus, der im Sonnenlicht glänzte und strahlte wie ein großer Spiegel.

Am Tage nach dem schlimmen Abenteuer mit dem Igel, der ihm wieder in den Garten gekommen war, saß der Mann auch wieder dort und ruhte sich aus. Da sah er, daß ein Pflänzlein, namens Helmkraut, in seiner Steinfuge die dunkelblauen Blütchen so traurig hängenließ, als wolle es völlig vertrocknen. Er ging näher hinzu und bemerkte ein Loch, das bei den Wurzeln des Pflänzchens in die Erde ging. «Oh, diese bösen Mäuse!» sprach er recht traurig, «fressen sie dir deine Wurzeln ab, ohne die du doch nicht leben kannst, armes Helmkraut?» Und er stocherte mit seinem Finger in dem Loch.

Aber er fuhr angstvoll zurück, denn aus dem Loch kam ein böses, scharfes Zischen, und hervor fuhr ein kleiner Kopf mit rötlich funkelnden Augen, weit geöffnetem Maul, und zwischen den aufgesperrten Kiefern tanzte eine zweiteilige, dünne Zunge. Nach schob der Leib, grau, mit einem scharfen Zickzackband den ganzen Rücken entlang, und jetzt war die ganze Schlange draußen, und voller Angst sah der Mann, daß es eine Kreuzotter war, die böseste und giftigste Schlange, die im deutschen Lande lebt, so giftig, daß ein einziger Biß von ihr einen Mann töten kann.

Die Kreuzotter war aus dem Loch gefahren, wütend, daß der Mann sie in ihrem Schlafe gestört hatte, und hoch aufgerichtet ließ sie den Kopf vor seinen Beinen auf und ab tanzen, die Zunge züngelnd und jederzeit bereit, zuzubeißen. Der Mann aber stand da, in Angst vor dem Biß der Schlange, und konnte gar nichts tun. Versuchte er nur, den Fuß zu rühren, um wegzulaufen, so brachte das die Schlange in neue Wut, und sie stieß vor mit dem Kopf, und ihr tödlicher Biß drohte ihm. Er aber hatte nichts zur Waffe als seine nackten Hände, um zuzugreifen, aber mit nackten Händen kann man nicht nach einer Schlange greifen, ohne gebissen zu werden.

Also stand der Mann voller Schrecken bewegungslos da, und er dachte bei sich: ‹Wenn ich nur ganz ohne Bewegung stehe, so hält die Schlange vielleicht meine beiden Beine für zwei Baumstämme oder Stöcke, und nach einer Weile läßt ihre Wut nach, sie geht in ihr Loch zurück, und ich kann fliehen.›

Die Schlange aber tanzte immer weiter zornig vor seinen Beinen, bedrohte ihn mit ihrem Maule und hielt ihn in großer Angst.

Da dachte der Mann wieder bei sich: ‹Ich kann hier nicht mehr lange ohne alle Bewegung stehen. Schon schlafen meine Füße ein, und meine Waden tun mir weh. Ich muß mich rühren. Wenn ich mich aber rühre, beißt mich die Schlange, und ich muß sterben. Da habe ich mich nun die ganze Zeit hier über alles und jedes geärgert, über jede Fliege, alle Mücken und Wespen, über den Igel und über die Raupen, über Wasserschleppen und abgefallene Gurken. Alle Tage habe ich mich geärgert. Wenn ich mich alle Tage gefreut hätte, hätte ich doch ein vergnügtes Leben gehabt. So habe ich mich jeden einzigen Tag geärgert und habe nur ein dummes Leben gehabt. Wenn ich dieses Mal noch heil davonkomme, will ich mich gewiß nicht wieder über solchen Dreck ärgern, sondern alle Tage freuen.›

Als der Mann sich das vorgenommen hatte, hörte er ein Rascheln, und als er vorsichtig zur Seite schaute, sah er unter einem Strauch den Igel hervorkommen. ‹Mach man, daß du wegkommst, Igel›, dachte der Mann, ‹sonst wirst du auch gebissen und mußt sterben.›

Aber der Igel raschelte ruhig weiter. Im Zickzack torkelte er auf die böse Kreuzotter zu, und es sah aus, als sei er gewaltig wütend, so dick hatte er die Kopfhaut gefaltet, und so spitz trug er seine Stacheln. Er ging immer näher an die Schlange heran, und die tanzte schon nicht mehr so vor dem Manne, sie hielt den Kopf auf den Igel zugewendet und fauchte ihn wütend an.

Der Igel aber kümmerte sich gar nicht darum, er hatte keine Angst, und als er bei der Schlange war, beroch er sie mit seiner schwarzen, feuchten, spitzen Nase. Schwapp! – hatte sie ihm hineingebissen.

‹Armer Igel!› dachte der Mann und machte schnell einen großen Satz von der Kreuzotter fort, ‹jetzt mußt du sterben.› Aber der Igel schüttelte nur den Kopf und fing an, sich gemütlich die gebissene Nase zu lecken. Schwapp! – hatte ihn die Schlange in die Zunge gebissen.

«Oh! Oh! Oh!!!» rief der Mann, der jetzt aus sicherer Ferne zuschaute. «Du armer, vergifteter Igel, du!»

Der Igel zog die Zunge ein, guckte die Schlange dumm an und fing wieder an, sie zu beriechen, als rieche sie so schön wie ein Blumenstrauß.

Schwipp – schwapp – schwupp!!! hatte er drei Bisse im Kopf.

«Hin bist du, Igel!» sprach der Mann traurig und wunderte sich bloß, daß der Igel gar nicht tot umfiel. «Weil du mich aber gerettet hast, will ich dich auch schön begraben unter meinem Birnbaum.»

Der Igel sperrte das Maul auf, als müßte er gähnen über diese langweilige Schlange, die nichts konnte als zischen und beißen, und – schwuppdiwupp! – hatte er die Kreuzotter im Maul, biß zu, kaute los – und die Schlange mochte ihren Leib drehen und winden, soviel sie wollte, der Igel fraß sie auf, vom Kopf bis zu der Schwanzspitze. Dann legte er sich faul in die Sonne und fing an zu schlafen.

Der Mann ging hinzu. Es war ihm ganz egal, daß die Stacheln

stachen, er nahm den Igel in seine Hände, trug ihn in das Haus, legte ihn in eine Kiste, die er schön mit Heu gepolstert hatte, setzte ihm Milch in einem Schälchen hin und sprach dabei: «Oh, du getreuer Igel! So oft habe ich dich mit dem Tode bedroht und aus dem Garten gewünscht. Du aber bist immer wiedergekommen und hast mir nun sogar das Leben gerettet. Wenn du am Leben bleibst, sollst du mein liebster Geselle sein, bei mir wohnen dürfen, und die allerbesten Birnen und Gurken sollst du auch haben.»

Der Igel aber hörte von der ganzen schönen Rede nichts, denn er schlief. Aber er blieb wirklich am Leben, denn Schlangengift tut den Igeln nichts, und er lebte mit dem Mann im Haus und ging überall mit ihm. Da lernte der Mann, was für nützliche Gesellen die Igel sind, die nicht nur die Schlangen töten, sondern auch Mäuse und Käfer und Raupen und Ohrwürmer.

Da wurde der Igel, den er erst hatte töten wollen, sein liebster Freund. Auch hielt der Mann sein Versprechen: freute sich mehr und ärgerte sich weniger und hatte so ein gutes Leben.

Nur eines tat der Mann nicht: er ließ den Igel nicht mit sich im Bette schlafen. Und das kann man ihm nicht übelnehmen: als Schlafgefährte war der Igel zu stachelig, auch hatte er wie alle Igel viele Flöhe.

Illustrationen von Sabine Wilharm

Friedrich Kohlsaat

3
Mann, die hat vielleicht Beine. Richtige Krautstampfer
Du hast eigentlich recht. Einfach scheußlich
4
...und schau dir mal den dicken Hintern von der Kuh an...
Stimmt – ...dabei kommt sie sich so schön vor
5
Also mit so einer möcht ich nicht gehen
Ne, ich auch nicht. Da bist du mir schon viel lieber!

Elke Kahlert

Das ist ja schrecklich

Der Bär ging einmal spazieren, und da begegnete ihm der Wolf.

«Grüß dich, Bär! Wie geht es denn immer so?»

«Jetzt geht es mir ausgezeichnet.»

«Das ist ja herrlich!»

«Aber gestern, da ging es mir hundsmiserabel.»

«Das ist ja schrecklich!»

«Gestern hab ich mir nämlich eine Frau genommen.»

«Das ist ja herrlich!»

«Aber meine Frau ist häßlich wie die Nacht, hat nur ein Auge und hinkt.»

«Das ist ja schrecklich!»

«Wenn sie auch häßlich ist, so ist sie doch sehr reich.»

«Das ist ja herrlich!»

«Leider ist sie aber stinkgeizig.»

«Das ist ja schrecklich!»

«Deshalb hab ich ihr ein paar Goldstücke geklaut.»

«Das ist ja herrlich!»

«Aber meine Frau hat mich leider erwischt und mir mit dem Besenstiel eins auf den Kopf gehauen.»

«Das ist ja schrecklich!»

«Ach, es ist nur eine kleine Beule und tut gar nicht mehr weh.»

«Das ist ja herrlich!»

Französische Fabel

Illustration von Friedrich Kohlsaat

Gina Ruck-Pauquèt

Die Schnecke

Immer hatte die Schnecke einfach so in ihrem Schneckenhaus gelebt. Bedächtig war sie mit ihm ihrer Wege gegangen, durch die grünen Dschungel der Wiesen, quer durch die Wüsten der gelben Feldwege, durch die Meere der Regenpfützen und die Gebirge der Baumstümpfe empor.

Ihr Haus war ihr Schutz gewesen – gegen Feinde, gegen Kälte und bei Sonne.

Sie hatte das Licht zwischen den Grashalmen gesehen, den Geruch fremder Pflanzen geatmet, sie war immer wieder neuen Tieren begegnet, und sie hatte Schnecken getroffen, mit denen sie ein Stück des Weges ging.

Es war ein gutes Leben gewesen, aber wie es so geht: Kaum erfährt man, daß es noch anderes gibt, so will man auch das. Jedenfalls erging es der Schnecke so.

Sie hatte so einiges munkeln hören – von Wohlstand und Luxus, von Bequemlichkeit und daß Besitz erst die Persönlichkeit ausmache. Da war die Schnecke unzufrieden geworden.

Beim Schnick! dachte sie. Beim Schnack und beim Schnuck! Das alles gibt es, und welch elendes Leben führe ich! Da ziehe ich mit diesem dämlichen Haus durch die Landschaft und freue mich, wenn es regnet. Als ob es sonst nichts gäbe.

Und mit rasender Schneckengeschwindigkeit – nämlich nach etwa sieben Wochen – faßte sie einen Entschluß: Sie ließ ihr Haus ausstatten. Und zwar auf die feinste Art.

Zuerst wurde ein gekacheltes Bad eingebaut, in Resedagrün. Das Wohnzimmer kriegte Moosvertäfelung, Plüschteppiche in Abendsonnenrot, ein Sofa, einen Schaukelstuhl und einen Farbfernseher mit Zeitlupenprogramm. In der Küche fanden sich die feinsten Delikatessen, und im Schlafzimmer war ein feuchtes Ruhebett mit Sprühberieselung und Musik.

Es gab Deckenbeleuchtung, Aschenbecher und sogar Bücher.

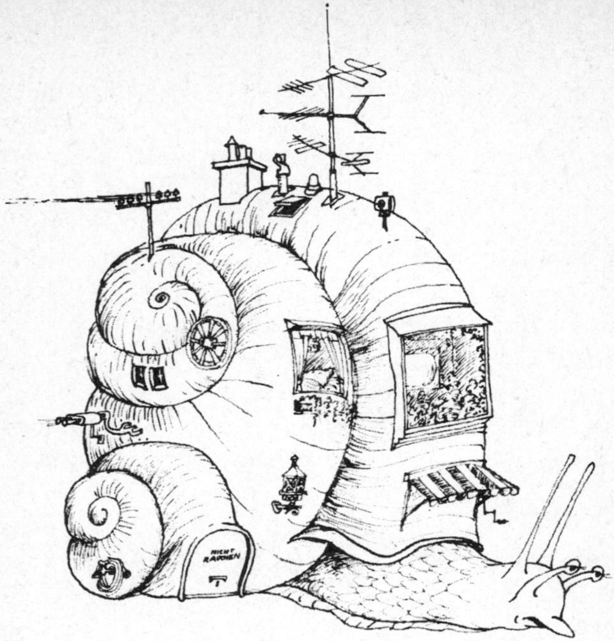

Allerdings mit leeren Seiten, weil Schnecken nicht lesen können. Ja, und sonst noch allerhand. Zum Beispiel eine Garage, was natürlich völlig blödsinnig war. Aber man hat das halt so.

Jedenfalls war die Schnecke sehr zufrieden. Anfangs. Damals machte es ihr aus, daß die Sache einen Haken hatte: Sie konnte nämlich ihr Haus nicht mehr transportieren. Es war zu schwer geworden. Aber wozu sollte sie auch? Sie hatte ja alles, was sie brauchte. Meinte sie.

Eine Weile badete sie und ließ sich sprühberieseln. Die Delikatessen konnte sie leider nicht verzehren, weil kein Dosenöffner da war. Aber sie hörte Musik und machte die Deckenbeleuchtung an und aus. Die Lust am Fernsehen verging ihr ziemlich schnell, weil die Tagesschau immer nur traurige Ereignisse brachte. Und die Klospülung war auch bald kaputt.

Das wäre aber alles nicht so schlimm gewesen, wenn nicht die Schnecke plötzlich so eine Sehnsucht gekriegt hätte. Nach den Abendsonnenstrahlen im Wiesendschungel, nach den glitzernden Sandstäubchen der Feldwegwüsten, nach dem Spiegelbild der Sterne in den Regenpfützenmeeren und nach der Kühle auf den Höhen der Baumstumpfgebirge.

Wo war der Duft der fremden Blumen? Die Stimmen unbekannter Tiere? Wo das Behagen, das sie bei der Begegnung mit Freunden gefühlt hatte?

Sie war gefangen in einem Haus, das vollgestopft war mit überflüssigen Dingen. Anstatt etwas zu gewinnen, hatte sie alles verloren.

Eine Weile saß die Schnecke im Schaukelstuhl und ließ die Fühler hängen. Dann riß sie sich zusammen und unternahm etwas.

Superluxuskomfort mit allen Schikanen, voll möbliert, gegen einfaches, kleines Leerhaus zu tauschen, schrieb sie auf einen Zettel. *Besichtigung jederzeit.*

Den Zettel pappte sie außen an. Jetzt wartet sie. Und sie wartet sicher nicht vergebens. Irgendeine dumme Schnecke wird sich schon finden.

Illustration von Hansjörg Langenfass

Elke Kahlert

So ein Esel

Es war einmal ein König, der mochte kleine Hunde ganz besonders gern. Überall, wo der König war, waren die Hunde auch. Morgens beim Regieren saßen sie mit auf dem Thron, mittags beim Essen hockten sie mit am Tisch, und nachts beim Schlafen lagen sie mit im königlichen Bett. Sie wurden viel gekrault, kriegten die besten Bissen, und ob sie sabberten oder kläfften, den König störte das nicht. Er fand die Hunde einfach niedlich, er liebte sie eben und hatte seine Freude an ihnen.

Unten, gleich über den Hof im Stall, stand ein Esel. Der sah, daß der König die Hunde so verwöhnte, und einmal hatte er durchs große Thronsaalfenster sogar beobachten können, wie sie ihre Pfoten um den Hals des Königs legten. Und da dachte der Esel bei sich so: «Ich wäre auch so gern ganz nah beim König. Ich könnte ihm doch mal was vortanzen, das gefällt ihm sicher. Und meine Beine könnte ich ihm dann auch um den Hals legen. Dafür krieg' ich bestimmt gute Sachen zum Fressen, und vielleicht darf ich auch mit ins Bett.» Und weil dieser Esel so ein Esel war, verließ er den Stall, trabte über den Hof und – die Tür des Thronsaals stand gerade offen – hinein, direkt vor den König. Dort klappte er zuerst höflich die Ohren nach vorn, dann tanzte er auf zwei Beinen, und schließlich legte er dem verdutzten König seine grauen Beine um den Hals. Daß er ihn dabei mit den Hufen ein bißchen kratzte, war wirklich ein Versehen. Der König schrie entsetzt auf, Diener eilten herbei, packten den Esel, und zwar ziemlich grob, versetzten ihm mehrere Fußtritte und jagten ihn wieder in seinen Stall zurück.

Gesta Romanorum

Illustration von Friedrich Kohlsaat

Paul Maar

Wie der Kater Traugott Bürgermeister wurde

Eine Katzenmutter hatte zwei Katzensöhne. Der eine hieß Traugott, der andere hieß Raff.

Traugott hatte ein rotes Fell mit dunklen Streifen, Raff ein einfarbiges graues. Traugott war dick und langsam, Raff war schlank und flink.

Der behäbige Traugott war sanft und freundlich, lag den ganzen Tag auf der Wiese und ließ sich von der Sonne bescheinen. Dabei leuchteten seine Haare wie Kupfer. Am Tag schlief er, in der Nacht schlief er sowieso, und wenn es nicht gerade zum Essen ging, lag er immer irgendwo und ruhte sich aus. Fast könnte man sagen, er war ein bißchen faul.

Seinen Bruder Raff sah man selten schlafen. Selbst in der Nacht schlich er umher und machte Jagd auf Mäuse. Kein Vogelnest war vor ihm sicher, und wenn er nicht gerade jagte, dann saß er bestimmt irgendwo und schärfte mit einer Feile seine Krallen.

Als sie noch jung waren, ließ sie die alte Katze gewähren; jeder konnte seiner eigenen Wege gehen und tun und lassen, was ihm Spaß machte. Aber eines Tages meinte die Katze, daß es jetzt an der Zeit sei, die beiden zu erziehen. «Ihr seid alt genug. Ihr müßt nun lernen, was eine richtige Katze können muß!» sagte sie und fing an, die beiden zu unterrichten.

Raff lernte alles sehr schnell. Das Mäusefangen brauchte man ihm nicht mehr beizubringen, und das Immer-auf-die-Füße-Fallen hatte er rasch begriffen. Und bald wußte er auch, wie man blitzschnell auf einen Baum springt, wenn ein Hund kommt. Traugott dagegen fiel schon beim ersten Kletterversuch auf den Rücken und faßte nie eine Maus, weil alle schneller waren als er.

Seine Mutter schimpfte ihn, weil er sich so ungeschickt anstellte. Da drehte er sich einfach um, legte sich mitten in die große Wiese und schlief beleidigt ein.

Die zornige Katzenmutter beschäftigte sich von nun an nur noch mit Raff.

«Du wirst schon sehen, wo du endest mit deiner Faulheit», sagte sie zu Traugott. «Du solltest dir deinen Bruder Raff zum Vorbild nehmen!»

Der konnte bald klettern und Mäuse fangen wie kein zweiter, alle Vögel hatten Angst vor ihm, und alle Nachbarn sagten: «Aus dem Jungen wird bestimmt mal war Rechtes!»

Traugott aber lag Tag für Tag auf der Wiese und schlief. Kam einmal eine Maus oder ein Vogel in seine Nähe, dann öffnete er höchstens ein Auge, um zu sehen, wer da sei. Dann schlief er weiter. (Und damit er nicht ein Auge überanstrengte, öffnete er immer abwechselnd das eine und das andere Auge, nie zweimal hintereinander dasselbe.)

Bei den Vögeln hatte es sich schnell herumgesprochen, das Traugott ein besonders friedfertiger Kater war, und einige mutige, die ihrer Freundin zeigen wollten, wie wenig Furcht sie in Wirklichkeit vor Katzen hatten, wagten sich sogar ganz nahe an ihn heran. Und als sie merkten, daß er ihnen wirklich nichts tat,

kamen Vögel von weither gereist, um ihren Kindern und Enkelkindern einen richtigen, lebenden Kater ganz aus der Nähe zu zeigen.

Das ging so eine ganze Weile, bis eines Morgens die Katzenmutter ihre beiden Söhne zu sich rief.

«Ich glaube, ihr seid jetzt alt genug, um selbst für euch sorgen zu können», sagte sie. «Ihr seid erwachsen, ich kann mich nicht mein ganzes Leben lang um euch kümmern. Es ist an der Zeit, daß ihr in die Stadt geht und eine Stellung als Mäusefänger annehmt!»

Damit schickte sie die beiden auf den Weg.

Raff schärfte noch einmal hastig seine Krallen, wischte seinen Schnurrbart, und schon war er hinter der nächsten Wegbiegung verschwunden.

Traugott hatte es nicht so eilig. Er ging langsam, ruhte sich oft aus, und bald war er so müde, daß er sich in eine Wiese legte, um erst einmal zu schlafen.

Zufällig kamen zwei Hunde aus der nahen Stadt an dieser Wiese vorbei. Als sie die schlafende Katze entdeckten, rannten sie bellend und kläffend auf sie zu.

Traugott öffnete nur ein Auge (das rechte war gerade an der Reihe), warf einen gelangweilten Blick auf die beiden Hunde und schlief weiter.

Als das die beiden Hunde sahen, rannten sie langsamer und blieben schließlich verblüfft stehen. Alle Katzen waren vor ihnen davongerannt, wenn sie bellend auf sie zurannten, so gehörte es sich auch, so waren sie es gewohnt, und sie wußten gar nicht, was sie jetzt tun sollten.

Probeweise bellten sie noch einmal die Katze an, diesmal aber schon etwas leiser. Und als die wieder nur ein Auge öffnete (diesmal war es das linke) und mißmutig die beiden Ruhestörer anschaute, da schwiegen sie erschrocken still und zogen sich ganz langsam und sehr leise hinter einen Busch zurück, um zu beraten.

«Das war eine seltsame Katze», flüsterte der eine. «Die rannte nicht weg, die blieb einfach sitzen!»

«Das war vielleicht gar keine richtige Katze», flüsterte der andere zurück. «Die war so groß, bestimmt war das ein Luchs oder so etwas Ähnliches!»

«Das stimmt», gab der erste zu. «Wenn ich es recht bedenke, war sie sogar größer als ein Luchs. Das war ein Tiger!»

«Ein Tiger?» fragte der andere mit zitternder Stimme.

«Ganz bestimmt. Ein Tiger!»

Und sie beschlossen, schnell in die Stadt zurückzukehren und den gelehrten Hundeprofessor um Rat zu bitten.

Der hörte sie erst aufmerksam an, holte dann ein dickes Buch, blätterte lange und las schließlich vor:

«Der Tiger: Der Tiger ist eine große Katzenart.»

«Stimmt!» riefen die beiden. «Es war eine große Katze!»

(Und damit hatten sie nicht einmal gelogen, denn Traugott war wirklich sehr dick.)

«Der Tiger hat Streifen auf dem Rücken», las der Professor weiter.

«Stimmt», riefen die beiden, « – hat Streifen auf dem Rücken!»

«Der Tiger ist das stärkste und gefährlichste aller Tiere.»

«Auch das stimmt!» riefen die zwei. «Er ist so stark, daß er nicht einmal vor *Hunden* Angst hat!»

Da klappte der Professor das Buch zu, schaute sie durch seine Brillengläser an und sagte:

«Ergo können wir also bewiesen annehmen, daß es sich bei

selbigem Lebewesen um ein Exemplar obengenannter Gattung gehandelt haben muß.»

Die beiden Hunde schauten sich fragend an, und da er merkte, daß sie kein Wort verstanden hatten, übersetzte er ihnen seinen Satz in einfache, ungelehrte Sprache und sagte: «Also war das wirklich ein Tiger!»

Sehr schnell hatte es sich herumgesprochen, daß ein richtiger Tiger draußen vor der Stadt lag. Und da es selten vorkam, daß sich ein solches Tier vor der Stadt ausruhte, waren alle Bewohner sehr aufgeregt und berieten, was sie tun könnten.

«Als Tiger ist er eine sehr hochgestellte Persönlichkeit», sagten alle. «Man muß ihn mit den nötigen Ehren empfangen, wenn er in die Stadt kommt.»

Und sie fragten den Hundeprofessor, wie man einen Tiger empfängt. Der schaute in allen seinen Büchern nach, fand aber nichts darüber geschrieben. Darauf dachte er selber nach und sagte nach einer Weile:

«Am besten, der Bürgermeister begrüßt ihn auf der Wiese und führt ihn dann in die Stadt!»

Da jubelten alle, denn das war eine ausgezeichnete Idee. Leider hielt der Jubel nicht lange an, weil es sich herausstellte, daß es in der Stadt keinen Bürgermeister gab. Man hatte in diesem Jahr vergessen, einen zu wählen.

Der Hundeprofessor mußte sehr, sehr lange nachdenken. Endlich, nachdem seine Stirn schon ganz tiefe Falten bekommen hatte, sagte er:

«Am besten, wir fragen den Tiger, ob *er* vielleicht in der Stadt bleiben und Bürgermeister werden will!»

Da setzten die Stadträte schwarze Zylinder auf, alle zogen hinaus auf die Wiese, und eine Schulklasse sang: «Wer hat dich, du schöner Wald ...» (Das hatten sie gerade in der Schule gelernt.)

Da trat ein Stadtrat vor Traugott hin, nahm seinen Zylinder ab und fragte ihn, ob er Bürgermeister werden wolle.

Der war durch die Musik aufgewacht, hatte das rechte Auge ein wenig geöffnet und vor sich eine Menge singender Kinder entdeckt.

Da war er gerührt und sagte, was alle Katzen sagen, wenn sie gerührt sind, nämlich: Miau.

Aber er war zu müde, das Wort ganz auszusprechen, vielleicht war er auch während des Sprechens eingeschlafen, und so sagte er nur:

«Mia ...»

Als die Stadträte das hörten, fielen sie einander vor Freude um den Hals, warfen die Zylinder in die Luft, fingen sie wieder auf und riefen dabei: «Er hat ‹ja› gesagt! Er hat ‹ja› gesagt! Hoch lebe der Bürgermeister!»

Darauf hoben sie ihn unter Jubel- und Hochrufen in eine Sänfte und trugen ihn im Triumphzug in die Stadt.

Während dies alles geschah, war sein Bruder Raff gewandert. In seiner Ungeduld hatte er den falschen Weg eingeschlagen, der an der Stadt vorbeiführt, und war lange Zeit umhergeirrt, weil er nicht glauben wollte, daß er sich verlaufen hatte. Schließlich wurde er wütend und eilte, ohne sich auszuruhen, die ganze Strecke wieder zurück.

Als er in die Nähe der Stadt kam, begegneten ihm bei einer großen Wiese zufällig zwei Hunde, ein großer und ein kleiner Kläffer, die bellend auf ihn zustürzten.

Da rannte er flugs zum nächsten Baum, wie er es gelernt hatte, und kletterte flink hinauf. Die beiden Hunde rannten bellend und kläffend hinterher und blieben unter dem Baum sitzen. Und wenn sie nicht inzwischen Hunger bekommen haben oder Langeweile und weggegangen sind, dann sitzt Raff noch immer oben auf dem Baum.

Traugott aber liegt im Rathaus auf einem weichen Kissen aus rotem Samt mit goldenen Bommeln – und schläft.

Ab und zu öffnet er das eine Auge, lächelt ein wenig und sagt halblaut: «Mia ...»

Dann ist er auch schon wieder eingeschlafen.

Illustrationen von Paul Maar

Friedrich Kohlsaat

Friedrich Kohlsaat

Quellenverzeichnis

Wir danken allen Autoren und den nachstehend genannten Verlagen für die Abdruckgenehmigung. Die Rechte aller hier nicht aufgeführten Beiträge liegen bei den jeweiligen Autoren

Hermann Altenburger: Wau
aus: Quatsch. Bilder, Reime und Geschichten (rotfuchs 66). Copyright © 1974 by Rowohlt Taschenbuch Verlag GmbH, Reinbek bei Hamburg

Bertolt Brecht: Über die Berge / Bitten der Kinder
aus: Gesammelte Werke. Copyright © 1967 by Suhrkamp Verlag, Frankfurt / Main
rotfuchs: Poesiekiste (Band 274)

Marieluise Bernhard-von Luttitz: Bumfidel sagt: Ihr seid ja doof / Bumfidel darf seinen Geburtstag feiern / Bumfidel lernt einen Schafhirten kennen
aus: Bumfidel-Geschichten (rotfuchs 318). Copyright © 1982 by Rowohlt Taschenbuch Verlag GmbH, Reinbek bei Hamburg

Raúl Carrillo: Warum der Indio Matías in die Schule gehen wollte
aus: Peter Schultze-Kraft (Hg.) Der Herr der Berge. Copyright © 1979 by Luchterhand Verlag, Darmstadt und Neuwied
rotfuchs: Der Herr der Berge (Band 304)

Hans Fallada: Geschichte vom getreuen Igel
aus: Geschichten aus der Murkelei. Copyright © 1938 by Rowohlt Verlag GmbH, Berlin
rotfuchs: Geschichten aus der Murkelei, Erster Teil (Band 233). Copyright © 1979 by Rowohlt Taschenbuch Verlag GmbH, Reinbek bei Hamburg

Harald Grill: Die Rosa-Kuh trägt

aus: Gute Luft – auch wenn's stinkt (rotfuchs 332). Copyright © 1983 by Rowohlt Taschenbuch Verlag GmbH, Reinbek bei Hamburg

Peter Härtling: Wölkchen / Der gelbe Junge

aus: Zum laut und leise Lesen. Copyright © 1975 by Luchterhand Verlag, Darmstadt und Neuwied
rotfuchs: Zum laut und leise Lesen (Band 202)

Hanna Hanisch: Inke-Herinke / Das Lama beim Friseur / Ein Schneemann für Isabell

aus: Drei-Minuten-Geschichten; Kopfkissen-Geschichten (rotfuchs 107 und 283). Copyright © 1976 und 1981 by Rowohlt Taschenbuch Verlag GmbH, Reinbek bei Hamburg

Rolf Haufs: Das Rathaus ist das Rathaus

aus: Ob ihr's glaubt oder nicht. Copyright © 1980 by Verlag Huber, Frauenfeld
rotfuchs: Quatsch (Band 66)

Günter Herburger: Birne auf dem Land /
Birne bei den Indianern

aus: Birne kann alles; Birne kann noch mehr. Copyright © 1971 by Luchterhand Verlag, Darmstadt und Neuwied
rotfuchs: Birne kann alles; Birne kann noch mehr (Band 67 und 78)

Ruth Herrmann: Manches können Deutsche schwer verstehen

aus: Wir sind doch nicht vom Mond! (rotfuchs 47). Copyright © 1975 by Rowohlt Taschenbuch Verlag GmbH, Reinbek bei Hamburg

Frederik Hetmann: Zähne des Blizzard

aus: Frederik Hetmann's Wildwest Show. Copyright © 1973 by Beltz Verlag, Weinheim und Basel, Programm Beltz & Gelberg
rotfuchs: Wildwest Show (Band 238)

Isolde Heyne: Die Perlenmokassins

aus: Tschaske Wolkensohn. Copyright © 1978 by Verlag Sauerländer, Aarau und Frankfurt / Main
rotfuchs: Tschaske Wolkensohn (Band 320)

Doralies Hüttner: Heul nicht, Held!
aus: Los, Jürgen, spring! (rotfuchs 71). Copyright © 1974 by Rowohlt Taschenbuch Verlag, Reinbek bei Hamburg

Janosch: Du arme Fliege (Illustration)
aus: Hottentotten Grüne Motten (rotfuchs 41). Copyright © 1973 by Rowohlt Taschenbuch Verlag GmbH, Reinbek bei Hamburg

Elke Kahlert: Jetzt rede ich / Am schlimmsten ist der Mensch / Das ist ja schrecklich / So ein Esel / Ende gut alles gut / Mit Adam Riese um die Wette
aus: Elke Kahlert / Friedrich Kohlsaat, Witzekiste; Rätselkiste; Zauberkiste (rotfuchs 253, 290 und 319). Copyright © 1980, 1981 und 1982 by Rowohlt Taschenbuch Verlag GmbH, Reinbek bei Hamburg

Ingeburg Kanstein: Ich muß tun, was ihr nicht könnt ...
aus: Ingeburg Kanstein / Eckart Straube, Lilli und Willi. Copyright © 1981 by Spectrum Verlag Stuttgart
rotfuchs: Der Sandmann packt aus (Band 271)

Rosel Klein: Die lila, lila Seide
aus: Der blaue Schmetterling, hg. von Erika Schröder.
Copyright © 1979 by Der Kinderbuchverlag Berlin / DDR
rotfuchs: Ich bin aber noch nicht müde! (Band 316)

Friedrich Kohlsaat: Du bist ein Ferkel / Also dann ... tschüs! / Sie wünschen? / Schrecklich, schrecklich! / Konfitüren
aus: Elke Kahlert / Friedrich Kohlsaat, Witzekiste (rotfuchs 253). Copyright © 1980 by Rowohlt Taschenbuch Verlag GmbH, Reinbek bei Hamburg

Hartmut Lange: Rätselgeschichte
aus: Rätselgeschichten. Copyright © 1973 by Gertraud Middelhauve Verlag, Köln
rotfuchs: Rätselgeschichten (Band 105)

Loriot: Zauberei

aus: Reinhold das Nashorn. Copyright © 1968 by Diogenes Verlag AG Zürich
rotfuchs: Reinhold das Nashorn (Band 122)

Volker Ludwig: Wer sagt, daß Mädchen immer dümmer sind

aus: Das Grips Liederbuch von Volker Ludwig und Birger Heymann. Copyright © 1978 by Verlag Heinrich Ellermann, München
rotfuchs: Baggerführer Willibald (Band 20)

Paul Maar: Die Geschichte von der Kuh Gloria / Wie der Kater Traugott Bürgermeister wurde

aus: Der tätowierte Hund. Copyright © 1968 by Verlag Friedrich Oetinger, Hamburg
rotfuchs: Der tätowierte Hund (Band 157)

Marie Marcks: Feige Weiber!

aus: Immer ich! (rotfuchs 109). Copyright © 1976 by Rowohlt Taschenbuch Verlag GmbH, Reinbek bei Hamburg

Johannes Merkel: Die Leute wissen schon ...

aus: Ich kann euch was erzählen (rotfuchs 292). Copyright © 1981 by Rowohlt Taschenbuch Verlag GmbH, Reinbek bei Hamburg

Dietlind Neven-du Mont: Die Geschichte von der schlafenden Kunigunde / Die Geschichte von Anatol dem Straßenklauer

aus: Das Getüm. Copyright © 1983 by Deutscher Taschenbuch Verlag, München (dtv junior)

Erich Rauschenbach: Ach du großer Gott / Jetzt mach aber mal 'nen Punkt! / Lauter gute Vorsätze / Einsicht ist die Mutter der Porzellankiste

aus: Oh Tochter ... 1; Oh Tochter ... 2 (rotfuchs 231 und 259). Copyright © 1979 und 1980 by Rowohlt Taschenbuch Verlag GmbH, Reinbek bei Hamburg

Gianni Rodari: Die große Karotte

aus: Der Zaubertrommler. Copyright © 1976 by Jugend und Volk Verlagsges. m. b. H., Wien–München
rotfuchs: Der Zaubertrommler (Band 227)

Anna Seghers: Ein ganz langweiliges Zimmer
aus: Der Traumschrank. Copyright © by Anna Seghers
rotfuchs: Der Traumschrank (Band 264)

Martin Selber: Die Zeit war nicht stehengeblieben vor dem Paradies
aus: Die Grashütte. Copyright © 1968 by Der Kinderbuchverlag Berlin/DDR
rotfuchs: Geheimkurier A (Band 123)

Angela Sommer-Bodenburg: Der große Duft-Preis / Stelldichein im Schweinestall / Prinzessin Sunsena
aus: Der kleine Vampir zieht um; Der kleine Vampir auf dem Bauernhof; Das Biest, das im Regen kam (rotfuchs 245, 325 und 285). Copyright © 1980, 1983 und 1981 by Rowohlt Taschenbuch Verlag GmbH, Reinbek bei Hamburg

Norbert Timm: Der Blumenriecher
aus: Nasenputzer und Flimmerbacke (rotfuchs 145). Copyright © 1977 by Rowohlt Taschenbuch Verlag GmbH, Reinbek bei Hamburg

Wolfgang Weyrauch: Ich bin ein Zweifler
aus: Ein Clown sagt. Copyright © 1971 by Beltz Verlag, Weinheim und Basel, Programm Beltz & Gelberg
rotfuchs: Der Traumschrank (Band 264)

Christa Wolf: Dornröschen und der Küchenjunge
aus: Die Räuber gehen baden, hg. von Beate Hanspack und Fred Rodrian. Copyright © 1977 by Der Kinderbuchverlag Berlin/DDR
rotfuchs: Ich bin aber noch nicht müde! (Band 316)

Sonja Wüster: Besänftiger gesucht
aus: Nasenputzer und Flimmerbacke (rotfuchs 145). Copyright © 1977 by Rowohlt Taschenbuch Verlag GmbH, Reinbek bei Hamburg

Rowohlt Lesebücher

5210

5212

5213

5214

5215

5216

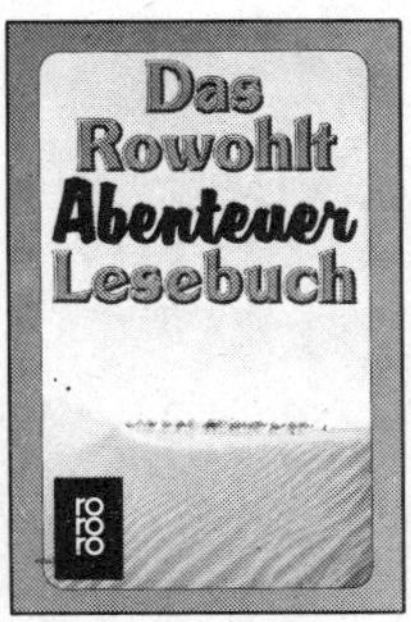

5217

5218

2109/1 a

R 18/84

Hast du schon mal Besuch von einem Biest gehabt? Wie aufregend das sein kann, erlebt Susanne nach einem Sturzregen. Plötzlich steht mitten in der blitzblanken Wohnung ein merkwürdiges Wesen mit wild zerzaustem Haar und lustig grinsendem Gesicht, das vergnügt über seine schwarzen Fußstapfen auf dem weißen Wohnzimmerteppich kichert. Band 285

Der Hansi wohnt auf einem richtigen Bauernhof mit vielen Tieren. Und da passiert schon so einiges. Mal fährt er mit dem Bulldog zum Grasschneiden, und danach ist seine Lieblingskatze verschwunden. Oder er erlebt, wie ein Kalb zur Welt kommt. Doch auf dem Dorf gibt's nicht nur gute Luft – da stinkt auch mal was . . . Band 332

Wer liebt ihn nicht, Charlie Chaplin, den Clown. Viele Kinder kennen seine Filme, sehen sie mit ebensoviel Begeisterung wie schon ihre Eltern. Margret Steenfatt erzählt, wie aus dem Londoner Straßenjungen Charlie, der sich mit Mutter und Bruder mühsam durchschlug und schon mit fünf Jahren zum erstenmal auf der Bühne stand, der große Künstler Charlie Chaplin wurde. Band 351

Tinas Eltern haben einen kleinen Jungen aus Südamerika geholt. Wie geht man mit einem neuen Bruder um, der noch kein Wort Deutsch versteht? Tina ahnt, daß sich jetzt zu Hause manches ändern wird. Die Sache mit dem Bastelzimmer ist nur der Anfang . . . Band 338

Ein Unugunu stinkt. Die Wolken, die es ausbläst, brennen im Hals und in den Augen. Aber giftig ist es nicht. Es ist eigentlich nur ein aufgeblasener Popanz, und es kann einem gar nichts anhaben. Man darf sich aber nur nicht mit ihm einlassen, und irgendwer muß ihm rechtzeitig einen Tritt geben. Wem irgendwann einmal ein Unugunu begegnet, der weiß jetzt Bescheid. Band 269

Die gesunde Landluft, die seine Eltern so loben, stinkt erbärmlich, findet Anton. Seine Mutter freut sich, daß sie nun endlich mal Ruhe vor Vampiren haben wird, Vampiren im Fernsehen, in Büchern . . . Aber das weiß Anton besser, denn der kleine Vampir wohnt bereits hier. Nur wo? Band 325

Der neunjährige Moritz hat genug von der Schule, und zu Hause hält er es auch nicht mehr aus. Immerzu wird er aufgezogen, weil er alles im Schneckentempo macht. Eines Morgens packt Moritz etwas zu essen ein und zieht sich in sein Lieblingsversteck zurück – eine Anschlagsäule . . . Band 369

R 10/84